BAUDELAIRE
sous la direction de Patrick Labarthe et Paolo Tortonese
1

Bibliographie du *Spleen de Paris* (1855-2014)

Andrea Schellino

Bibliographie du *Spleen de Paris* (1855-2014)

PARIS
CLASSIQUES GARNIER
2015

Andrea Schellino prépare une thèse sur Baudelaire à l'université Paris-Sorbonne. Auteur de deux volumes sur Rimbaud, *« Paradis de tristesse »* (Turin, 2010) et *Rimbaud. Poetica, mito, filosofia, religione, psicoanalisi* (Bergame, 2014), il a édité un ensemble de textes de Baudelaire et Paul de Molènes, *Baudelaire et Paul de Molènes* (Paris, 2014).

ISBN 978-2-8124-3890-5 (livre broché)
ISBN 978-2-8124-3891-2 (livre relié)
ISSN 2428-0240

INTRODUCTION

« Ah ! ce *Spleen*, quelles colères, et quel labeur il m'a causés ! Et je reste mécontent de certaines parties[1]. » C'est avec ces mots adressés à Jules Troubat que, le 5 mars 1866, Baudelaire, quelques jours avant de s'écrouler dans l'église Saint-Loup à Namur, confie son ouvrage à la postérité. Un ouvrage inachevé, dont les poèmes avaient paru dans des journaux et des revues (à quelques exceptions près) depuis onze ans, et qui ne sera publié en volume qu'en 1869, grâce aux soins de Charles Asselineau et de Théodore de Banville.

La fortune du *Spleen de Paris* fut lente et discontinue. Les historiens de la critique ont relevé que malgré son statut de « pendant » des *Fleurs du mal* réclamé par le poète[2], le recueil de ses poèmes en prose était resté longtemps dans l'ombre, écrasé par la célébrité des poèmes en vers. Antoine Compagnon a récemment résumé les causes de la marginalisation du *Spleen de Paris* dans la critique universitaire, rappelant la tendance dominante des études littéraires en France à faire abstraction du contexte politique et social et à privilégier les valeurs lyriques et formelles[3]. La position de Valéry, dans sa conférence à Monaco le 19 février 1924, identifiant Baudelaire et sa « situation » aux *Fleurs du mal*, demeure exemplaire[4].

---

1 Charles Baudelaire, *Correspondance*, texte établi, présenté et annoté par Claude Pichois avec la collaboration de Jean Ziegler, Paris, Gallimard, coll. Bibliothèque de la Pléiade, t. II, 1973, p. 627.

2 Voir par exemple, parmi les nombreuses affirmations en ce sens, la lettre de Baudelaire à Narcisse Ancelle du 6 février 1866 : « LE SPLEEN DE PARIS, *pour faire pendant aux Fleurs du mal.* » *Ibid.*, p. 591.

3 Antoine Compagnon, *Baudelaire l'irréductible*, Paris, Flammarion, coll. Tandem, 2014, p. 27-28.

4 Paul Valéry, « Situation de Baudelaire », *Revue de France*, 15 septembre 1924 ; recueilli en 1929 dans *Variété II* ; *Œuvres*, édition établie et annotée par Jean Hytier, Paris, Gallimard, coll. Bibliothèque de la Pléiade, t. I, 1957, p. 598-613.

Pourtant, au-delà de toute considération quantitative, il serait naïf de croire que *Le Spleen de Paris* a été découvert par la critique récente, et seulement par l'entremise de la sociocritique. Les poèmes en prose de Baudelaire ont eu des lecteurs fidèles dès leur parution et leur fortune peut, en qualité, rivaliser avec celle des *Fleurs du mal*, bien qu'elle soit plus discrète. Parmi les amis et les proches du poète, Sainte-Beuve, en janvier 1862, présente *Le Vieux Saltimbanque* et *Les Veuves* comme « deux bijoux[1] » ; Banville insiste à plusieurs reprises sur sa prédilection pour *Les Bienfaits de la lune*, dont il met un extrait en épigraphe d'un poème des *Idylles prussiennes*, *La Lune*[2] ; Gautier, dans sa préface aux *Œuvres complètes*, en 1868, consacre plusieurs pages élogieuses aux *Petits poèmes en prose*[3].

Plus tard, le héros d'*À rebours*, des Esseintes – et Huysmans à travers lui –, voit dans le poème en prose une forme quintessenciée, « l'osmazôme de la littérature[4] », et exhibe, dans le salon de sa thébaïde de Fontenay, une version calligraphiée d'*Any where out of the world. N'importe où, hors du monde*[5]. Au même moment Gustave Kahn attire l'attention des lecteurs du *Spleen de Paris* vers le procédé de formation du poème en prose, préludant à un intérêt qui parcourt tout le XXe siècle[6]. Dans sa première postérité, l'attrait du recueil de Baudelaire semble déterminer l'émulation qu'il suscite chez certains écrivains. Le 18 juillet 1903 Rilke confie à

1 Sainte-Beuve, « Des prochaines élections de l'Académie », *Le Constitutionnel*, 20 janvier 1862, p. 3 ; recueilli dans les *Nouveaux lundis*, Paris, Michel Lévy, t. I, 1863.

2 Théodore de Banville, « *La Lune* », *Le National*, 24 octobre 1870 ; recueilli, avec la même épigraphe, dans *Idylles prussiennes*, Paris, Alphonse Lemerre, 1871, p. 32 (cité par André Guyaux dans *Baudelaire. Un demi-siècle de lectures des Fleurs du mal (1855-1905)*, Paris, PUPS, coll. Mémoire de la critique, 2007, p. 902).

3 Théophile Gautier, préface aux *Œuvres complètes*, Paris, Michel Lévy, t. I, 1868 ; rééd. dans André Guyaux, *op. cit.*, p. 465-520. Gautier aurait déjà fait allusion aux poèmes en prose de Baudelaire dans son article du *Moniteur universel*, le 9 septembre 1867, p. 1190-1191 (rééd. *ibid.*, p. 437-442).

4 Joris-Karl Huysmans, *À rebours* [1884], texte présenté, établi et annoté par Marc Fumaroli, Paris, Gallimard, coll. Folio classique, 1977, seconde édition revue et augmentée, 1983, tirage de 2012, p. 291.

5 *Ibid.*, p. 89.

6 Kahn se sert du poème en prose de Baudelaire pour légitimer la fondation du vers libre (voir, par exemple : « Les poèmes », *La Revue blanche*, 1er semestre 1897, p. 400-405). En revanche, selon Henri Ghéon, même si le poème en prose et le vers libre naissent du même « besoin moderne », il ne faut pas confondre ces deux formes : « Le "poème en prose" est libre ; le vers libre ne l'est pas » (« Le poème en prose », *La Nouvelle Revue française*, n° 44, août 1912, p. 345-354, ici p. 346-347).

Lou Andreas-Salomé : « Dans la nuit, je me relevais pour chercher mon Baudelaire préféré, les *Petits poèmes en prose*, et j'en lisais à haute voix le plus beau, *À une heure du matin*[1]. » En 1910, dans ses *Carnets de Malte Laurids Brigge*, il cite la « prière » qui clôt ce poème[2].

Dans son article sur le « peu d'influence de Baudelaire », en 1967, Henri Peyre, s'écartant de son surprenant diagnostic, observe l'« influence [...] considérable[3] » exercée par *Le Spleen de Paris* sur ceux qui ont tenté la voie du poème en prose. Baudelaire, qui avait légitimé son entreprise à travers le « mystérieux et brillant modèle[4] » de *Gaspard de la Nuit*, aurait donné ses lettres de noblesse à une forme destinée à un succès remarquable au XXe siècle, une forme à laquelle il a insufflé un caractère ouvert et libre et qu'il a soustraite à toute contrainte générique. Henri Peyre rappelait en particulier le cas de Pierre Jean Jouve, auteur d'une étude sur *Le Spleen de Paris* parue le 1er septembre 1954 dans le *Mercure de France*. Les dadaïstes et les surréalistes, notamment Soupault et Aragon, reconnurent également leur dette envers les poèmes en prose de Baudelaire. À ces noms, on peut joindre ceux de Suarès, de Reverdy, de Drieu La Rochelle, de Fondane.

C'est avec le livre de Suzanne Bernard, *Le Poème en prose de Baudelaire jusqu'à nos jours*, paru en 1959, que cette postérité créative aboutit à une reconnaissance dans l'histoire littéraire. En 1958, André Lebois ironisait sur cet engouement : « le bruit court, dans certains milieux, qu'il serait de bon ton de préférer les *Petits poèmes en prose* aux *Fleurs du mal*[5]. »

Le temps de l'exégèse est venu tardivement pour *Le Spleen de Paris*, mais il eut de remarquables précurseurs. Jacques Crépet, dont l'infatigable activité a permis d'éclairer plusieurs aspects de l'histoire du recueil, fournit en 1926 la première édition de référence des *Petits poèmes en prose*,

---

1 Rainer Maria Rilke-Lou Andreas-Salomé, *Correspondance*, texte établi par Ernst Pfeiffer, traduit de l'allemand par Philippe Jaccottet, Paris, Gallimard, coll. Du monde entier, 1980, p. 61.

2 Rainer Maria Rilke, *Les Carnets de Malte Laurids Brigge*, traduction nouvelle, préface et notes de Claude David, Paris, Gallimard, coll. Folio, 1991, p. 67.

3 Henri Peyre, « Remarques sur le peu d'influence de Baudelaire », *Revue d'histoire littéraire de la France*, 67e année, n° 2, avril-juin 1967, p. 432.

4 Lettre-dédicace « À Arsène Houssaye », dans *Œuvres complètes*, texte établi, présenté et annoté par Claude Pichois, Paris, Gallimard, coll. Bibliothèque de la Pléiade, t. I, 1975, p. 276.

5 André Lebois, *Prestige et actualité des Petits poèmes en prose de Baudelaire*, Paris, Minard, coll. Archives des lettres modernes, 1958, p. 1.

dans le cadre des *Œuvres complètes de Charles Baudelaire* chez Louis Conard. Juste après la guerre, Georges Blin est le premier à puiser avec constance dans le texte du *Spleen de Paris*, élargissant l'horizon de la critique baudelairienne. Dans l'essai qu'il a consacré en 1946 au poème en prose baudelairien, il fait du *Spleen de Paris* un « commencement absolu » :

> Autant que le permettent les lois de la création littéraire, les *Petits poèmes en prose* marquent un commencement absolu. Ils soutiennent tout un système généalogique dont on dessine les branches maîtresses quand on cite le premier livre des *Divagations*, les *Illuminations* et les *Moralités légendaires* : le foisonnement ultérieur est infini[1].

Le même critique consacrera plus tard une partie de ses cours au Collège de France, entre 1965 et 1977, aux poèmes en prose de Baudelaire.

D'un tout autre point de vue, Walter Benjamin a fait de l'univers du *Spleen de Paris* le corpus privilégié de l'implication de Baudelaire dans la structure économique et sociale du XIXe siècle, inaugurant l'intérêt de la critique sociologique et politique pour cet ouvrage. Son article, « Über einige Motive bei Baudelaire », publié en allemand en 1939, traduit en français en 1959, a fait école, d'abord en Allemagne, puis dans les universités anglo-saxonnes. Claude Pichois, identifiant en 1981 une critique « ouest-allemande[2] » qui aurait contribué à accroître l'attention des chercheurs pour les poèmes en prose de Baudelaire, mettait en garde contre les excès de l'interprétation marxisante de l'œuvre d'un poète fasciné par « l'impeccable de Maistre[3] ». Il invitait simultanément à reconsidérer l'ambiguïté inéluctable de sa poésie. La lecture intuitive et subjective de Benjamin s'est ensuite ralliée à la recherche philologique et historique, avec des résultats parfois douteux et presque toujours orientés[4]. Parallèlement, l'attention de la critique s'est déplacée vers des

1 Georges Blin, « Introduction aux *Petits poèmes en prose* », *Fontaine*, n° 48-49, février 1946, p. 278-300 ; rééd. dans *Le Sadisme de Baudelaire*, Paris, José Corti, 1948, p. 141-177, ici p. 143.

2 Claude Pichois, « Baudelaire devant la sociocritique ouest-allemande », dans *Études baudelairiennes IX*, Neuchâtel, À la Baconnière, coll. Langages, 1981, p. 226-233.

3 Préface aux *Nouvelles histoires extraordinaires* (1857), dans *Œuvres complètes*, éd. citée, t. II, 1976, p. 323.

4 Voir, par exemple : Dolf Oehler, *Ein Höllensturz der Alten Welt. Zur Selbsterforschung der Moderne nach dem Juni 1848*, Frankfurt am Main, Suhrkamp, 1988 ; trad. française : *Le Spleen contre l'oubli. Juin 1848*, trad. française par Guy Petitdemange avec le concours de Sabine Cornille, Paris, Payot, coll. Critique de la politique, 1996.

poèmes en prose comme *Assommons les pauvres !*, *Une mort héroïque* ou *Les Yeux des pauvres*, susceptibles de mieux intégrer les repères extratextuels et de cautionner l'interprétation socio-politique.

À partir des années soixante-dix, les commentaires se multiplient, et l'analyse des textes tire profit des récentes éditions critiques : celle de Melvin Zimmermann en 1968 et celle de Robert Kopp en 1969, auxquelles s'ajoute, en 1975, la nouvelle édition des *Œuvres complètes* dans la « Bibliothèque de la Pléiade », établie par Claude Pichois. La critique se fédère autour de quelques thèmes ou structures interprétatives : l'idéologie et la politique, l'histoire des genres ou des formes littéraires, les rapports des textes avec la presse, la modernité et la poésie de la capitale. Et la psychanalyse, qui sert de point d'appui aux lumineuses études de Jean Starobinski, approfondit l'étude des mécanismes poétiques et créatifs dans les poèmes en prose de Baudelaire.

Depuis vingt ans environ, on assiste à un intérêt croissant pour *Le Spleen de Paris* et pour le « dernier Baudelaire », dans lequel il faudrait inclure les fragments, restés inédits à la mort de Baudelaire, de *Fusées*, de *Mon cœur mis à nu*, de *La Belgique déshabillée.* Mais existe-t-il vraiment un « dernier Baudelaire », dans le sens où il existe un « dernier Beethoven » caractérisé par l'émergence d'un *Spätstil* qui, selon Adorno, se distinguerait du style de la maturité ? Baudelaire se posait déjà la question lorsqu'il écrivait, le 19 février 1866, à Jules Troubat, à propos du *Spleen de Paris* : « En somme, c'est encore *Les Fleurs di mal*, mais avec beaucoup plus de liberté, et de détail, et de raillerie[1]. »

Le Spleen de Paris est devenu au gré des commentaires un livre du *Lumpenproletariat*, un livre de la cruauté sadique, un livre de la destruction, un livre du regard, un livre de Paris, etc. Au « kaléidoscope[2] » que revendiquait Baudelaire répond le kaléidoscope de la critique. Notre bibliographie donne un aperçu de ce foisonnement des directions critiques, et fait apparaître par contraste le déficit des études sur le texte et la langue, qu'un discours excessivement orienté vers les valeurs extratextuelles a jusqu'ici occulté. Elle voudrait également encourager le projet d'une édition génétique, d'un atelier du *Spleen de Paris*, sur le

1 Charles Baudelaire, *Correspondance*, éd. citée, t. II, p. 615.

2 [Canevas de la lettre-dédicace à Arsène Houssaye], *Œuvres complètes*, éd. citée, t. I, 1975, p. 366.

modèle de l'édition diplomatique établie par Claude Pichois et Jacques Dupont pour *Les Fleurs du mal*[1].

Notre but est d'offrir aux chercheurs un instrument de travail aussi précis que possible, tout en sachant qu'en cette matière l'exhaustivité est utopique.

À côté des volumes et des articles, nous avons recensé un certain nombre de thèses, ainsi qu'un choix limité de mémoires et de comptes rendus. Même si les études francophones fournissent l'essentiel de nos références, nous n'avons pas limité notre enquête aux frontières linguistiques. Nous avons collecté des références dans les principales langues européennes, avec une attention particulière pour l'Allemagne, les pays anglo-saxons et l'Italie ; on trouvera aussi des références venues de Chine et du Japon. Notre essai de bibliographie illustre à sa manière ce que William T. Bandy appelait en 1967 l'« universalité de Baudelaire[2] ». *Le Spleen de Paris* eut en effet un remarquable rayonnement hors de France : la première traduction intégrale d'une œuvre de Baudelaire est la traduction en italien de ses poèmes en prose par Girolamo Ragusa Moleti, en 1880 ; la traduction en anglais d'Arthur Symons date de 1905 ; dans les pays scandinaves et en Russie, plusieurs poèmes en prose furent traduits et publiés dans des revues peu d'années après la mort du poète.

À la suite d'une bibliographie des éditions, préoriginales et en volume, et des traductions du *Spleen de Paris*, la *Bibliographie critique* se divise en deux parties : une *Bibliographie* alphabétique, qui recueille les références des écrits sur *Le Spleen de Paris* ; une *Table analytique*, qui détaille ces mêmes références poème par poème.

La *Bibliographie* répertorie alphabétiquement, par noms d'auteur, les livres et les articles relatifs aux poèmes en prose de Baudelaire. Les références sont organisées comme suit : nom et prénom(s) de l'auteur ou des auteurs ; année de la première édition, entre parenthèses, suivie d'une lettre minuscule (a, b, c, …) dans le cas de deux ou plusieurs

---

1 Claude Pichois et Jacques Dupont, *L'Atelier de Baudelaire : Les Fleurs du mal. Édition diplomatique*, Paris, Honoré Champion, coll. Textes de littérature moderne et contemporaine, 4 t., 2005.

2 William T. Bandy, « L'universalité de Baudelaire », *Baudelaire*, actes du colloque de Nice, 25-27 mai 1967, *Annales de la faculté des lettres et sciences humaines de Nice*, n° 4-5, deuxième et troisième trimestre 1968, p. 25-30.

publications par le même auteur la même année ; titre et références de l'édition consultée, suivis, le cas échéant, de la référence à l'édition originale, si celle-ci n'est pas l'édition consultée, et de la mention d'éventuelles rééditions, ainsi que de toute autre indication utile :

STAROBINSKI, Jean (1979), « Bandello et Baudelaire (*Le Prince et son bouffon*) », dans *L'Encre de la mélancolie*, postface par Fernando Vidal, Paris, Éditions du Seuil, coll. La Librairie du XXIe siècle, 2012, p. 499-513. Publié auparavant dans *Le Mythe d'Étiemble. Hommages. Études et recherches. Inédits*, Paris, Didier Érudition, coll. Études de littérature étrangère et comparée, 1979, p. 251-259 ; trad. italienne dans *Paragone. Letteratura* [Firenze], n. 364, giugno 1980, p. 3-15.

La *Table analytique* se limite aux occurrences les plus significatives. Elle adopte l'ordre alphabétique des titres des poèmes et, pour chaque poème, l'ordre chronologique des noms d'auteurs, suivis de la date de l'étude considérée et, le cas échéant, d'une lettre minuscule. Quand il existe plusieurs références pour la même année, les noms des critiques ont été classés dans l'ordre alphabétique :

Stephens 1999, p. 26-29, 81 ; Wilhelm 1999, p. 136 ; Labarthe 2000b, p. 14, 27, 59-70, 135, 165-166.

S'il n'existe actuellement aucune bibliographie complète de l'œuvre de Baudelaire, la tradition bibliographique est forte, dans les études baudelairiennes. Depuis la thèse de W. T. Bandy, *Baudelaire Judged by his Contemporaries (1845-1867)*, publiée en 1933, complétée en 1957 avec la collaboration de Claude Pichois[1], une grande importance est accordée, dans la critique, à la fortune de Baudelaire. En 1963, Alfred E. Carter a prolongé le recueil de Bandy jusqu'à 1917[2] ; en 2007, André Guyaux a consacré deux volumes de la collection « Mémoire de la critique » d'une

1 William T. Bandy, *Baudelaire Judged by His Contemporaries (1845-1867)*, avec une lettre-préface de Jacques Crépet, New York, Columbia University Press, coll. Publications of the Institute of French Studies, 1933 ; édition remaniée et enrichie : *Baudelaire devant ses contemporaines*, textes recueillis et publiés par W. T. Bandy et Claude Pichois, Monaco, Éditions du Rocher, 1957 ; rééd. Paris, Klinksieck, coll. Bibliothèque baudelairienne, 1995.

2 Alfred E. Carter, *Baudelaire et la critique française 1868-1917*, Columbia, University of South Carolina Press, 1963.

ÉDITIONS ET TRADUCTIONS DU *SPLEEN DE PARIS*

ÉDITIONS PRÉORIGINALES

Fontainebleau, sous-titré : *Paysages – Légendes – Souvenirs – Fantaisies*, surtitré : *Hommage à C. F. Denecourt*, Paris, Hachette, 1855, p. 78-80 [*Le Crépuscule du soir*, *La Solitude*].

« Poèmes nocturnes », *Le Présent* [Paris], Ire année, t. I, n° 8, 24 août 1857, p. 284-290 [*Le Crépuscule du soir*, *La Solitude*, *Les Projets*, *L'Horloge*, *La Chevelure*, *L'Invitation au voyage* ; suit la mention : « *La suite prochainement* »].

« Poèmes en prose », *Revue fantaisiste* [Paris], 18e livraison, 1er novembre 1861, p. 323-334 [I : *Le Crépuscule du soir*, II : *La Solitude*, III : *Les Projets*, IV : *L'Horloge*, V : *La Chevelure*, VI : *L'Invitation au voyage*, VII : *Les Foules*, VIII : *Les Veuves*, IX : *Le Vieux Saltimbanque* ; suit la mention : « *La suite à la prochaine livraison* »].

« Petits poèmes en prose », *La Presse* [Paris], 26 août 1862, p. 1-2, 27 août 1862, p. 1-2, 24 septembre 1862, p. 1-2 [première livraison : *À Arsène Houssaye*, I : *L'Étranger*, II : *Le Désespoir de la vieille*, III : *Le* Confiteor *de l'artiste*, IV : *Un plaisant*, V : *La Chambre double*, VI : *Chacun la sienne* [*Chacun sa chimère*], VII : *Le Fou et la Vénus*, VIII : *Le Chien et le flacon*, IX : *Le Mauvais Vitrier* ; suit la mention : « *La suite à demain* ». Deuxième livraison : X : *À une heure du matin*, XI : *La Femme sauvage et la petite maîtresse*, XII : *Les Foules*, XIII : *Les Veuves*, XIV : *Le Vieux Saltimbanque* ; suit la mention : « *La suite prochainement* ». Troisième livraison : XV : *Le Gâteau*, XVI : *L'Horloge*, XVII : *Un hémisphère dans une chevelure. Poème exotique*, XVIII : *L'Invitation au voyage*, XIX : *Le Joujou du pauvre*, XX : *Les Dons des fées* ; suit la mention : « *La suite prochainement* »]. Il existe une épreuve de la quatrième livraison (début octobre 1862), restée inédite après le refus d'Arsène Houssaye (contient : XXI : *Les Tentations, ou Éros, Plutus et la Gloire*, XXII : *Le Crépuscule du soir*, XXIII : *Les Projets*, XXIV : *La Solitude*, XXV : *La Belle Dorothée*, XXVI : *Les Yeux des pauvres*).

« Petits poèmes en prose », *Revue nationale et étrangère* [Paris], 10 juin 1863, p. 386-389 [*Les Tentations ou Éros, Plutus et la Gloire, La Belle Dorothée*].

« Poèmes en prose », *Le Boulevard* [Paris], IIe année, n° 24, 14 juin 1863, p. 3 [I [sans titre : *Les Bienfaits de la lune*], II : *Laquelle est la vraie ?*].

« Petits poèmes en prose », *Revue nationale et étrangère* [Paris], 10 octobre 1863, p. 506-510 [I : *Une mort héroïque*, II : *Le Désir de peindre*] ; 10 décembre 1863, p. 340-343 [*Le Thyrse (À Franz Liszt), Les Fenêtres, Déjà !*].

« Le Spleen de Paris. Poèmes en prose », *Figaro* [Paris], 7 février 1864, p. 3-5 [avec un chapeau sans titre de Gustave Bourdin, et *La Corde (À Édouard Manet), Le Crépuscule du soir, Le Joueur généreux, Enivrez-vous* ; suit la mention : « *Sera continué* »] ; 14 février 1864, p. 3-4 [*Les Vocations, Un cheval de race* ; suit la mention : « *Sera continué* »].

« *Les Vocations* », *La Semaine de Cusset et de Vichy* [Cusset], 28 mai 1864.

La Vie parisienne [Paris], 2 juillet 1864, p. 377 [*Les Yeux des pauvres*] ; 13 août 1864, p. 464 [*Les Projets*].

« Petits poèmes en prose », *L'Artiste* [Paris], 1er novembre 1864, p. 209-211 [*Une mort héroïque, La Fausse Monnaie, La Corde*].

« Le Spleen de Paris. Poèmes en prose », *Revue de Paris* [Paris], Ire année, seconde période, t. VIII, 25 décembre 1864, p. 49-54 [I : *Les Yeux des pauvres*, II : *Les Projets*, III : *Le Port*, IV : *Le Miroir*, V : *La Solitude*, VI : *La Fausse Monnaie*].

« *Les Bons Chiens (À M. Joseph Stevens)* » [avec une note de présentation], *L'Indépendance belge* [Bruxelles], 21 juin 1865, p. 3.

« Petits poèmes lycanthropes », *Revue du XIXe siècle* [Paris], 1er juin 1866, p. 494-497 [I : *La Fausse Monnaie*, II : *Le Diable* [*Le Joueur généreux*]].

« Le Spleen de Paris », *L'Événement* [Paris], 12 juin 1866, p. 3 [*La Corde (À Édouard Manet)*, précédé d'un avertissement par Alphonse Duchesne].

« Intérieurs de quelques gens de lettres et d'artistes. [...] *Les Bons Chiens* » [avec une nouvelle note de présentation, probablement par Auguste Poulet-Malassis], *La Petite Revue* [Paris], 27 octobre 1866, p. 166-171.

« *Les Bons Chiens* » [après la note de présentation par Poulet-Malassis (non signée), tirée de *La Petite Revue*, le poème en prose est précédé du titre « *Les Bons Chiens (À M. Joseph Stevens.)* »] *Le Grand Journal* [Paris], 4 novembre 1866, p. 3.

Revue nationale et étrangère [Paris], 2e série, t. I, nos 5, 6, 7, 8, 9 et 11, du 31 août, des 7, 14, 21, 28 septembre et du 12 octobre 1867, p. 105-106, 137-138, 154, 181-183, 212, 258 [*Les Bons Chiens*, *L'Idéal et le réel* [*Laquelle est la vraie ?*], *Les Bienfaits de la lune* (*À Mademoiselle B.*), *Portraits de maîtresses*, *Any where out of the world. N'importe où hors du monde*, *Le Tir et le cimetière*].

ÉDITIONS EN VOLUME

Œuvres complètes, édition définitive précédée d'une notice par Théophile Gautier et ornée d'un beau portrait gravé sur acier, t. IV : *Petits poèmes en prose. Les Paradis artificiels*, Paris, Michel Lévy, [juin] 1869 ; Calmann-Lévy, 1889.

Œuvres complètes : *Petits poèmes en prose. Les Paradis artificiels*, Paris, Alphonse Lemerre, coll. Petite bibliothèque littéraire, 1889.

Petits poèmes en prose, Paris, H. Piazza, 1907 [avec 111 compositions en couleurs hors texte, en-têtes et culs-de-lampe d'Henri Heran].

Petits poèmes en prose, publiés sur les textes originaux [par Adolphe Van Bever], portrait de l'auteur gravé sur bois par P.-Eug. Vibert, Paris, Georges Crès et Cie, coll. Les Maîtres du livre, 1913 ; rééd. *Le Spleen de Paris. Petits poèmes en prose*, édition revue sur les textes originaux accompagnée de notes et de variantes et publiée par Ad. Van Bever, avec deux portraits de l'auteur, 1915.

Petits poèmes en prose, Paris, Leharanger-Coq, 1917.

Le Spleen de Paris ou les cinquante Petits poèmes en prose de Charles Baudelaire, (édition par M. G. [Alexandre Gaspard-Michel]), Paris, Émile-Paul, 1917.

Œuvres complètes, t. III : *Petits poèmes en prose. Les Paradis artificiels*, édition critique par Félix-François Gautier, Paris, Éditions de La Nouvelle Revue française, 1918.

Petits poèmes en prose, Paris, Ferreyrol, coll. La Petite Bibliothèque, 1918.

Petits poèmes en prose, Paris, Ferreyrol, coll. des Chefs-d'œuvre, [1919].

Œuvres complètes, t. III : *Petits poèmes en prose*, édition décorée de lettrines, d'en-têtes, de culs-de-lampe, gravés sur bois par Deslignères et d'un portrait inédit de Baudelaire, gravé par Perrichon, Paris, Helleu et Sergent, 1920.

Le Spleen de Paris, Paris, Payot et Cie, coll. Bibliothèque miniature, [1920].

Petits poèmes en prose. Les Paradis artificiels. Pages étrangères, Paris, Hatier, 1921.

Le Spleen de Paris. Petits poèmes en prose, édition illustrée de trente eaux-fortes du peintre graveur Lobel-Riche, ornements typographiques dessinés et gravés sur bois par Louis Jou, Paris, G. & R. Briffaut, coll. Le Livre du bibliophile, 1921.

Petits poèmes en prose, bois de Constant Le Breton, Mâcon, Protat et Paris, René Kieffer, 1922.

Le Spleen de Paris. Poèmes en proses de Charles Baudelaire, avec des illustrations de Louise Hervieu, gravées sur cuivre par Schutzenberger, Paris, Éditions de la Banderole, 1922.

Petits poèmes en prose. Les Paradis artificiels. La Fanfarlo. Le Jeune Enchanteur, Vienne, Manz, [1924].

Les Fleurs du mal. Petits poèmes en prose, choix, notice biographique et bibliographie par Alphonse Séché, Paris, Rasmussen, coll. Bibliothèque des poètes français et étrangers, 1925.

Le Spleen de Paris. Petits poèmes en prose, Paris, À l'enseigne du pot cassé, coll. Scripta manent, [1925].

Œuvres complètes de Charles Baudelaire : Petits poèmes en prose (Le Spleen de Paris). Le Jeune Enchanteur, notice, notes et éclaircissements de M. Jacques Crépet, Paris, Louis Conard, 1926.

Petits poèmes en prose, avec dix eaux-fortes gravées par Marcel Gromaire, Paris, Éditions des quatre chemins, 1926.

Le Spleen de Paris. Petits poèmes en prose, eaux-fortes d'Édouard Chimot, ornements typographiques de Paul de Pidoll, Paris, Éditions de L'Intermédiaire du bibliophile, coll. Le Génie français, 1926.

Le Jeune Enchanteur. La Fanfarlo. Le Spleen de Paris. Petits poèmes en prose, Paris, Larousse, coll. Bibliothèque Larousse, 1927.

Le Manuscrit autographe. Numéro spécial consacré à Charles Baudelaire, Paris, A. Blaizot, 1927.

Petits poèmes en prose, Paris, Jules Tallandier, coll. Les Belles Œuvres littéraires, 1927.

Petits poèmes en prose, Paris, Picart, coll. des Dames, [1928].

Petits poèmes en prose, préfacés et annotés par Ernest Raynaud, Paris, Garnier, 1928 [aussi dans la Collection Selecta].

Le Spleen de Paris, [six aquarelles de Édith Follet], Paris, Nillson, coll. Lotus, 1930.

Œuvres, texte établi et annoté par Y.-G. Le Dantec, Paris, Gallimard, coll. Bibliothèque de la Pléiade, t. I, 1931 ; 1954 [tome unique] ; *Œuvres complètes*, texte établi et annoté par Y.-G. Le Dantec, édition révisée, complétée et présentée par Claude Pichois, 1961 [tome unique] [*Le Spleen de Paris (Texte de 1869)*].

Œuvres : Le Spleen de Paris, précédé des *Paradis artificiels*, Paris, René Hilsum et Cie, coll. Génie de la France, 1932.

Petits poèmes en prose, pointes sèches originales de Jean-Louis Boussingault, Paris, Jeanne Walter, 1932.

Petits poèmes en prose, suivi de *La Fanfarlo* et du *Jeune Enchanteur*, illustrations aquarelles de Serge Ivanoff, Paris, Javal et Bourdeaux, 1933.

Œuvres complètes de Baudelaire : Petits poèmes en prose (Le Spleen de Paris), texte établi et présenté par Daniel-Rops, Paris, Les Belles Lettres, coll. Les Textes français (collection des Universités de France publiée sous le patronage de l'Association Guillaume Budé), 1934 ; rééd. 1952.

Petits poèmes en prose, eaux-fortes de M. Alexeieff, Paris, Firmin Didot, (Société du livre d'art), 1934.

Petits poèmes en prose, illustrés par Maurice Lalau, Paris, (Imprimerie Maurice Lalau. Un groupe de bibliophiles), 1934.

Petits poèmes en prose, Paris, Plon, coll. Les Beaux Textes illustrés, 1934.

Le Spleen de Paris, suivi des *Paradis artificiels*, Paris, R. Simon, 1935.

Les Paradis artificiels. Le Spleen de Paris, Paris, Gründ, 1936.

Poésies choisies. Petits poèmes en prose, introduction par Alphonse Séché, Paris, Nelson, 1936.

Le Spleen de Paris, Genève, Les Cahiers de poésie, 1937.

Le Spleen de Paris. Petits poèmes en prose, suivi des *Journaux intimes* et de *Choix de maximes consolantes sur l'amour*, texte établi et présenté par Yves-Gérard Le Dantec, Paris, Armand Colin, coll. Bibliothèque de Cluny, 1937 ; rééd. 1958.

Les Fleurs du mal, suivi de *Petits poèmes en prose*, préface de Jules Romains, édition illustrée annotée par Pierre Flottes, Paris, Bordas, coll. Les Grands Maîtres, 1940.

Le Spleen de Paris, préface de André Suarès, gravures de Luc Lafnet, Les Bibliophiles franco-suisses, 1940.

Petits poèmes en prose, illustrations de Michel Guénard, avant-propos par Georges Bouquet, Paris, Vautrain, coll. Sous le signe du bélier, 1942.

un questionnaire et des sujets de devoirs par Yves Hucher, Paris, Larousse, coll. Nouveaux classiques Larousse, 1963.

Le Spleen de Paris, lithographies originales de Jansem, Paris, Les Cent Une, 1963.

Mon cœur mis à nu. Journaux intimes. Fusées. Le Spleen de Paris, Paris, Charpentier, coll. Ouvrages de poche, 1965.

Le Spleen de Paris (Texte de 1869), présenté par Claude Roy, chronologie par Pascal Pia, Paris, Le Livre de poche, 1965.

Œuvres complètes, édition établie dans un ordre nouveau, présentée et annotée par Yves Florenne, Paris, Le Club français du livre, 3 t., 1966.

Œuvres complètes, édition du centenaire, préface, introduction et notes de Marcel Raymond, Lausanne, La Guilde du livre, 1967.

Œuvres complètes, t. II : *Le Spleen de Paris. Les Paradis artificiels. Du vin et du haschisch. Essais et nouvelles*, [Levallois-Perret], Cercle du bibliophile, 4 t., [1967].

Petits poèmes en prose (Le Spleen de Paris), chronologie et introduction par Marcel A. Ruff, Paris, Garnier-Flammarion, 1967.

Le Spleen de Paris, illustrations de Van Hamme, Grenoble, Roissard, Cercle des professeurs bibliophiles de France, 1967.

Œuvres complètes, édition établie par Marcel A. Ruff, Paris, Éditions du Seuil, coll. L'Intégrale, 1968.

Petits poèmes en prose, Edited with Introduction and Notes by Melvin Zimmerman, Manchester, Manchester University Press, coll. French Classics, 1968.

Le Spleen de Paris, Georges Haldas, Lausanne, Éditions rencontres, 1968.

Petits poèmes en prose, édition critique par Robert Kopp, Paris, José Corti, 1969.

Œuvres poétiques de Charles Baudelaire, t. II : *Le Spleen de Paris. Nouvelles fleurs du mal. Poésies diverses*, illustrés par Bunel [quinze planches], Paris, Typographie de l'Imprimerie nationale. Nouvelle librairie de France, 1971.

Le Spleen de Paris, édition établie, présentée et commentée par Yves Florenne, Le Livre de poche, 1972.

Petits poèmes en prose (Le Spleen de Paris), édition présentée, établie et annotée par Robert Kopp, Paris, Gallimard, coll. Poésie/Gallimard, 1973 ; nouvelle édition revue : *Le Spleen de Paris. Petits poèmes en prose*, édition présentée, établie et annotée par Robert Kopp, introduction par Georges Blin [1946], Paris, Gallimard, coll. Poésie/Gallimard, 2006.

Les Fleurs du mal. Le Spleen de Paris, Paris, Livre club des Tuileries, 1974.

Œuvres complètes, précédés de considérations sur l'auteur par Théophile Gautier, Charles Asselineau, Thierry Maulnier, René Huyghe, édition préparée par Albert Demaize, Neuilly-sur-Seine, Éditions de Saint-Clair et Paris, F. Beauval, 1974.

Les Fleurs du mal. Le Spleen de Paris, suivi de *La Fanfarlo*, Lausanne, Compagnie du livre français, 1975.

Œuvres complètes, édition établie, présentée et annotée par Claude Pichois, Paris, Gallimard, coll. Bibliothèque de la Pléiade, t. I, 1975 [*Le Spleen de Paris (Petits poèmes en prose)*].

Œuvres complètes, Paris, Famot, 1975.

Œuvres poétiques, [illustrations de Jean-Baptiste Valadié], t. II : *Le Spleen de Paris*, Paris, Éditions de l'Odéon, 1978.

Le Spleen de Paris, lithographies originales de Bernadette Kelly, Paris, Club du livre, 1979.

Le Spleen de Paris, texte présenté et commenté par Max Milner, illustrations de Karl Longuet, Paris, Imprimerie nationale, coll. Lettres françaises, 1979.

Petits poèmes en prose, Paris, Bordas, 1986.

Le Spleen de Paris (Petits poèmes en prose) précédé de *La Fanfarlo*, introduction, notes et chronologie par David Scott et Barbara Wright, Paris, Flammarion, coll. GF, 1987 ; rééd. bibliographie mise à jour par Fanny Bérat, 2013.

Le Spleen de Paris, seize lithographies en couleurs de Michèle Battut, Paris, Club du livre, 1988.

Les Fleurs du mal, suivi des *Petits poèmes en prose, Curiosités esthétiques, L'Art romantique, Journaux intimes (extraits), La Fanfarlo*, préface et commentaire de Robert Strick, Paris, Presses Pocket, coll. Lire et voir les classiques, 1989.

Œuvres complètes, préface de Claude Roy, notice et notes de Michel Jamet, Paris, Robert Laffont, coll. Bouquins, 1990.

Le Spleen de Paris. Petits poèmes en prose, compositions originales de Ingo Avolta, Paris, Jean de Bonnot, 1990.

Petits poèmes en prose, édition annotée, avec postface, chronologie et bibliographie par Dominique Millet-Gérard, Paris, Éditions du Seuil, coll. L'École des lettres, 1994.

Petits poèmes en prose (Le Spleen de Paris), préface et commentaires de

Sämtlicher Werke/Briefe, Band VIII : *Le Spleen de Paris. Gedichte in Prosa*, herausgegeben von Friedhelm Kemp und Claude Pichois, in Zusammenarbeit mit Wolfgang Drost, München und Wien, Carl Hanser, 1985.

Kleine Gedichte in Prosa oder der Spleen von Paris, übersetzt von Werner Wanitschek, Oberursel, Amsel, 1999.

Le Spleen de Paris. Pariser Spleen, Petits poèmes en prose. Kleine Gedichte in Prosa, übersetzt von Kay Borowky, Nachwort von Kurt Kloocke, Stuttgart, Reclam, coll. Universal-Bibliothek, 2008.

EN ANGLAIS

Poems in Prose, Translated by Arthur Symons, London, Elkin Mathews, 1905.

Baudelaire. His Prose and Poetry, Edited by T. R. Smith, New York, Boni and Liveright, coll. The Modern Library, [1919] [poèmes en prose traduits par Arthur Symons, Joseph T. Shipley et F. P. Sturm].

The Poems and Prose Poems of Charles Baudelaire, with an Introductory Preface by James Gibbons Huneker, New York, Brentano's, 1919.

Little Poems in Prose, Translated by Aleister Crowley with Several Added Versions of the Epilogue by Various Hands and Twelve Copper Plate Engravings From the Original Drawings by Jean de Bosschère, Paris, Edward W. Titus, 1928.

« Any Where Out of This World [*sic*] », Translated by William Carrigan, *Maryland Quarterly* [College Park], No. 1, 1944, p. 24-25.

Paris Spleen, Translated by Louise Varèse, New York, New Directions Publishing, 1947.

The Parisian Spleen. Poems, Translated by P. Schlaifer, *Carolina Quarterly* [Chapel Hill, North Carolina], Vol. 18, No. 1, Fall 1965, p. 4-26.

Twenty Prose Poems of Baudelaire, Translated with an Introduction by Michael Hamburger, London, Editions Poetry, 1946 ; rééd. San Francisco, City Light Books, 1988.

The Poems in Prose with La Fanfarlo, Translated by Francis Scarfe, Londres, Anvil Press, 1989.

The Flowers of Evil and Paris Spleen, Translated by William H. Crosby, Introduction by Anna Balakian, Brockport [New York], BOA Editions, 1991.

The Prose Poems and La Fanfarlo, Translated by Rosemary Lloyd, Oxford, Oxford University Press, coll. World's Classics, 1991.

Little Poems in Prose, Translated by Aleister Crowley, Edited by Martin P. Starr, Chicago, Teitan Press, 1995.

The Parisian Prowler, Translated by Edward K. Kaplan, Athens and London, University of Georgia Press, 1989 ; rééd. 1997.

Struhlmann, Gunther, « Three *Petits poèmes en prose.* From a New Translation of *Le Spleen de Paris* », *Anais. An International Journal* [Becket, Massachusetts], No. 16, 1998, p. 28-30.

Paris Spleen. La Fanfarlo, Translated by Raymond N. Mackenzie, Indianapolis, Hackett, 2008.

Paris Spleen. Little Poems in Prose, Translated by Keith Waldrop, Middletown, Wesleyan University Press, 2009.

EN CHINOIS

Boduolaier sanwenshi [*Les Poèmes en prose de Baudelaire*], trad. Xing Pengju, Shanghai, Zhonghua shuju, 1930.

Bali zhi fannao [*Le Spleen de Paris*], trad. Shi Min, Shanghai, Shenghuo shudian, 1935.

Bali de youyu [*Le Spleen de Paris*], trad. Hu Pinqing, Taibei, Zhiwen, 1973.

Bali de youyu [*Le Spleen de Paris*], trad. Ya Ding, Nanning, Lijiang chubanshe, 1982.

E zhi hua. Bali de youyu [*Les Fleurs du mal. Le Spleen de Paris*], trad. Qian Chunqi, Beijing, Renmin wenxue chubanshe, 1991.

Bodelaier sanwen xuan [*Proses choisies de Baudelaire*], trad. Huai Yu, Tianjin, Baihua wenyi chubanshe, coll. Waiguo mingjia sanwen congshu [Proses d'écrivains étrangers célèbres], 1992 ; rééd. 2009.

Bali de youyu [*Le Spleen de Paris*], trad. Guo Hong'an, Guangzhou, Huacheng chubanshe, 2004.

Bali de youyu [*Le Spleen de Paris*], trad. Ya Ding, Beijing, Sanlian shudian, 2004.

Bali de youyu [*Le Spleen de Paris*], trad. Hu Xiaoyue, Shanghai, Shanghai wenyi chubanshe, 2006.

E zhihua. Bali de youyu [*Les Fleurs du mal. Le Spleen de Paris*], trad. Guo Hong'an, Shanghai, Shanghai renmin chubanshe, 2008.

Bali de youyu [*Le Spleen de Paris*], trad. Guo Hong'an, Shanghai, Shanghai yiwen chubanshe, 2009 ; rééd. 2011 ; 2013.

Bali de youyu [*Le Spleen de Paris*], trad. Xiao Yu, Beijing, Zhongguo shangye chubanshe, 2009.

Bali de youyu [*Le Spleen de Paris*], trad. Huai Yu, Beijing, Xinxing chubanshe, 2012.

Shijie zhiwai de renhe difang. Bodelaier sanwen xuan [*N'importe où hors du monde. Proses choisies de Baudelaire*], trad. Wang Lang, coll. Atelier des maîtres internationaux en prose, Nanjing, Jiangsu wenyi chubanshe, 2013.

EN CROATE

Male pjesme u prozi [*Petits poèmes en prose*], traduction de Ivo Šrepel, Zagrebu, C. Albrechta, 1920.

EN DANOIS

Parisisk Spleen. Smaa digte i prosa [*Le Spleen de Paris. Petits poèmes en prose*], traduction de Kai Hoffmann et de Christian Rimestad, Copenhague, V. Pios Boghandel-Poul Branner, 1918 ; rééd. Copenhague, Nansensgade Antikvariat, 1986 ; 1992 ; 1994 ; 2000.

EN ESPAGNOL

Pequeños poemas en prosa, traducción de Eusebio Heras Hernández, Barcelona, B. Castellá, 1905.

Pequeños poemas en prosa, traducción de Pedro Vances Cuevas, Madrid, Jiménez Fraud, coll. Lecturas de una hora, [1910].

El spleen de París, traducción y prólogo de José Francés, Madrid, Júcar, 1918 ; rééd. 1991.

Pequeños poemas en prosa. Criticas de arte, traducción de Enrique Díez-Canedo y Manuel Granell, Madrid, Espasa-Calpe, 1920 ; rééd. 1968.

Pequeños poemas en prosa, prólogo de Francisco García Romo, Madrid-Barcelona-Buenos Aires, Compañía Ibero-americana de publicaciones, 1930.

Pequeños poemas en prosa, traducción y prólogo de Agustín Esclasans, Barcelona, María M. Borrat, 1942.

Pequeños poemas en prosa. Criticas de arte, traducción de Enrique Diez-Canedo, Buenos Aires, Espasa-Calpe Argentina, 1948.

Las flores del mal. Los paraísos artificiales. El spleen de París, traducción de Luis Guarner y Vicente Gil-Vilache, Barcelona, Bruguera, 1973.

El spleen de París, traducción de Alain Verjat, Barcelona, Bosch, 1975.

El spleen de París, traducción de Emilio Olcina Aya, Barcelona, Fontamara, 1979 ; rééd. 1981.

El spleen de París. Pequeños poemas en prosa, traducción de Jaime Uribe, prólogo de I. G. Sanguinetti, Madrid, Club internacional del libro, 1985.

Pequeños poemas en prosa. Los paraísos artificiales, traducción de José Antonio Millán Alba, Madrid, Cátedra, 1986 ; rééd. 2008.

Las flores del mal. Pequeños poemas en prosa [...], traducción de Enrique López Castellón, Madrid, Edimat, 1989 ; rééd. 2000.

El spleen de París, traducción de Margarita Michelena, prólogo de Carlos Eduardo Turón, México D. F., Papeles privados, 1990 ; rééd. 2002.

El spleen de París, traducción de Pedro Gandía Buleo, Altea, Aitana, 1993.

Pequeños poemas en prosa, traducción de Mercedes Sala Leclerc, Barcelona, Edicomunicación, 1995.

Spleen de París, traducción de Joaquín Negrón, Madrid, Visor Libros, 1997 ; rééd. 2008.

El esplín de París. Pequeños poemas en prosa, traducción de Francisco Torres Monreal, Madrid, Alianza editorial, 1999 ; rééd. 2007.

Las flores del mal. Pequeños poemas en prosa, traducción de Elisa Dapia Romero, Barcelona, Edicomunicación, 1999.

Paraísos artificiales. El spleen *de París*, traducción de Luis Echavarri, Buenos Aires, Losada, coll. Ensayo, 2006.

El spleen de París. Pequeños poemas en prosa, introducción, traducción y notas de Pablo Oyarzún R., Santiago de Chile, LOM, 2008.

El spleen de París. Pequeños poemas en prosa, traducción de Manuel Neila, Sevilla, Espuela de plata, 2009.

EN ITALIEN

Poemetti in prosa di Carlo Baudelaire, traduzione di Girolamo Ragusa Moleti, Ravenna, Fratelli David, 1880 ; rééd. Milano, Sonzogno, 1884.

Poemetti in prosa, traduzione di Decio Cinti, Milano, Modernissima, 1921.

Poemetti in prosa, nuovissima traduzione di Decio Cinti, Milano, Corbaccio, 1928.

I fiori del male e Poemetti in prosa, in appendice i *Diari intimi*, traduzione di Decio Cinti, Milano, EDI, 1944.

Le Spleen de Paris. Petits poèmes en prose, nota a Baudelaire di Attilio Riccio [p. 139-158], Roma, Granata, coll. Biblioteca di poesia, 1944 [texte en français].

Poemetti in prosa, a cura di Ivo Senesi, Milano, EFA, 1945.

Lo spleen di Parigi e altre traduzioni da Baudelaire, con aforismi e fantasie di Riccardo Bacchelli, Milano, Garzanti, 1947.

Petits poèmes en prose (Le Spleen de Paris), a cura di Francesco Picco, Asti, Arethusa, 1948 [texte en français, notes en italien].

Poemetti in prosa, prefazione di Henry Furst, traduzione dal francese di Orsola Nemi, Milano, Longanesi, 1951.

Lo spleen di Parigi. Poemetti in prosa, traduzione di Piero Bianconi, Milano, Rizzoli, coll. Bur, 1955.

I fiori del male. Relitti. Nuovi fiori del male. La Fanfarlo. I paradisi artificiali.

Lo spleen di Parigi. Diari intimi. Pagine sparse, a cura di Clemente Fusero, Milano, Dall'Oglio, 1957.

I fiori del male. Poemetti in prosa, [traduction des *Fleurs du mal* par Adele Morozzo della Rocca et du *Spleen de Paris* par Gianni Nicoletti], introduzione, note e commento di Gianni Nicoletti, Torino, UTET, 1963.

Les Fleurs du mal. Petits poèmes en prose, scelta e commento a cura di Maria Luisa Belleli e Neva B. Pellegrini, Torino, Giappichelli, coll. Collana di classici stranieri, 1966 [texte en français].

Petits poèmes en prose. Le Spleen de Paris, avec introduction et notes par Attilio Baldini, Milano, Società editrice Dante Alighieri, 1974 [texte en français].

Poemetti in prosa (Lo spleen di Parigi), a cura di Claudio Rendina, Roma, Newton Compton, coll. Paperbacks. Poeti, 1979.

Poemetti in prosa. Lo spleen di Parigi, traduzione dal francese di Decio Cinti, Milano, Dall'Oglio, 1987.

Lo spleen di Parigi. Piccoli poemi in prosa, traduzione di Vivian Lamarque, Milano, SE, 1987.

Lo spleen di Parigi. Poemetti in prosa, introduzione, traduzione e note di Alfonso Berardinelli, Milano, Garzanti, 1989.

Piccoli poemi in prosa, introduzione, traduzione e note di Nicola Muschitiello, Milano, Rizzoli, 1990.

Le Spleen de Paris. Petits poèmes en prose. Lo spleen di Parigi. Piccoli poemi in prosa, a cura di Bruno Nacci, edizione integrale bilingue, Milano, Mursia, 1990.

Lo spleen di Parigi. Piccoli poemi in prosa, a cura di Giuseppe Montesano, Milano, Mondadori, coll. Universale economica. I saggi, 1992 ; rééd. dans *Opere*, a cura di Giovanni Raboni e Giuseppe Montesano, introduzione di Giovanni Macchia, Milano, Mondadori, coll. I Meridiani, 1996, p. 375-472.

Lo spleen di Parigi. Piccoli poemi in prosa, traduzione e cura di Franco Rella, Milano, Feltrinelli, 1992.

Lo spleen di Parigi. Piccoli poemi in prosa, traduzione di Gianni D'Elia, Torino, Einaudi, coll. Scrittori tradotti da scrittori, 1997.

Tutte le poesie e i capolavori in prosa [...], a cura di Massimo Colesanti, edizione integrale con testo francese a fronte, Roma, Newton Compton, 1998.

Lo spleen di Parigi. Poemetti in prosa, presentazione di Sergio Cigada, Milano, Sugarco, 1999.

Lo spleen di Parigi. Poemi in prosa, traduzione di Piero Bianconi, Milano, Rizzoli, coll. Bur, 2002.

EN JAPONAIS

Pari no yûutsu [*Le Spleen de Paris*], trad. Kikuichirô Murakami, Tokyo, Shunyôdô shoten, 1936.

Bôdolêru zenshû [*Œuvres complètes de Baudelaire*], t. II : *Pari no yûutsu* [*Le Spleen de Paris*], trad. Tatsuji Miyoshi, Tokyo, Kawade shobô, 1939 ; rééd. 1950.

Pari no yûutsu [*Le Spleen de Paris*], trad. Takehiko Fukunaga, Tokyo, Iwanami shoten, coll. Iwanami bunko, 1957 ; rééd. 1966.

Bôdolêru sambunshishû. Pari no yûutsu [*Recueil des poèmes en prose de Baudelaire. Le Spleen de Paris*], trad. Isoo Saitô, Tokyo, Mikasa shobô, 1967.

Pari no yûutsu [*Le Spleen de Paris*], dans *Sekai no bungaku. Shinshû 8 : Neruvalu, Bôdolêru* [*La Littérature du monde. Nouvelle collection 8 : Nerval et Baudelaire*] trad. Akimasa Kanno, Tokyo, Chûôkôronsha, 1970.

Bôdolêru zenshû [*Œuvres complètes de Baudelaire*], t. IV : *Sambunshi. Bijutsu hihyô. Ongaku hihyô. Awarena Belugî* [*Poèmes en prose. Critique d'art. Critique musicale. Pauvre Belgique*], trad. Yoshio Abe, Tokyo, Chikuma shobô, 1987.

Pari no yûutsu [*Le Spleen de Paris*], trad. Kunihiko Watanabe, Tokyo, Misuzu shobô, 2006.

EN NORVÉGIEN

Små dikt i prosa. Et utvalg [*Le Spleen de Paris. Petits poèmes en prose* (extraits)], traduction et introduction de Haakon Shetelig, Bergen, John Griegs forlag, 1943.

Prosadikt [*Le Spleen de Paris*], traduction et introduction de Tore Stubberud, Rakkestad, Valdisholm, 1993.

EN PORTUGAIS

Pequenos poemas em prosa, tradução de Paulo M. Oliveira, Rio de Janeiro, Athena, 1937.

Pequenos poemas em prosa, tradução de Aurélio Buarque de Holanda Ferreira, São Paulo, José Olympio, 1950 ; rééd. Rio de Janeiro, Civilização Brasileira, 1966 ; Rio de Janeiro, Nova Fronteira, 1977.

Spleen de Paris. Pequenos poemas em prosa, tradução de Antonio Pinheiro Guimarães, Porto, Divulgação, 1963.

Petits poèmes en prose. Pequenos poemas em prosa, tradução de Dorothée de Bruchard, Florianópolis, Ed. Da UFSC, Aliança Francesa, 1988.

Spleen de Paris. Pequenos poemas em prosa, tradução de Leda Tenório da Mota, Rio de Janeiro, Imago, 1995.

Pequenos poemas em prosa, tradução de Gilson Maurity, Rio de Janeiro, Record, 2006.

EN ROUMAIN

FONDANE, Benjamin, traduction partielle du *Spleen de Paris*, édition critique établie et annotée par Roxana Sorescu, introduction de Mircea Martin, Bucarest, Éditions Art, [à paraître en 2015].

EN RUSSE

Malen'kie poemy v proze, trad. Aleksandrovič, Moscou, 1902.

Stichotovorenija v proze, trad. A. Gurevič, Saint-Pétersbourg, 1909.
Malen'kie poemy v proze, trad. Ellis (L. L. Kobylinski), Moscou, 1910.
Malen'kie poemy v proze, trad. M. Volkov, Saint-Pétersbourg, 1911.

EN SUÉDOIS

Prosadikter [*Poèmes en prose*], traduction de Erik Blomberg, Stockholm, Lind & Co., 1957 ; rééd. 2000.

Små prosadikter [*Petits poèmes en prose*], traduction et commentaires de Lars Bäckström, Gävle, Rallarros, 1983.

BIBLIOGRAPHIE CRITIQUE

BIBLIOGRAPHIE

ABBOTT, Helen (2009), *Between Baudelaire and Mallarmé. Voice, Conversation and Music*, Farnham [Surrey]-Burlington [Vermont], Ashgate Publishing, 2009.

ABE, Yoshio (1975), *Gunshû no naka no geijutsuka. Bôdolêru to 19 seiki furansu kaiga* [*L'Artiste dans la foule. Baudelaire et les peintures françaises au XIXe siècle*], Tokyo, Chûôkôronsha, 1975.

ABE, Yoshio (1979), « *Pari no yûutsu*. Geijutsu kara sei he » [« *Le Spleen de Paris*. De l'art à la vie »], dans *Furansu bungaku kôza* [*Cours de littérature française*], t. III : *Shi* [*Poésie*], Tokyo, Taishûkan shoten, 1979, p. 232-238.

ABE, Yoshio (1995), *Shaluru Bôdolêru. Moderunite no seiritsu* [*Charles Baudelaire. L'établissement de la modernité*], Tokyo, Kawade shobô shinsha, 1995.

ABE, Yoshio et SATÔ, Toyomaro (1976), *Bôdolêru ni yoru echûdo* [*Études à partir de Baudelaire*], Tokyo, Asahi shuppansha, 1976.

ACQUISTO, Joseph (2006), « "Sowing Some Roses on the Thorns of Life". Desire, Nature, Interpretation, and Judgement in Sade and Baudelaire », *Romance Studies* [Swansea], Vol. XXIV, Issue 1, March 2006, p. 15-27.

ADATTE, Emmanuel (1986), *Les Fleurs du mal et Le Spleen de Paris. Essai sur le dépassement du réel*, Paris, José Corti, 1986.

AGAMBEN, Giorgio (1977), *Stanze. La parola e il fantasma nella cultura occidentale*, Torino, Einaudi, coll. Piccola biblioteca Einaudi, 2011. Édition originale : Torino, Einaudi, coll. Saggi, 1977. Trad. française : *Stanze. Parole et fantasme dans la culture occidentale*, traduit de l'italien par Yves Hersant, Paris, Bourgois, 1981 ; rééd. Payot & Rivages, coll. Rivages poche. Petite bibliothèque, 1998.

AGGELER, William F. (1971), *Baudelaire Judged by Spanish Critics 1857-1957*, Athens, University of Georgia Press, 1971.

AGUETTANT, Louis (1978), *Lecture de Baudelaire*, Paris, Éditions du cerf, 1978 ; rééd. Paris, L'Harmattan, 2001.

AHEARN, Edward (2014), « Femme, ville, Empire. *Les Foules, Le Cygne, La Belle Dorothée* », dans *Lire Le Spleen de Paris*, dirigé par André Guyaux et Henri Scepi, Paris, PUPS, 2014, p. 11-16.

ALMEIDA, Mônica de (2000), « Traduire le poème en prose au Brésil. Le cas Baudelaire », dans *La Force du langage. Rythme, discours, traduction. Autour de l'œuvre d'Henri Meschonnic*, sous la direction de Jean-Louis Chiss et Gérard Dessons, Paris, Honoré Champion, coll. Colloques, congrès et conférences sur l'Europe moderne et contemporaine, 2000, p. 245-260.

ALMEIDA, Mônica de (2006), *Réinventions du Spleen de Paris. Traduire Baudelaire*, thèse de doctorat, Université Paris VIII, 2006.

ALOCCO BIANCO, Luciana (1983), *Dal re al buffone. Parabola d'artista (1820-1857)*, Trieste, Paolo Deganutti, 1983.

AMIOT, Anne-Marie (1982), *Baudelaire et l'illuminisme*, Paris, Nizet, 1982.

ANGELI, Giovanna (1975), *Le prove e i testi. Letture francesi*, Firenze, Pacini, coll. Saggi critici, 1975 (« *Pauvre Belgique* », p. 137-165).

ANTOINE, Gérald (1967), « La nuit chez Baudelaire », *Revue d'histoire littéraire de la France* [Paris], LXVIIe année, n° 2, avril-juin 1967, p. 375-401.

ANTOINE, Gérard (1982), *Vis-à-vis ou le double regard critique*, Paris, PUF, coll. Écriture, 1982 (« Deux variations sur un theme baudelairien », « Le mal de l'Infini », « La Nuit », p. 139-209).

ARAGON, Louis (1944), *Aurélien*, dans *Œuvres romanesques croisées* [avec Elsa Triolet], Paris, Robert Laffont, t. XX, 1966. Édition originale : Paris, Egloff, 1944 ; rééd. Paris, Gallimard, 1944.

ARAGON, Louis (1946), *Chroniques du bel canto*, Paris, Albert Skira, 1947 [en particulier p. 163-181] ; publié auparavant dans *Europe* [Paris], n° 10, octobre 1946.

ARCHER, E.-A. (1957-1958), *The Prose Poem in French Literature From 1800 up to and Including the Publication of Baudelaire's* Petits poèmes en prose *in 1869 with Special Reference to Charles Nodier, Aloysius Bertrand, Maurice de Guérin, and Gérard de Nerval*, M. A. Dissertation, University of London, Westflied College, 1957-1958.

ARÉSU, Bernard (1984), « "The Cult of Images". Toward a Durandian Reading of *Les Petits Poèmes en prose* », dans *L'Hénaurme Siècle. A*

Miscellany of Essays on Nineteenth-Century French Literature, Heidelberg, Carl Winter Universitätsverlag, coll. Reihe Siegen, 1984, p. 93-102.

ARNAUD, Céline et DERMÉE, Paul (1951), « Un siècle de poème en prose », *Le Journal des poètes* [Bruxelles], juin 1951.

ARNOLD, Paul (1972), *Ésotérisme de Baudelaire*, Paris, Vrin, coll. Essais d'art et de philosophie, 1972.

ASCHENBERG, Heidi (1999), *Kontexte in Texten. Umfeldtheorie und literarischer Situationsaufbau*, Tübingen, Niemeyer, 1999 (« Situation als Reisebild in Vers und Prosa », p. 259-274).

ASHDOWN-LECOINTRE, Leisha (2000), « "Et le sot le regard du bouffon triomphal". Aperçu dix-neuviémiste sur le fou de la cour », *New Zealand Journal of French Studies* [Wellington], Vol. XXI, No. 2, November 2000, p. 5-14.

ASSELINEAU, Charles (1868a), BERTRAND, Louis, *Gaspard de la Nuit. Fantaisies à la manière de Rembrandt et de Callot*, nouvelle édition, augmentée de pièces en prose et en vers, tirées des journaux et recueils littéraires du temps, et précédée d'une introduction, par M. Charles Asselineau, Paris, Pincebourde et Bruxelles, Librairie européenne de C. Muquardt, 1868.

ASSELINEAU, Charles (1868b), Préface à la deuxième édition de *Gaspard de la Nuit*, Paris, Pincebourde, 1868 [mars 1869], p. I-XXVIII ; rééd. dans « Fortune de *Gaspard de la Nuit* 1843-1869 », textes réunis par Aurélia Cervoni, dans *« Un livre d'art fantasque et vagabond ». Gaspard de la Nuit d'Aloysius Bertrand*, sous la direction d'André Guyaux, avant-propos de Dominique Millet-Gérard, Paris, Éditions Classiques Garnier, coll. Études dix-neuviémistes, 2010, p. 277-409.

ASSELINEAU, Charles (1869a), *Charles Baudelaire, sa vie et son œuvre*, dans *Baudelaire et Asselineau*, textes recueillis et commentés par Jacques Crépet et Claude Pichois, Paris, Nizet, 1953 ; rééd. Cognac, Le Temps qu'il fait, 1990. Édition originale : Paris, Alphonse Lemerre, 1869.

ASSELINEAU, Charles (1869b), « Chronique littéraire » [sous-titre : « Un genre nouveau de littérature » ; sur les bestiaires de quelques auteurs. Asselineau reproduit aussi *Les Bons Chiens*], *Bulletin du bibliophile et du bibliothécaire* [Paris], 1869, p. 364-375.

ATHYS, Alfred (1897), « À propos du poème en prose. Fragments », *La Revue blanche* [Paris], t. XII, [juin 1897], p. 587-592.

AUDEBRAND, Philibert (1864), « L'orpheline de la légion d'honneur »,

Bulletin de la Société des gens de lettres [Paris], n° 5, mai 1864, p. 123-134 [ici p. 123-124].

AUDEBRAND, Philibert (1887), *La Sérénade de Don Juan*, Paris, Dentu, 1887 (« Le Spleen de Paris », p. 102-103).

AUSERVE, Philippe (1968), « Vingt-cinq petits textes en prose de Charles Baudelaire », *Le Figaro littéraire* [Paris], n° 1176, 18-24 novembre 1968 [billets de Baudelaire à un copiste, Laumonier ; 1862-1863].

AUSTIN, Lloyd James (1956), *L'Univers poétique de Baudelaire. Symbolisme et symbolique*, Paris, Mercure de France, 1956.

Aux origines du poème en prose français (1750-1850) (2003), sous la direction de Nathalie Vincent-Munnia, Simone Bernard-Griffiths et Robert Pickering, Paris, Honoré Champion, coll. Colloques, congrès et conférences. Époque moderne et contemporaine, 2003.

AVALLE, D'Arco Silvio (1974), *La poesia nell'attuale universo semiologico*, Torino, Giappichelli, 1974 [en particulier p. 12-23].

AVICE, Jean-Paul (1992), « Baudelaire et le présent profond de Paris », *Europe* [Paris], n° 760-761, août-septembre 1992, p. 31-45.

AVICE, Jean-Paul (1995), « Histoire d'auréole ou le sacrifice de la beauté », *L'Année Baudelaire* [Paris], n° 1, 1995, p. 17-26.

AYNESWORTH, Donald (1982), « Humanity and Monstrosity in *Le Spleen de Paris*. A Reading of *Mademoiselle Bistouri* », *Romanic Review* [New York], Vol. LXXIII, No. 2, March 1982, p. 209-221.

AZORÍN (1904), « Baudelaire », *Alma española* [Madrid], n.° 13, 31 enero 1904, p. 3.

BA JIN (1982), « Épigraphe », dans Charles Baudelaire, *Bali de youyu* [*Le Spleen de Paris*], trad. Ya Ding, Nanning, Lijiang chubanshe, 1982.

BABUTS, Nicolae (1995), « Baudelaire's *Le Mauvais Vitrier* and *Mademoiselle Bistouri* », *Symposium* [Syracuse, New York], Vol. XLIX, No. 3, Fall 1995, p. 179-189.

BABUTS, Nicolae (1997), *Baudelaire. At the Limits and Beyond*, Newark, University of Delaware Press, 1997.

BACHELARD, Gaston (1943), *L'Air et les songes. Essai sur l'imagination du mouvement*, Paris, José Corti, 1943.

BACKÈS, Jean-Louis (1997), *Le Vers et les formes poétiques dans la poésie française*, Paris, Hachette, coll. Les Fondamentaux [La bibliothèque de base de l'étudiant en lettres], 1997.

BAER, Ulrich (2000), *Remnants of Song. Trauma and the Experience of Modernity in Charles Baudelaire and Paul Celan*, Stanford, Stanford University Press, 2000.

BAI, Rui (2000), « Lun *Gangkou* shihua yijing de yingzao » [« La fusion de la poésie et de la peinture dans *Le Port* »], *Faguo yanjiu* [*Études françaises*, Wuhan], n° 1, 5 juin 2000, p. 167-173.

BAILLOT, Alexandre (1925), « Baudelaire », *La Revue des lettres* [Paris], n° 11, 15 décembre 1925, p. 590-600 [sur Baudelaire et Schopenhauer].

BAILLY, Jean-Christophe (1997), « Harmony in Red and Green. Un tableau de Baudelaire », *L'Année Baudelaire* [Paris], n° 3, 1997, p. 123-131.

BAILLY, Jean-Christophe (2000), *Panoramiques*, Paris, Christian Bourgois, coll. Détroits, 2000.

BAILLY, Jean-Christophe (2001), « Prose and Prosody. Baudelaire and the Handling of Genres », Translated by Jan Plug, dans *Baudelaire and the Poetics of Modernity*, Edited by Patricia A. Ward, with the Assistance of James S. Patty, Nashville [Tennessee], Vanderbilt University Press, 2001, p. 124-133.

BAJOREK, Jennifer (2009), *Counterfeit Capital. Poetic Labor and Revolutionary Irony*, Stanford, Stanford University Press, 2009.

BANDY, William T. (1933), *Baudelaire Judged by His Contemporaries (1845-1867)*, avec une lettre-préface de Jacques Crépet, New York, Columbia University Press, coll. Publications of the Institute of French Studies, 1933 ; édition remaniée et enrichie : *Baudelaire devant ses contemporaines*, textes recueillis et publiés par W. T. Bandy et Claude Pichois, Monaco, Éditions du Rocher, 1957 ; rééd. Paris, Klinksieck, coll. Bibliothèque baudelairienne, 1995.

BANDY, William T. (1953a), *Répertoire des écrits sur Baudelaire* [dactylographié], Madison [Wisconsin], 1953.

BANDY, William T. (1953b), « Trois études baudelairiennes », *Revue d'histoire littéraire de la France* [Paris], LIIIe année, n° 2, avril-juin 1953, p. 203-212.

BANDY, William T. (1968), « L'universalité de Baudelaire », dans *La Prison romantique. Essai sur l'imaginaire*, Paris, José Corti, 1975, p. 25-30. Publié auparavant dans *Baudelaire*, actes du colloque de Nice, 25-27 mai 1967, *Annales de la faculté des lettres et sciences humaines de Nice* [Nice], n° 4-5, deuxième et troisième trimestre 1968, p. 49-59.

BANERJEE, Arundhati (1996), *Locating and Mapping the Textual Terrain. A*

Reading Model for the Prose-Poem, Unpublished Doctoral Dissertation, Columbia University, New York, 1996.

BANVILLE, Théodore de (1861), « *Messieurs de la lyre*, par Émile Durandeau », dans André Guyaux, *Baudelaire. Un demi-siècle de lectures des Fleurs du mal (1855-1905)*, Paris, PUPS, coll. Mémoire de la critique, 2007, p. 345-346. Publié auparavant dans *Le Boulevard* [Paris], numéro spécimen, 1er décembre 1861, p. 7.

BANVILLE, Théodore de (1862), « Théâtres. La semaine dramatique et littéraire » *Le Boulevard* [Paris], n° 35, 31 août 1862, p. 1-3.

BANVILLE, Théodore de (1868), « Baudelaire », dans André Guyaux, *Baudelaire. Un demi-siècle de lectures des Fleurs du mal (1855-1905)*, Paris, PUPS, coll. Mémoire de la critique, 2007, p. 457-458. Publié auparavant dans *L'Artiste* [Paris], 1er janvier 1868, p. 25 ; recueilli ensuite dans *Camées parisiens*, 3e série, Paris, Pincebourde, coll. Petite bibliothèque des curieux, 1873, p. 9-11.

BANVILLE, Théodore de (1870), « *La Lune* » [avec en épigraphe un fragment des *Bienfaits de la lune*], dans *Idylles prussiennes*, Paris, Alphonse Lemerre, 1871, p. 32. Publié auparavant dans *Le National* [Paris], 24 octobre 1870.

BANVILLE, Théodore de (1872), *Petit traité de poésie française*, Paris, A. Le Clère, 1872.

BANVILLE, Théodore de (1883), *La Lanterne magique. Camées parisiens. La comédie française*, avec un dessin de Georges Rochegrosse, Paris, Charpentier, 1883 (« Avant-propos », p. IX-X).

BARON, Irène (1983), « Étude psychanalytique d'un poème en prose de Baudelaire », *(Pré)Publications* [Paris], n° 79, février 1983, p. 3-29.

BARRÈRE, Jean-Bertrand (1957), « Chemins, échos et images dans *L'Invitation au voyage* de Baudelaire », *Revue de littérature comparée* [Paris], t. XXXI, n° 4, octobre-décembre 1957, p. 481-490 ; recueilli dans *Le Regard d'Orphée ou l'échange poétique. Hugo, Baudelaire, Rimbaud, Apollinaire*, Paris, SEDES, 1977.

BARRÈS, Maurice (1884), « La sensation en littérature. La folie de Charles Baudelaire (*Baudelaire, Verlaine, Mallarmé, Rollinat, des Esseintes*) » (II, « La vie des sens chez Baudelaire »), dans André Guyaux, *Baudelaire. Un demi-siècle de lectures des Fleurs du mal (1855-1905)*, Paris, PUPS, coll. Mémoire de la critique, 2007, p. 641-658. Publié auparavant dans *Les Taches d'encre* [Paris], n° 1, 5 novembre 1884, p. 3-26.

BARRÈS, Maurice (1887), « Le caractère de Baudelaire », dans André Guyaux, *Baudelaire. Un demi-siècle de lectures des Fleurs du mal (1855-1905)*, Paris, PUPS, coll. Mémoire de la critique, 2007, p. 701-705. Publié auparavant dans *Le Voltaire* [Paris], 7 juin 1887, p. 1 ; rééd. dans *La Jeune France* [Paris], n° 108, août 1887, p. 738-742.

BASSIM, Tamara (1974), *La Femme dans l'œuvre de Baudelaire*, Neuchâtel, À la Baconnière, 1974 (« Les *Petits poèmes en prose* », p. 211-223).

BATAILLÉ, Christophe (2014), « Remarques sur le "rêve" baudelairien dans *Rêve parisien* et *La Chambre double* », dans *Lectures du Spleen de Paris*, sous la direction de Steve Murphy, Rennes, Presses universitaires de Rennes, coll. Didact français, 2014, p. 169-176.

Baudelaire and the Poetics of Modernity (2001), Edited by Patricia A. Ward, with the Assistance of James S. Patty, Nashville [Tennessee], Vanderbilt University Press, 2001.

BAUDELAIRE, Charles (1911), *Carnet de Charles Baudelaire*, publié avec une introduction et des notes par M. Féli Gautier et orné d'un dessin inédit de Baudelaire, Paris, Chevrel, 1911.

Baudelaire et Asselineau (1953), textes recueillis et commentés par Jacques Crépet et Claude Pichois, Paris, Nizet, 1953.

Baudelaire, Mallarmé, Valéry. New Essays in Honour of Lloyd Austin (1982), Edited by Malcolm Bowie, Alison Fairlie and Alison Finch, Cambridge, Cambridge University Press, 1982.

Baudelaire : nouveaux chantiers (1995), textes réunis par Jean Delabroy et Yves Charnet, Lille, Presses universitaires du Septentrion, coll. Travaux et recherches, 1995.

Baudelaire (1961), Paris, Hachette, coll. Génies et réalités, 1961.

BAUER, Franck (1997), « Le poème en prose : un joujou de pauvre ? Sur la genèse et la signification d'un *Spleen de Paris* », *Poétique* [Paris], n° 109, février 1997, p. 17-37.

BAUER, Franck (1998), « Le rat et l'oublie. Baudelaire et l'interdit de la Neuvième Rêverie », dans *Littérature et interdits*, textes réunis par Jacques Dugast, Irène Langlet et François Mouret, Rennes, Presses universitaires de Rennes, coll. Interférences, 1998, p. 325-335.

BAUER, Franck (2008), « Les *Petits poèmes en prose* de Baudelaire sont-ils des OGM ? Le cas du *Mauvais Vitrier* », dans *D'un genre littéraire à l'autre*, sous la direction de Michèle Guéret-Laferté et Daniel Mortier,

Mont-Saint-Aignan, Publications de l'Université de Rouen et du Havre, 2008, p. 147-162.

BAUER, Roger (1996), « Rainer Maria Rilke et le poème en prose baudelairien », *Sud* [Marseille], t. XXVI, n° 113-114, février 1996, p. 155-166.

BAYLE, Corinne (2014), *Nocturne de l'âme moderne. Le Spleen de Paris de Charles Baudelaire*, Mont-Saint-Aignan, Presses universitaires de Rouen et du Havre, coll. Cours, 2014.

BEAUJOUR, Michel (1983), « Short Epiphanies. Two Contextual Approaches to the French Prose Poem », dans *The Prose Poem in France. Theory and Practice*, Edited by Mary Ann Caws and Hermine Riffaterre, New York, Columbia University Press, 1983, p. 39-59.

BEEBEE, Tom (1980), « Orientalism, Absence and the *poème en prose* », *The Rackham Journal of the Arts and Humanities* [Ann Arbor, Michigan], Vol. II, No. 1, Fall 1980, p. 48-67 [sur Baudelaire et Julián del Casal].

BEHRENS, Irene (1940), *Die Lehre von der Einteilung der Dichtkunst vornehmlich vom 16. bis 19. Jahrhundert. Studien zur Geschichte der poetischen Gattungen*, Halle, Niemeyer, coll. Beihefte zur Zeitschrift für romanische Philologie, 1940.

BELLELI, Maria Luisa (1967), *Introduzione alla lettura di Baudelaire*, Torino, Giappichelli, 1967.

BELLEMIN-NOËL, Jean (1986), « Baudelaire et la chirurgie des âmes », dans *Territoires de l'imaginaire. Pour Jean-Pierre Richard*, textes réunis par Jean-Claude Mathieu, Paris, Éditions du Seuil, 1986, p. 201-212.

BELLEMIN-NOËL, Jean (1985), « Deux *Crépuscule du soir* de Baudelaire », dans *Interlignes. Essais de textanalyse*, Lille, Presses universitaires de Lille, coll. Objet, 1988, p. 87-104. Publié auparavant sous le titre « Noirceurs de la nuit baudelairienne » dans *Corps écrit* [Paris], n° 14, juin 1985, p. 59-70

BELOTTO MARTÍNEZ, Jesús (2012), *La traducción y recepción del poema en prosa en España. Le Spleen de Paris de Charles Baudelaire*, tesis doctoral, Universidad de Alicante, 2012.

BENEVELLI, Elio (1974), « *La Chambre double* de Baudelaire », *Cahiers d'études romanes* [Aix-en-Provence-Marseille], n° 1, 1974, p. 65-91.

BÉNICHOU, Paul (2003), « Le Satan de Baudelaire », dans *Les Fleurs du mal*, actes du colloque de la Sorbonne des 10 et 11 janvier 2003, édités par André Guyaux et Bertrand Marchal, Paris, PUPS, coll. Colloques de la Sorbonne, 2003, p. 9-23.

BENJAMIN, Walter (1955), *Charles Baudelaire. Un poète lyrique à l'apogée du capitalisme*, traduit de l'allemand et préfacé par Jean Lacoste d'après l'édition originale établie par Rolf Tiedemann, Paris, Payot, coll. Petite bibliothèque, 2002, p. 147-207. Édition originale en allemand : *Charles Baudelaire. Ein Lyriker im Zeitalter des Hochkapitalismus*, Frankfurt am Main, Suhrkamp, 1955 [recueille quelques articles déjà parus, dont « Über einige Motive bei Baudelaire », (*Zeitschrift für Sozialforschung* (New York-Paris), Vol. VIII, No. 1-2, 1939, p. 50-91), traduit en français pour la première fois en 1959 par Maurice de Gandillac (*Œuvres choisies*, Paris, Julliard, coll. Les Lettres nouvelles)]. Réédition, avec un dossier génétique et toutes les ébauches : *Baudelaire*, édition établie par Giorgio Agamben, Barbara Chitussi et Clemens-Carl Härle, traduit de l'allemand par Patrick Charbonneau, Paris, La Fabrique, 2013.

BENVENISTE, Émile (2011), *Baudelaire* [1967], présentation et transcription de Chloé Laplantine, Limoges, Lambert-Lucas, 2011.

BERARDINELLI, Alfonso (1994), *La poesia verso la prosa. Controversie sulla lirica moderna*, Torino, Bollati Boringhieri, 1994 [en particulier p. 53-66].

BÉRAT-ESQUIER, Fanny (2006), *Les Origines journalistiques du poème en prose, ou le siècle de Baudelaire*, thèse de doctorat, Université Lille III, 2006.

BERCOT, Martine (1983), *La Seconde Esthétique de Baudelaire*, thèse de doctorat, Université Paris-Sorbonne, 1983 [résumé dans *L'Information littéraire* (Paris), XXXVIe année, n° 5, novembre-décembre 1984, p. 204-211].

BERCOT, Martine (1989a), « 1857 : poèmes et contre-poèmes [communication au XLe congrès de l'Association internationale des études françaises, le 21 juillet 1988] », *Les Niveaux de langue. Musique et littérature jusqu'au XVIIIe siècle. Baudelaire, Cahiers de l'Association internationale des études françaises* [Paris], n° 41, mai 1989, p. 285-303.

BERCOT, Martine (1989b), « "Nouvelles *Fleurs du mal*" : idéalisme et désillusion », dans *Les Fleurs du mal. L'intériorité de la forme*, préface de Max Milner, actes du colloque [de la] Société des études romantiques, 7 janvier 1989, Paris, SEDES, 1989, p. 41-54 [en particulier p. 46-51].

BERCOT, Martine (1993), « Miroirs baudelairiens », dans *Dix études sur Baudelaire*, réunies par Martine Bercot et André Guyaux, Paris, Honoré Champion, coll. Bibliothèque de littérature moderne, 1993, p. 113-136.

BERCOT, Martine (2003), « Des *Fleurs du mal* au *Spleen de Paris* », *Le Magazine littéraire* [Paris], [dossier *Nouvelles lectures des Fleurs du mal*], n° 418, mars 2003, p. 21-23.

BERCOT, Martine (2006), « Baudelaire : poésie et prière », dans *Poésie et liturgie XIXe-XXe siècles*, [dirigé par] Martine Bercot et Catherine Mayaux, Bern-Berlin-Bruxelles-Frankfurt am Main-New York-Oxford-Wien, Peter Lang, coll. Littératures de langue française, 2006, p. 3-18.

BERGER, Anne-Emmanuelle (2004), *Scènes d'aumône : misère et poésie au XIXe siècle*, Paris, Honoré Champion, coll. Romantisme et modernités, 2004.

BERGER, Anne-Emmanuelle (2009), « Donner sa langue au chien », dans *L'Offrande lyrique*, sous la direction de Jean-Nicolas Illouz, Paris, Hermann, coll. Savoir lettres, 2009, p. 175-194 [sur Baudelaire et Hugo]. Publié, en anglais, sous le titre « Reigning Cats or Dogs ? Baudelaire's Cynicism » et dans une version raccourcie, dans *Time for Baudelaire (Poetry, Theory, History)*, Edited by E. S. Burt, Elissa Marder, and Kevin Newmark, *Yale French Studies* [New Haven, Connecticut], No. 125-126, 2014, p. 149-164.

BERMAN, Marshall (1979), « Modernism in the Streets », *Partisan Review* [Boston], Vol. XLVI, No. 2, Spring 1979, p. 205-222.

BERMAN, Marshall (1983), *All That is Solid Melts Into Air. The Experience of Modernity*, London, Verso, 1983 [en particulier p. 131-171].

BERNARD, Suzanne (1959), *Le Poème en prose de Baudelaire jusqu'à nos jours*, Paris, Nizet, 1959 (« Baudelaire et le lyrisme moderne », p. 103-150),.

BERNARD, Suzanne (1960), « Un genre moderne : le poème en prose », *L'Information littéraire* [Paris], XIIe année, n° 1, janvier-février 1960, p. 1-8.

BERNARD-KAHLER, G. (2007), « Le mysticisme », extrait rééd. dans *La Querelle de la statue de Baudelaire (août-décembre 1892)*, sous la direction d'André Guyaux, avec la collaboration d'Aurélia Cervoni, de Guillaume Peigné et de Sébastien Porte, Paris, PUPS, coll. Mémoire de la critique, 2007, p. 221-222. Publié auparavant dans *L'Estafette* [Paris], 19 septembre 1892, p. 1.

BERNHEIMER, Charles (1989), *Figures of Ill Repute. Representing Prostitution in Nineteenth-Century France*, Cambridge [Massachusetts], Harvard University Press, 1989.

BERSANI, Leo (1977a), « Baudelaire en morceaux », *Psychanalyse à l'université* [Paris], t. III, n° 9, décembre 1977, p. 69-92.

BERSANI, Leo (1977b), *Baudelaire et Freud*, traduit de l'anglais par Dominique Jean, Paris, Éditions du Seuil, coll. Poétique, 1981. Édition originale en anglais : *Baudelaire and Freud,* Berkeley, University of California Press, 1977.

BERSANI, Leo (1990), *The Culture of Redemption*, Cambridge [Massachusetts], Harvard University Press, 1990.

BERTRAND, Jean-Pierre (2002b), « Un genre sans queue ni tête : le poème en prose », *Lieux littéraires / La revue* [Montpellier], n° 5, juin 2002, p. 71-80.

BERTRAND, Jean-Pierre (2004), « Une lecture médiatique du *Spleen de Paris* », dans *Presse et plumes. Journalisme et littérature au XIXe siècle*, sous la direction de Marie-Ève Thérenty et Alain Vaillant, Nouveau Monde Éditions, 2004, p. 329-338.

BERTRAND, Jean-Pierre (2007), « Un genre né par et pour la presse : le poème en prose », dans *La Littérature à l'ère de la reproductibilité technique. Réponses littéraires aux nouveaux dispositifs représentatifs créés par les médias modernes*, t. I : *Penser la représentation*, textes réunis par Pierre Piret, Paris, L'Harmattan, coll. Champs visuels, 2007, p. 43-52.

BERTRAND, Jean-Pierre (2014), « "Tête et queue, alternativement et réciproquement". La double détermination adjectivale dans *Le Spleen de Paris* », dans *Lectures du Spleen de Paris*, sous la direction de Steve Murphy, Rennes, Presses universitaires de Rennes, coll. Didact français, 2014, p. 349-359.

BERTRAND, Jean-Pierre et DURAND, Pascal (2006), *Les Poètes de la modernité. De Baudelaire à Apollinaire*, Paris, Éditions du Seuil, 2006.

BETHKE, Frederick J. (1963), *Rilke's Aufzeichnungen des Malte Laurids Brigge and Baudelaire's Petits poèmes en prose. A Comparison*, M. A. Thesis, Indiana University, Bloomington [Indiana], 1963.

BEVILACQUA, Luca (1998), « Quel che piangono i morti. Baudelaire e la malinconia senza fine », *Paragone. Letteratura* [Firenze], n. 19-20 (584-586), ottobre-dicembre 1998, p. 91-106.

BEVILACQUA, Luca (2015), « Le *Confiteor* du peintre. Baudelaire lecteur d'un tableau ? », *L'Année Baudelaire* [Paris], n° 17, 2013 [2015], p. 97-113.

BIERMANN, Karlheinrich (1978a), « Baudelaire *Petits poèmes en prose.* Ein Diskussionsbeitrag zum Verhältnis zwischen Hoch- und Trivialliteratur », *Lendemains* [Tübingen], Heft 10, Mai 1978, p. 117-124 [avec un résumé en français].

BIERMANN, Karlheinrich (1978b), « Vom Flaneur zum Mystiker der Massen. Historisch-dialektische Anmerkungen zur Beziehung zwischen Ich und Menge bei Hugo, Baudelaire und anderen », *Romanistische Zeitschrift für Literaturgeschichte* [Heidelberg], Band II, 1978, p. 298-315.

BIERMANN, Karlheinrich (1982), *Literarisch-politische Avantgarde in Frankreich 1830-1870. Hugo, Sand, Baudelaire und andere*, Stuttgart, Kohlhammer, 1982.

BIGOT, Léon (1892), « Baudelaire », dans *La Querelle de la statue de Baudelaire (août-décembre 1892)*, sous la direction d'André Guyaux, avec la collaboration d'Aurélia Cervoni, de Guillaume Peigné et de Sébastien Porte, Paris, PUPS, coll. Mémoire de la critique, 2007, p. 61-62. Publié auparavant dans *L'Estafette* [Paris], 16 août 1892, p. 1.

BISCHOFF, Christina Johanna (2011), « "Rêves hiéroglyphiques et surnaturels". Zur Poetik des Traums in den Prosagedichten Baudelaires », dans *Traumwissen und Traumpoetik. Onirische Schreibweisen von der literarischen Moderne bis zur Gegenwart*, herausgegeben von Susanne Goumegou und Marie Guthmüller, Würzburg, Könighausen und Neumann, 2011, p. 21-42.

BLANCHARD, Marc Eli (1985), *In Search of the City. Engels, Baudelaire, Rimbaud*, Saratoga, Anma Libri, 1985.

BLANCHOT, Maurice (1949), *La Part du feu*, Paris, Gallimard, 1949 (« L'échec de Baudelaire », p. 133-151).

BLIN, Georges (1939), *Baudelaire, suivi de Résumés des cours au Collège de France, 1965-1977*, Paris, Gallimard, coll. Les Cahiers de La NRF, 2011. Édition originale : *Baudelaire*, Paris, Gallimard, 1939 [articles parus auparavant dans la *Revue hebdomadaire* (20 mai 1939) et dans le *Mercure de France* (1er novembre et 1er décembre 1939)].

BLIN, Georges (1946), « Introduction aux *Petits poèmes en prose* », dans *Le Sadisme de Baudelaire*, Paris, José Corti, 1948, p. 141-177. Publié auparavant dans *Fontaine* [Paris], n° 48-49, février 1946, p. 278-300 ; rééd. dans *Le Spleen de Paris. Petits poèmes en prose*, édition de Robert Kopp, introduction de Georges Blin, Paris, Gallimard, coll. Poésie/Gallimard, 2006.

BLIN, Georges (1947), « Jean-Paul Sartre et Baudelaire », dans *Le Sadisme de Baudelaire*, Paris, José Corti, 1948, p. 101-140. Publié auparavant dans *Fontaine* [Paris], n° 59, avril et mai 1947, p. 1-17 et 200-210.

BLIN, Georges (1948), *Le Sadisme de Baudelaire*, Paris, José Corti, 1948.

BLIN, Georges (1965-1966), « Les fleurs de l'impossible », extrait de l'*Annuaire du Collège de France* [1965-1966], dans *Baudelaire, suivi de Résumés des cours au Collège de France, 1965-1977*, Paris, Gallimard, p. 207-216. Publié auparavant dans la *Revue des sciences humaines* [Lille], nouvelle série, n° 127, juillet-septembre 1967, p. 461-466.

BLIN, Georges (1966-1967, 1967-1968, 1968-1969, 1976-1977), [résumés des cours au collège de France], dans *Baudelaire, suivi de Résumés des cours au Collège de France, 1965-1977*, Paris, Gallimard, p. 217-255.

BLONDE, Didier (2003), *Baudelaire en passant*, Paris, Gallimard, coll. L'Un et l'autre, 2003.

BLOOD, Susan (1997), *Baudelaire and the Aesthetics of Bad Faith*, Stanford, Stanford University Press, 1997.

BLOY, Léon (1889), *Un brelan d'excommuniés*, Paris, Albert Savine, 1889 (« Le Lépreux » [Verlaine], chap. III).

BLOY, Léon (1891), « Charles Baudelaire » [conférence à Copenhague, 7 avril 1891], dans André Guyaux, *Baudelaire. Un demi-siècle de lectures des Fleurs du mal (1855-1905)*, Paris, PUPS, coll. Mémoire de la critique, 2007, p. 745-762. Publié auparavant dans *Les Funérailles du naturalisme* [conférences à Copenhague, mars-avril 1891], édition présentée, établie et annotée par Pierre Glaudes, Paris, Les Belles Lettres, 2001, p. 81-109.

BLOY, Léon (1892), « Le chien et le flacon », dans André Guyaux, *Baudelaire. Un demi-siècle de lectures des Fleurs du mal (1855-1905)*, Paris, PUPS, coll. Mémoire de la critique, 2007, p. 815-819. Publié auparavant dans *Gil Blas* [Paris], 29 septembre 1892, p. 1.

BOHAC, Barbara (2011), « Baudelaire et Liszt : le génie de la rhapsodie », *Romantisme* [Paris], n° 151, janvier-mars 2011, p. 87-99.

BOHRER, Karl Heinz (1989), *Die Kritik der Romantik. Der Verdacht der Philosophie gegen die literarische Moderne*, Frankfurt am Main, Suhrkamp, coll. Neue Folge, 1989.

BOHRER, Karl Heinz (1996), *Der Abschied. Theorie der Trauer. Baudelaire, Goethe, Nietzsche, Benjamin*, Frankfurt am Main, Suhrkamp, 1996 (« Baudelaires Metapher der "Unendlichkeit" », p. 72-83) ; mit einem neuen Vortwort, coll. Taschenbuch Wissenschaft, 2014.

BOISSINOT, Alain (1990), « La case de Dorothée », *Le Français aujourd'hui* [Paris], n° 91, décembre 1990, p. 43-45.

BOLTANSKI, Luc (1993), *La Souffrance à distance. Morale humanitaire, médias et politique* suivi de *La Présence des absents*, postface inédite de l'auteur, Paris, Gallimard, Folio essais, 2007 (« La topique esthétique », p. 211-238). Édition originale : Paris, Métailié, 1993.

BONEU, Violaine (2007), « L'églogue, la ville. Remarques sur le lexique de l'idylle chez Baudelaire autour de 1861 », *L'Année Baudelaire* [Paris], n° 9-10, 2005-2006 [2007], p. 41-63.

BONEU, Violaine (2009), « Une lecture des *Bons Chiens* », *L'Année Baudelaire* [Paris], n° 11-12, 2007-2008 [2009], p. 49-67.

BONEU, Violaine (2014), *L'Idylle en France au* XIXe *siècle*, Paris, PUPS, coll. Lettres françaises, 2014 (« Baudelaire : la bucolique et le rhéteur », p. 328-353).

BONEU, Violaine et BÉDOURET-LARRABURU, Sandrine (2014), *Le Spleen de Paris*, Paris, Atlande, coll. Clefs concours. Lettres XIXe siècle, 2014.

BONFANTINI, Mario (1962), *Baudelaire*, quarta edizione con cinque nuovi saggi, Torino, Giappichelli, 1970 [en particulier p. 7, 55, 58, 60 111-119 (« Umanità di Baudelaire. Lo *Spleen de Paris* »), 131, 185]. Édition originale : Torino, Bottega d'Erasmo, 1962.

BONNEFIS, Philippe (1987), *Mesures de l'ombre*, Lille, Presses universitaires de Lille, 1987.

BONNEFOY, Yves (1990-1991), « L'exemple de Baudelaire » [résumé d'un cours au Collège de France ; 1990-1991], dans *Sous le signe de Baudelaire*, Paris, Gallimard, coll. Bibliothèque des idées, 2011 p. 87-113. Publié auparavant dans *Lieux et destins de l'image. Un cours de poétique au Collège de France, 1981-1993*, Paris, Éditions du Seuil, coll. La Librairie du XXe siècle, 1999.

BONNEFOY, Yves (1992), « La septième face du bruit », *Europe* [Paris], n° 760-761, août-septembre 1992, p. 5-19 ; rééd. dans *Sous le signe de Baudelaire*, Paris, Gallimard, coll. Bibliothèque des idées, 2011 p. 115-135.

BONNEFOY, Yves (1993), « Paris en poésie », dans Claude Pichois et Jean-Paul Avice, *Baudelaire. Paris sans fin*, Paris, Paris bibliothèques éditions, 2004, p. 13-24 ; publié auparavant comme préface de Claude Pichois et Jean-Paul Avice, *Baudelaire/Paris*, exposition à la Bibliothèque historique de la ville de Paris, Éditions des musées de la ville de Paris, 1993, p. 11-23 ; recueilli dans *Le Siècle de Baudelaire*, Paris, Éditions du Seuil, coll. La Librairie du XXIe siècle, 2014, p. 191-208.

BONNEFOY, Yves (1994), « La conscience de soi et le fait de la poésie », dans *Nos identités* (Rencontres internationales de Genève, XXXIVe, 1993), Neuchâtel, À la Baconnière, 1994, p. 16-35.

BONNEFOY, Yves (2001), « *La Belle Dorothée* ou poésie et peinture », dans *Sous le signe de Baudelaire*, Paris, Gallimard, coll. Bibliothèque des idées, 2011 p. 185-201. Publié auparavant, en anglais, sous le titre « *La Belle Dorothée*, or Poetry and Painting », Translated by Jan Plug, dans *Baudelaire and the Poetics of Modernity*, Edited by Patricia A. Ward, with the Assistance of James S. Patty, Nashville [Tennessee], Vanderbilt University Press, 2001 ; rééd. dans *L'Année Baudelaire* [Paris], n° 6, 2002, p. 11-24 et dans *Sous l'horizon du langage*, Paris, Mercure de France, 2002.

BONNEFOY, Yves (2003), *Le Poète et « le flot mouvant des multitudes »* [conférences à la Bibliothèque nationale de France ; 26, 28 et 29 novembre 2001], dans *Sous le signe de Baudelaire*, Paris, Gallimard, coll. Bibliothèque des idées, 2011 p. 203-329. Publié auparavant dans *Le Poète et « le flot mouvant des multitudes ». Paris pour Nerval et pour Baudelaire*, Paris, Bibliothèque nationale de France [Conférences Del Duca], 2003.

BONNEFOY, Yves (2007), « Que signifie J. G. F. ? », dans *Sous le signe de Baudelaire*, Paris, Gallimard, coll. Bibliothèque des idées, 2011 p. 331-339. Publié auparavant dans *L'Année Baudelaire* [Paris], n° 9-10, 2005-2006 [2007], p. 65-70.

BONNEFOY, Yves (2011), *Sous le signe de Baudelaire*, Paris, Gallimard, coll. Bibliothèque des idées, 2011.

BONNEFOY, Yves (2014a), « *Le Cygne* et les signes », *Le Magazine littéraire* [Paris], n° 548, octobre 2014, p. 92-96 [extrait de la préface à la nouvelle édition de Patrick Labarthe, *Baudelaire et la tradition de l'allégorie*, Genève, Droz, coll. Titre courant, [à paraître]].

BONNEFOY, Yves (2014b), *Le Siècle de Baudelaire*, Paris, Éditions du Seuil, coll. La Librairie du XXIe siècle, 2014.

BONNEFOY, Yvez (2014c), « Leurre et vérité de l'allégorie », dans *Le Siècle de Baudelaire*, Paris, Éditions du Seuil, coll. La Librairie du XXIe siècle, 2014, p. 17-56 ; préface à la nouvelle édition de Patrick Labarthe, *Baudelaire et la tradition de l'allégoire*, Genève, Droz, coll. Titre courant, [à paraître].

BORELLA, Luisa (1983), *Le Joujou du pauvre de Baudelaire*, Parma, Casanova, 1983.

BORIE, Jean (2003), *Une forêt pour les dimanches. Les romantiques à Fontainebleau*, Paris, Grasset, 2003.

BORNECQUE, Jacques-Henry (1953), « Les *Poèmes en prose* de Baudelaire », *L'Information littéraire* [Paris], Ve année, n° 5, novembre-décembre 1953, p. 177-182.

BOSI, Viviana, « Baudelaire mau vidraceiro », *Alea* [Rio de Janeiro], vol. IX, n.° 1, janeiro-junho 2007, p. 102-117.

BOUGAULT, Laurence (1996-1997), « Espace moderne et poéticité dans *Le Spleen de Paris* », *Le Courrier du Centre international d'études poétiques* [Bruxelles], n° 212-213, octobre 1996-mars 1997, p. 53-86.

BOURDIN, Gustave (1864), [notice d'introduction au *Spleen de Paris*], dans André Guyaux, *Baudelaire. Un demi-siècle de lectures des Fleurs du mal (1855-1905)*, Paris, PUPS, coll. Mémoire de la critique, 2007, p. 368. Publié auparavant dans le *Figaro* [Paris], n° 937, 7 février 1864, p. 3.

BOURG, Charles (1995), « Le poème en prose dans les années vingt », *Revue des études slaves* [Paris], t. LXVII, n° 4, 1995, p. 627-640.

BOURGET, Paul (1881), « Charles Baudelaire », dans *Essais de psychologie contemporaine*, édition établie et préfacée par André Guyaux, Paris, Gallimard, coll. Tel, 1993. Publié auparavant dans *La Nouvelle Revue* [Paris], 15 novembre 1881, p. 398-416 ; recueilli dans *Essais de psychologie contemporaine*, Paris, Alphonse Lemerre, 1883.

BOYER, Frédéric (1995), « Quinze notes sur l'anti-pitié de Baudelaire (à développer un jour) », dans *Baudelaire : nouveaux chantiers*, textes réunis par Jean Delabroy et Yves Charnet, Lille, Presses universitaires du Septentrion, coll. Travaux et recherches, 1995, p. 125-129.

BRAGUE, Rémi (2008), *Image vagabonde. Essai sur l'imaginaire baudelairien*, Chatou, Les Éditions de la transparence, coll. Essais d'esthétique, 2008.

BRANCOUR, René (1892), « Baudelaire ému », dans *La Querelle de la statue de Baudelaire (août-décembre 1892)*, sous la direction d'André Guyaux, avec la collaboration d'Aurélia Cervoni, de Guillaume Peigné et de Sébastien Porte, Paris, PUPS, coll. Mémoire de la critique, 2007, p. 119-123. Publié auparavant dans *Le Voltaire* [Paris], 2 septembre 1892, p. 1-2.

BRANDT, Per Aage (1979), « Crépuscules », *(Pré)Publications* [Paris], n° 46, janvier 1979, p. 28-34.

BRăteanu, Elena (1972), « *Micile poeme în proza* ale lui Baudelaire şi expresia unui ideal estetic modern », *Analele Universității București. Limbi romanice* [Bucarest], n° 21, 1972, p. 117-122 [avec un résumé en français : « Remarques sur les *Petits poèmes en prose* de Baudelaire », p. 123].

BRETON, André (1920), « *Gaspard de la Nuit*, par Louis Bertrand », dans *Œuvres complètes*, édition établie par Marguerite Bonnet avec, pour ce volume, la collaboration de Philippe Bernier, Étienne-Alain Hubert et José Pierre, Paris, Gallimard, coll. Bibliothèque de la Pléiade, t. I, 1988, p. 242-244. Publié auparavant sous le titre « *Gaspard de la Nuit*, par Louis Bertrand, à la Sirène » dans *La Nouvelle Revue française* [Paris], 1er septembre 1920, p. 455-458 ; recueilli dans *Les Pas perdus*, Paris, Gallimard, coll. Les Documents bleus, 1924.

BREUNIG, LeRoy C. (1983), « Why France ? », dans *The Prose Poem in France. Theory and Practice*, Edited by Mary Ann Caws and Hermine Riffaterre, New York, Columbia University Press, 1983, p. 3-20.

BRINSMEAD, Anne-Marie (1988), « A Trading of Souls. Commerce as Poetic Practice in the *Petits poèmes en prose* », *Romanic Review* [New York], Vol. LXXIX, No. 3, May 1988, p. 452-465.

BRIX, Michel (2001), « Modern Beauty versus Platonist Beauty », Translated by Tony Campbell, dans *Baudelaire and the Poetics of Modernity*, Edited by Patricia A. Ward, with the Assistance of James S. Patty, Nashville [Tennessee], Vanderbilt University Press, 2001, p. 1-14.

BRIX, Michel (2010), « Le poème en prose : révolution esthétique ou “sérieuse bouffonnerie ?” », dans *« Un livre d'art fantasque et vagabond ». Gaspard de la Nuit d'Aloysius Bertrand*, sous la direction d'André Guyaux, avant-propos de Dominique Millet-Gérard, Paris, Éditions Classiques Garnier, coll. Études dix-neuviémistes, 2010, p. 203-219.

BRIX, Michel (2012), « Des *Crimes de l'amour* aux *Fleurs du mal*. Baudelaire lecteur de Sade », *L'Année Baudelaire* [Paris], n° 15, 2011 [2012], p. 11-24.

BRIX, Michel (2014a), « Du procès des *Fleurs du mal* à la composition du *Spleen de Paris* », dans *Lire Le Spleen de Paris*, dirigé par André Guyaux et Henri Scepi, Paris, PUPS, 2014, p. 17-24.

BRIX, Michel (2014b), *Poème en prose, vers libre et modernité littéraire*, Paris, Kimé, coll. Détours littéraires, 2014 [en particulier p. 13-79].

BROMBERT, Victor (1967), « Claustration et Infini chez Baudelaire »,

Baudelaire, actes du colloque de Nice, 25-27 mai 1967, *Annales de la faculté des lettres et sciences humaines de Nice*, n° 4-5, deuxième et troisième trimestre 1968, p. 49-59 ; rééd. dans *La Prison romantique. Essai sur l'imaginaire*, Paris, José Corti, 1975, p. 139-152.

BROMBERT, Victor (1974), « The Will to Ecstasy. The Example of Baudelaire's *La Chevelure* », *Yale French Studies* [New Haven, Connecticut], No. 50, 1974, p. 54-63.

BROWN, Kathryn Jane (1995), *Baudelaire and the Staging of Absence. A Study of the Limits of Poetry in Les Fleurs du mal and Le Spleen de Paris*, Unpublished Doctoral Dissertation, University of Oxford, 1995.

BRUGMANS, Henri (1946), « *L'Invitation au voyage* de Baudelaire », *Neophilologus* [Dordrecht], Vol. XXX, Issue 1, January 1946, p. 3-15.

BRUNEAU, Charles (1970), *Petite histoire de la langue française*, t. II : *De la Révolution à nos jours* [1958], cinquième édition revue et corrigée par Monique Parent et Gérard Moignet, Paris, Armand Colin, 1970 [en particulier p. 118-121].

BRUNEL, Pierre (1983), « *Le Désir de peindre* ou la poétique du désir », *Berenice* [Roma], anno IV, n. 7, marzo 1983, p. 15-24 ; rééd. dans *Plaisance* [Roma], anno II, n. 6, 2005, p. 73-86.

BRUNEL, Pierre (2003a), *Baudelaire et le « puits des magies ». Six essais sur Baudelaire et la poésie moderne*, Paris, José Corti, coll. Les Essais, 2003 [en particulier p. 38, 74-83, 111-114, 135, 156-157, 209-210, 218, 231-233, 238].

BRUNEL, Pierre (2003b), « Émotions musicales », *Le Magazine littéraire* [Paris], n° 418, mars 2003, p. 51-53.

BRUNEL, Pierre (2004), *Éclats de la violence. Pour une lecture comparatiste des Illuminations d'Arthur Rimbaud*, édition critique commentée, Paris, José Corti, 2004.

BRUNEL, Pierre (2007), *Baudelaire antique et moderne*, Paris, PUPS, coll. Recherches actuelles en littérature comparée, 2007.

BRUNEL, Pierre (2014), « Illuminations nocturnes », *Le Magazine littéraire* [Paris], n° 548, octobre 2014, p. 85-87.

BRUNETIÈRE, Ferdinand (1887), « Charles Baudelaire » [compte rendu des *Œuvres posthumes* de Baudelaire de 1887], dans André Guyaux, *Baudelaire. Un demi-siècle de lectures des Fleurs du mal (1855-1905)*, Paris, PUPS, coll. Mémoire de la critique, 2007, p. 687-699. Publié auparavant dans la *Revue des deux mondes* [Paris], 1er juin 1887, p. 695-706.

BRUNNER, Henriette et CONINCK, J. L. de (1929), *En marge d'*À rebours *de J.-K. Huysmans*, Paris, Dorbon-Aîné, 1929.

BUGLIANI, Ivanna (1980), *Baudelaire : l'armonia e la discordanza*, Roma, Bulzoni, coll. Biblioteca di cultura, 1980.

BÜRGER, Peter (1985), « Klassizität und Moderne. Zur Allegorie bei Baudelaire », *Romanistische Zeitschrift für Literaturgeschichte* [Heidelberg], Jahrgang IX, 1985, p. 122-143.

BURGOS, Jean (1996), « *Chacun sa chimère*. Variations sur une image et deux imaginaires », *Studi di storia della civiltà letteraria francese. Mélanges offerts à Lionello Sozzi*, index des noms par Emanuele Kanceff, Paris, Honoré Champion, coll. Bibliothèque Franco Simone, t. I, 1996, p. 783-793.

BURT, Ellen S. (1999), *Poetry's Appeal. Nineteenth-Century French Lyric and the Political Space*, Stanford, Stanford University Press, 1999.

BURT, Ellen S. (2014), « Out of Time : *Today* in *Les Yeux des pauvres* », *Time for Baudelaire (Poetry, Theory, History)*, Edited by E. S. Burt, Elissa Marder, and Kevin Newmark, *Yale French Studies* [New Haven, Connecticut], No. 125-126, 2014, p. 183-199.

BURTON, Richard D. E. (1988), *Baudelaire in 1859. A Study in the Sources of Poetic Creativity*, Cambridge, Cambridge University Press, coll. Cambridge Studies in French, 1988.

BURTON, Richard D. E. (1991), *Baudelaire and the Second Republic. Writing and Revolution*, Oxford, Clarendon Press, 1991.

BURTON, Richard D. E. (1992), « Destruction as Creation. *Le Mauvais Vitrier* and the Poetics and Politics of Violence », *Romanic Review* [New York], Vol. LXXXIII, No. 3, May 1992, p. 297-322.

BURTON, Richard D. E. (1993a), « *Assommons les pauvres !* Entre le *tu* et le *vous* », *Bulletin baudelairien* [Nashville, Tennessee], t. XXVIII, n° 2, décembre 1993, p. 74-80.

BURTON, Richard D. E. (1993b), « Bonding and Breaking in Baudelaire's *Petits poèmes en prose* », *Modern Language Review* [London], Vol. LXXXVIII, No. 1, January 1993, p. 58-73.

BURTON, Richard D. E. (1994), « Baudelaire's Indian Summer. A Reading of *Les Bons Chiens* », *Nineteenth-Century French Studies* [Lincoln, Nebraska], Vol. XXII, No. 3-4, Spring-Summer 1994, p. 466-486.

BURY, R. de [Jean de Gourmont] (1921), « Les journaux » [à propos de l'« enquête sur les origines et le dévelloppement du poème en

CATANI, Damian (2014), « Vice urbain et colonialisme dans *Mademoiselle Bistouri* et *La Belle Dorothée* », dans *Lire Le Spleen de Paris*, dirigé par André Guyaux et Henri Scepi, Paris, PUPS, 2014, p. 25-33.

CAVALIERE, Adelaide P. M. (1978), « Baudelaire. Evasione e morte da *Le Voyage* a *Any where out of the world* », *Culture française* [Bari], vol. XXV, n. 1, gennaio-febbraio 1978, p. 1-7.

CELLIER, Léon (1965), « D'une rhétorique profonde. Baudelaire et l'oxymoron », *Cahiers internationaux de symbolisme* [Mons], n° 8, 1965, p. 3-14.

CELLIER, Léon (1968), « Baudelaire et l'enfance », *Baudelaire*, actes du colloque de Nice, 25-27 mai 1967, *Annales de la faculté des lettres et sciences humaines de Nice*, n° 4-5, deuxième et troisième trimestre 1968, p. 67-77.

CELLIER, Léon (1970), *Baudelaire et Hugo*, Paris, José Corti, 1970.

CERVONI, Aurélia (2010), « Fortune de *Gaspard de la Nuit* 1843-1869 », dans *« Un livre d'art fantasque et vagabond ». Gaspard de la Nuit d'Aloysius Bertrand*, sous la direction d'André Guyaux, avant-propos de Dominique Millet-Gérard, Paris, Éditions Classiques Garnier, coll. Études dix-neuviémistes, 2010, p. 277-409.

CHAMBERS, Ross (1961), « "L'Art sublime du comédien" ou le regardant et le regardé. Autour d'un mythe baudelairien », *Saggi e ricerche di letteratura francese* [Roma], n. 11, 1961, p. 189-260 (« Entre Don Juan et Pierrot », p. 191-203 ; « Le poète-comédien et sa muse », p. 204-222 ; « "Les éclaboussures de la rampe". Le spectateur et le comédien chez Baudelaire », p. 223-244 ; « Le sifflet », p. 145-260).

CHAMBERS, Ross (1971), « The Artist as Performing Dog », *Comparative Literature* [Eugene, Oregon], Vol. XXIII, No. 4, Autumn 1971, p. 312-324.

CHAMBERS, Ross (1977), « Frôler ceux qui rôdent : le paradoxe du saltimbanque », *Revue des sciences humaines* [Lille], nouvelle série, t. XLIV, n° 167, juillet-septembre 1977, p. 347-363.

CHAMBERS, Ross (1984), *Story and Situation. Narrative Seduction and the Power of Fiction*, Minneapolis, University of Minnesota Press, 1984.

CHAMBERS, Ross (1985), « Baudelaire et la pratique de la dédicace », *Saggi e ricerche di letteratura francese* [Roma], n. 24, 1985, p. 121-140 ; trad. anglaise : « Baudelaire's Dedicatory Practice », *SubStance* [Madison, Wisconsin], Vol. XVII, No. 2, Issue 56, September 1988, p. 5-17.

CHAMBERS, Ross (1985), « Baudelaire's Street Poetry », *Nineteenth-Century French Studies* [Lincoln, Nebraska], Vol. XIII, No. 4, Summer 1985, p. 244-259.

CHAMBERS, Ross (1987), *Mélancolie et opposition. Les débuts du modernisme en France*, Paris, José Corti, 1987.

CHAMBERS, Ross (1990), « Perpetual Abjuration. Baudelaire and the Pain of Modernity », *French Forum* [Philadelphia, Pennsylvania], Vol. XV, No. 2, May 1990, p. 169-188.

CHAMBERS, Ross (2004), « Four Ways to Meddle with Subjectivity. French Lyric Poetry Since Baudelaire », *Australian Journal of French Studies* [Clayton], Vol. XLI, No. 3, September-December 2004, p. 10-25.

CHAMBERS, Ross (2005), *The Cambridge Companion to Baudelaire*, Cambridge, Cambridge University Press, 2005 (« Baudelaire's Paris », p. 101-116).

CHAMBERS, Ross (2014), « Croisements, ou la fange du macadam. Poésie en prose, discordance sociale et le bruit de la ville », dans *Lectures du Spleen de Paris*, sous la direction de Steve Murphy, Rennes, Presses universitaires de Rennes, coll. Didact français, 2014, p. 53-64.

CHAPELAN, Maurice (1946), *Anthologie du poème en prose*, introduction, choix et notes de Maurice Chapelan, Paris, Julliard, 1946 [p. 55-66, avec un choix de poèmes : *L'Étranger*, *Le* Confiteor *de l'artiste*, *La Chambre double*, *Un hémisphère dans une chevelure*, *Enivrez-vous*, *Les Bienfaits de la lune*, *Le Port*, *La Soupe et les nuages*, *La Fin du monde*].

CHAREST, Nelson (1997), *Les Figures du nouveau et de l'inconnu dans Le Spleen de Paris de Baudelaire*, mémoire de maîtrise, Université Laval, Québec, 1997.

CHARLES, Michel (1977), *Rhétorique de la lecture*, Paris, Éditions du Seuil, 1977.

CHARNET, Yves (1992), « Hystéries de l'homme nerveux. À propos du *Mauvais Vitrier* », *Europe* [Paris], n° 760-761, août-septembre 1992, p. 106-110.

CHARNET, Yves (1995a), « Baudelaire/Paris : une impossible intimité », *L'Année Baudelaire* [Paris], n° 1, 1995, p. 71-80.

CHARNET, Yves (1995b), « Portrait de l'artiste en chien. Image et fiction dans le texte-Baudelaire », *La Licorne* [Poitiers], n° 35, novembre 1995, p. 51-62.

CHARNET, Yves (1997), « Chanter les chiens. Poésie et charité chez

Baudelaire », dans *Politique et littérature en France aux* XVIe *et* XVIIe *siècles*, actes du colloque international, Monopoli, 28 septembre-1er octobre 1995, [dirigé] par Giovanni Dotoli, Bari, Adriatica et Paris, Nizet, 1997, p. 91-111.

CHARPENTREAU, Jacques (2006), *Dictionnaire de la poésie française*, Paris, Fayard, 2006 (« Poème en prose », p. 734-740).

CHASE, Cynthia (1981), « Paragon, Parergon. Baudelaire Translates Rousseau », *Diacritics* [Ithaca, New York], Vol. XI, No. 2, Summer 1981, p. 42-51.

CHEN, Zhu (2014), « Bodelaier *Bali de youyu* shiji shangxi. Yi *Gangkou* weili » [Lecture critique du *Spleen de Paris* de Baudelaire. *Le Port* comme exemple], *Shenhua* [*Fleurs de ginseng*, Changchun], n° 8, 15 avril 2014, p. 154.

CHESTERS, Graham (1978), « Baudelaire and the Limits of Poetry », *French Studies* [Oxford], Vol. XXXII, No. 4, October 1978, p. 420-434.

CHESTERS, Graham (1980), « Sur *Les Bons Chiens* de Baudelaire », *Revue d'histoire littéraire de la France* [Paris], LXXXe année, n° 3, mars-juin 1980, p. 416-421.

CHESTERS, Graham (1982), « The Transformation of a Prose-Poem. Baudelaire's *Crépuscule du soir* », dans *Baudelaire and the Poetics of Craft,* Cambridge, Cambridge University Press, 1988, p. 162-176. Publié auparavant dans *Baudelaire, Mallarmé, Valéry. New Essays in Honour of Lloyd Austin*, Edited by Malcolm Bowie, Alison Fairlie and Alison Finch, Cambridge, Cambridge University Press, 1982, p. 24-37.

CHESTERS, Graham (1988), *Baudelaire and the Poetics of Craft,* Cambridge, Cambridge University Press, 1988.

CHIMU, Adriana (2003), « Étude sur l'imaginaire baudelairien du mouvement dans *Le Spleen de Paris* et *Le Peintre de la vie moderne* », *Romance Review* [Boston], Vol. XIII, Fall 2003, p. 22-35.

CHRISTIN, Anne-Marie (1993), « De l'élégie en prose à l'écriture de la vision. Baudelaire et le paysage » [en japonais], *Équinoxe* [Kyoto], n° 10, printemps 1993, p. 31-39.

CIGEROVA, V. (1980), « Zum Prosagedicht im Französischen literarischen Kontext. Aus der Problematik der Genealogie », *Beiträge zur romanischen Philologie* [Berlin], Band XIX, Heft 1, 1980, p. 103-112.

CITOLEUX, Marc (1934), [compte rendu de l'édition des *Petits poèmes en prose* de Daniel-Rops], *Polybiblion* [Paris], octobre 1934, p. 214-215.

CITRON, Pierre (1961), *La Poésie de Paris dans la littérature française de Rousseau à Baudelaire*, Paris, Éditions de Minuit, 1961 (« La poésie du Paris de Baudelaire », p. 332-383).

CLARÍN (1888), « Pequeños poemas en prosa », *La illustración española y americana* [Madrid], 15 abril 1888, p. 246-247.

CLARK, Philip F. (1974), « Baudelaire. Le poète de la pauvreté », dans *Regards sur Baudelaire*, actes du colloque de London (Canada), [The Department of French. The University of Western Ontario (5, 6 et 7 avril 1970)], texte établi par William Bush, assisté de J.-C. Vilquin, Paris, Minard, coll. Situation, 1974, p. 29-35.

COBLENCE, Françoise (1994), « "Qu'en dis-tu citoyen Proudhon ?" Humour et politique chez Baudelaire », *Humour et politique. Le pouvoir au risque du rire*, édité par Nelly Feuerhahn, *Humoresques* [Paris], n° 5, 1994, p. 47-57.

COBLENCE, Françoise (2003), « Baudelaire, sociologue de la modernité », *L'Année Baudelaire* [Paris], n° 7, 2003, p. 11-36.

COHEN, Jean (1966), *Structure du langage poétique*, Paris, Flammarion, coll. Nouvelle bibliothèque scientifique, 1966.

COLÉNO, Alice (1948), *Les Portes d'ivoire. Métaphysique et poésie. Nerval, Baudelaire, Rimbaud, Mallarmé*, Paris, Plon, coll. L'Épi, 1948.

COLLET, Francis (1983), « Le poème en prose de Baudelaire à travers sa dédicace à Arsène Houssaye », *L'École des lettres* [Paris], t. LXXV, n° 6, 1er décembre 1983, p. 3-10.

COLLET, Francis (1984a), « Le dandysme de Baudelaire dans les *Petits poèmes en prose* (1862) », *L'École des lettres* [Paris], t. LXXV, n° 11, 15 mars 1984, p. 21-27.

COLLET, Francis (1984b), « Baudelaire, *Petits poèmes en prose* », *L'École des lettres* [Paris], t. LXXVI, n° 4, 1er novembre 1984, p. 5-14 ; n° 5, 15 novembre 1984, p. 3-14.

COMBE, Dominique (1989), *Poésie et récit. Une rhétorique des genres*, Paris, José Corti, 1989.

COMBE, Dominique (2004), « L'universel reportage… : nul n'échappe, décidément, au journalisme », dans *Poésie et journalisme au XIXe siècle en France et en Italie*, [actes du colloque de Naples, 28 et 29 novembre 2003, Università Federico II, Napoli-Université Stendhal, Grenoble III], textes recueillis et présentés par Silvia Disegni, Grenoble, Ellug, coll. Recherches et travaux, 2004, p. 125-135.

COMBE, Dominique (2010), « Bertrand, poète “mineur” ? », dans *« Un livre d'art fantasque et vagabond ». Gaspard de la Nuit d'Aloysius Bertrand*, sous la direction d'André Guyaux, avant-propos de Dominique Millet-Gérard, Paris, Éditions Classiques Garnier, coll. Études dix-neuviémistes, 2010, p. 267-276.

COMBE, Dominique (2014a), « “Mouvements lyriques de l'âme” », dans *Lectures du Spleen de Paris*, sous la direction de Steve Murphy, Rennes, Presses universitaires de Rennes, coll. Didact français, 2014, p. 143-151.

COMBE, Dominique (2014b), « Poétique de la rêverie dans *Le Spleen de Paris* », dans *Lire Le Spleen de Paris*, dirigé par André Guyaux et Henri Scepi, Paris, PUPS, 2014, p. 35-46.

COMPAGNON, Antoine (1992a), « Le démon du contretemps », dans *Baudelaire devant l'innombrable*, Paris, Presses de l'Université Paris-Sorbonne, 2003, p. 135-148. Publié auparavant dans *Traverses* [Paris], nouvelle série, n° 2, été 1992, p. 12-21.

COMPAGNON, Antoine (1992b), « Les deux infinis », dans *Baudelaire devant l'innombrable*, Paris, Presses de l'Université Paris-Sorbonne, 2003, p. 77-99. Publié auparavant sous le titre « Baudelaire et les deux infinis » dans *Le Genre humain* [Paris], n° 24-25, hiver-printemps 1992, p. 115-134.

COMPAGNON, Antoine (1993a), « L'éternel minuscule », dans *Baudelaire devant l'innombrable*, Paris, Presses de l'Université Paris-Sorbonne, 2003, p. 41-76. Publié auparavant sous le titre « Baudelaire devant l'éternel » dans *Dix études sur Baudelaire*, réunies par Martine Bercot et André Guyaux, Paris, Honoré Champion, coll. Bibliothèque de littérature moderne, 1993, p. 71-111.

COMPAGNON, Antoine (1993b), « Légendes des *Fleurs du mal* », dans *Baudelaire devant l'innombrable*, Paris, Presses de l'Université Paris-Sorbonne, 2003, p. 9-39. Publié auparavant en postface des *Fleurs du mal*, Paris, Éditions du Seuil-École des lettres, 1993.

COMPAGNON, Antoine (1994), « Le rire enorme de la mer », dans *Baudelaire devant l'innombrable*, Paris, Presses de l'Université Paris-Sorbonne, 2003, p. 101-114. Publié auparavant, en italien, dans *Naufragi. Storia di un'avventurosa metafora*, a cura di Mariella Di Maio, Milano, Guerini, 1994 ; rééd., en français, dans *L'Année Baudelaire* [Paris], n° 2, 1996.

COMPAGNON, Antoine (2003a), « Baudelaire antimoderne », *Le Magazine littéraire* [Paris], n° 418, mars 2003, p. 57-58.

COMPAGNON, Antoine (2003b), *Baudelaire devant l'innombrable*, Paris, Presses de l'Université Paris-Sorbonne, coll. Mémoire de la critique, 2003.

COMPAGNON, Antoine (2004), « L'ami de la science et de la volupté », *Critique* [Paris], n° 687-688, août-septembre 2004, p. 674-686.

COMPAGNON, Antoine (2005), *Les Antimodernes. De Joseph de Maistre à Roland Barthes*, Paris, Gallimard, coll. Bibliothèque des idées, 2005.

COMPAGNON, Antoine (2007), « Notes sur notes », *L'Année Baudelaire* [Paris], n° 9-10, 2005-2006 [2007], p. 105-112.

COMPAGNON, Antoine (2008), « La théorie baudelairienne des nombres », dans *Baudelaire et les formes poétiques*, textes réunis et présentés par Yoshikazu Nakaji, Rennes, Presses universitaires de Rennes, coll. La Licorne, 2008, p. 41-51.

COMPAGNON, Antoine (2014), *Baudelaire l'irréductible*, Paris, Flammarion, coll. Tandem, 2014 [un extrait, « De l'infamie de la photographie », publié dans *Le Magazine littéraire* [Paris], n° 548, octobre 2014, p. 64-67].

CONTINI, Gianfranco (1983), « "Sans rythme" », dans *Ultimi esercizî ed elzeviri (1968-1987)*, Torino, Einaudi, 1988, p. 23-40. Publié auparavant dans *Scritti in onore di Giovanni Macchia*, Milano, Mondadori, t. I, 1983, p. 481-496 ; trad. française par Stéphane Miglierina dans *L'Année Baudelaire*, n° 17, 2013 [2015], p. 179-192.

COOKE, Peter (1999), « The Dantesque and Other Intertexts in Baudelaire's *Chacun sa chimère* », *French Studies* [Oxford], Vol. LIII, No. 1, January 1999, p. 16-22.

COQUIO, Catherine (1986), « La figure du thyrse dans l'esthétique décadente », *Romantisme* [Paris], n° 52, deuxième trimestre 1986, p. 77-94.

CORNILLE, Jean-Louis (2009a), « La belle Dorlotée (Bordel Baudelaire) », dans *Fin de Baudelaire. Autopsie d'une œuvre sans nom*, Paris, Hermann, coll. Fictions pensantes, 2010, p. 51-68. Publié auparavant dans *Idées et représentations coloniales dans l'océan Indien*, dirigé par Norbert Dodille, Paris, PUPS, coll. Imago mundi, 2009, p. 583-594.

CORNILLE, Jean-Louis (2009b), « Pot-pourri (de la nouvelle américaine aux *Petits poèmes en prose*) », dans *Fin de Baudelaire. Autopsie d'une œuvre sans nom*, Paris, Hermann, coll. Fictions pensantes, 2010, p. 185-205. Publié auparavant dans la *Revue de littérature comparée* [Paris], t. LXXXIII, n° 2, juillet 2009, p. 151-163.

CORNILLE, Jean-Louis (2010a), « Chirurgie et esthétique baudelairienne », *Romance Studies* [Swansea], Vol. XXVIII, Issue 2, April 2010, p. 96-105 ; recueilli dans *Fin de Baudelaire. Autopsie d'une œuvre sans nom*, Paris, Hermann, coll. Fictions pensantes, 2010, p. 103-122.

CORNILLE, Jean-Louis (2010b), *Fin de Baudelaire. Autopsie d'une œuvre sans nom*, Paris, Hermann, coll. Fictions pensantes, 2010.

CORNILLE, Jean-Louis (2011), « Femmes sauvages et petites-maîtresses. (Tempérament, lascivité, hystérie et misogynie dans l'œuvre de Baudelaire) », dans *Le Féminin en Orient et en Occident, du Moyen Âge à nos jours. Mythes et réalités*, études réunies et présentées par Marie-Françoise Bosquet et Chantale Meure, Saint-Étienne, Publications de l'Université de Saint-Étienne, coll. L'École du genre, 2011, p. 195-204.

CORNULIER, Benoît de (2009), *De la métrique à l'interprétation. Essais sur Rimbaud*, Paris, Éditions Classiques Garnier, 2009.

COTTON-LIZOTTE, Nicholas (2013), *Économie de la perversité baudelairienne. Une lecture de Donner le temps de Jacques Derrida*, mémoire de maîtrise, Université de Montréal, 2013.

COURNOT, Michel (1973), « Baudelaire dans l'escalier. Quand l'auteur des *Fleurs du mal* en avait ras-le-bol des vers » [compte rendu de l'édition des *Petits poèmes en prose* de Robert Kopp de 1973], *Le Nouvel Observateur* [Paris], 22 octobre 1973, p. 58.

COUSIN, Charles (1872), *Charles Baudelaire. Souvenirs, correspondances, bibliographie, suivie de pièces inédites*, Paris, René Pincebourde, 1872 (« Bibliographie », p. 145-185).

Cramérien (Le) (1970). *Bulletin d'information des amis de Samuel Cramer*, n° 3, 1er février 1970.

CRAVER, Anne (1999), « Critical Studies of the Prose Poem », *L'Esprit créateur* [Minneapolis, Minnesota], Vol. XXXIX, No. 1, Spring 1999, p. 84-92.

CRÉPET, Eugène (1887), Charles Baudelaire, *Œuvres posthumes et correspondances inédites précédées d'une étude biographique par Eugène Crépet*, portrait et fac-similé de Charles Baudelaire, Paris, Maison Quantin, 1887 ; l'étude biographique a été rééditée dans *Charles Baudelaire. Étude biographique d'Eugène Crépet*, revue et mise à jour par Jacques Crépet, suivie des *Baudelairiana* d'Asselineau, Paris, Messein, 1906.

CRÉPET, Jacques (1938), « Une petite énigme résolue », *Mercure de France* [Paris], n° 956, 15 avril 1938, p. 510-511 [sur la dédicace du *Spleen de Paris* à Arsène Houssaye].

CRÉPET, Jacques (1939), « Documents baudelairiens. Une version inconnue de *La Solitude*. Une lettre inédite de Baudelaire », dans *Propos sur Baudelaire*, rassemblés et annotés par Claude Pichois, préface de Jean Pommier, Paris, Mercure de France, 1957, p. 136-139. Publié auparavant dans le *Mercure de France* [Paris], n° 977, 1er mars 1939, p. 460-465.

CRÉPET, Jacques (1949), « *Le Pont des soupirs* de Thomas Hood, traduction inédite par Baudelaire », *Mercure de France* [Paris], 1er avril 1949, p. 599-607 [ballade où se trouve l'expression « Anywhere out of the world »].

CRÉPET, Jacques (1952), « Une note inédite de Baudelaire », *Mercure de France* [Paris], n° 1067, 1er juillet 1952 ; recueilli dans *Propos sur Baudelaire*, rassemblés et annotés par Claude Pichois, préface de Jean Pommier, Paris, Mercure de France, 1957, p. 81-89.

CRÉPET, Jacques (1957), *Propos sur Baudelaire*, rassemblés et annotés par Claude Pichois, préface de Jean Pommier, Paris, Mercure de France, 1957.

Crise de prose (2002), sous la direction de Jean-Nicolas Illouz et Jacques Neefs, Saint-Denis, Presses universitaires de Vincennes, coll. Essais et savoirs, 2002.

CROUZET, Marcel (1964), *Un méconnu du réalisme : Duranty (1833-1880). L'homme – le critique – le romancier*, Paris, Nizet, 1964 [en particulier p. 181-185].

CSÁNYI, Timea (2005), « Les projections de l'auteur dans *Le Spleen de Paris* », *Acta romanica* [Szeged, Hongrie], Tomus XXIV, 2005, p. 75-81.

CULLER, Jonathan (1990), « Baudelaire and Poe », *Zeitschrift für französische Sprache und Literatur* [Leipzig], Band C, 1990, p. 61-73.

CULLER, Jonathan (1991), « Violence and Justice. Baudelaire's *Assommons les pauvres !* », *Cardozo Law Review* [New York], Vol. XIII, No. 4, December 1991, p. 1229-1236.

DANIEL-ROPS (1931), « Baudelaire, poète en prose », *La Grande Revue* [Paris], XXXVe année, n° 10, octobre 1931, p. 534-555.

DAYAN, Peter (1994), « Baudelaire at His Latrine. Motions in the *Petits poèmes en prose* and in George Sand's Novels », *French Studies* [Oxford], Vol. XLVIII, No. 4, October 1994, p. 416-424.

DE GEORGE, Fernande M. (1972), *L'Étrange in Baudelaire's Petits poèmes en prose*, Unpublished Doctoral Dissertation, University of Kansas, Lawrence [Kansas], 1972.

DE GEORGE, Fernande M. (1973), « The Structure of Baudelaire's *Petits poèmes en prose* », *L'Esprit créateur* [Minneapolis, Minnesota], Vol. XIII, No. 2, Summer 1973, p. 144-153.

DE GRAAF, Daniel A. (1966), « Baudelaire en Charles Lamb. Invloed van de Essays of Elia op *Spleen de Paris* », *De Vlaamse Gids* [Antwerpen], Nr. 11, November 1966, p. 587-595.

DE MAN, Paul (1992), *The Rhetoric of Romanticism*, New York, Columbia University Press, 1992.

DÉCAUDIN, Michel (1991), « Verlaine et la tentation de la prose », *Cahiers de l'Association internationale des études françaises* [Paris], n° 43, mai 1991, p. 271-279 [en particulier p. 277-279].

DEGUY, Michel (2001), *Spleen de Paris*, Paris, Galilée, coll. Lignes fictives, 2001.

DEGUY, Michel (2012), *La pietà Baudelaire*, Paris, Belin, coll. L'Extrême contemporain, 2012.

DEL LUNGO, Andrea (2014), *La Fenêtre. Sémiologie et histoire de la représentation littéraire*, Paris, Éditions du Seuil, coll. Poétique, 2014. « Ce que l'on ne voit pas par une fenêtre (Baudelaire) », p. 81-94, rééd. sous le titre « Sens du regard et construction identitaire. Sur *Les Fenêtres* » dans *L'Année Baudelaire*, n° 17, 2013 [2015], p. 115-128.

DELACROIX, Eugène (1862-1863), PIOT, René, *Les Palettes de Delacroix*, Paris, Librairie de France, 1931 [p. 67, souvenir de Pierre Andrieu].

DELAHAYE, Ernest (1923), *Rimbaud. L'artiste et l'être moral*, Paris, Messein, 1923 [p. 36].

DELANEY, Susan (1984), « Baudelaire toujours poète. Les *Chevelures* en vers et en prose », *Paroles gelées* [Los Angeles, California], Vol. II, Issue 1, 1984, p. 49-69.

DELAS, Daniel (1980), « On a touché au vers ! Note sur la fonction manifestaire du poème en prose au XIXe siècle », *Littérature* [Paris], t. X, n° 39, octobre 1980, p. 54-60.

DELCROIX, Maurice (1977), « Un poème en prose de Charles Baudelaire : *Les Yeux des pauvres* », *Cahiers d'analyse textuelle* [Liège], n° 19, 1977, p. 47-65.

DELESALLE, Jean-François (1973), « Miettes baudelairiennes. I. Edgar Poe et les *Petits poèmes en prose* », *Bulletin baudelairien* [Nashville, Tennessee], t. VIII, n° 2, 9 avril 1973, p. 19-21.

DELMAY, Bernard et LORI, Maria Carmela (1981), « Un souvenir de De

Quincey dans l'écriture d'*Assommons les pauvres !* », dans *Baudelaire. Poeta e critico*, [sous la direction d'Enea Balmas], atti del VII convegno della Società universitaria per gli studi di lingua e letteratura francese [Como, 6-7 ottobre 1978], Bologna, Pàtron, coll. Quaderni della Società universitaria per gli studi di lingua e letteratura francese, 1981, p. 45-53.

DELMAY, Bernard et LORI, Maria Carmela (1983), *Baudelaire. Dallo specchio alla scena : uno stadio ripetitivo*, con una presentazione di Antoine Fongaro e quattro illustrazioni fuori testo, Firenze, Franco Cesati, coll. Biblioteca del cinegeta, 1983.

DELON, Michel (2007), « Le boudoir baudelairien », *L'Année Baudelaire* [Paris], n° 9-10, 2005-2006 [2007], p. 113-118.

DELONS, Catherine (2011), *L'Idée si douce d'une mère. Charles Baudelaire et Caroline Aupick*, Paris, Les Belles Lettres, coll. L'Histoire de profil, 2011.

DELVILLE, Michel (1998), *The American Prose Poem. Poetic Form and the Boundaries of Genre*, Gainesville, University Press of Florida, 1998.

DENUX, Roger (1967), « *Le Spleen de Paris* », *Europe* [Paris], n° 456-457, avril-mai 1967, p. 112-119.

DEPASSE, René (1976), « L'ironie baudelairienne et *Le Spleen de Paris* », dans *Raison et expérience dans le Discours préliminaire de l'Encyclopédie de D'Alembert. La Poésie et la vie moderne dans* Le Spleen de Paris, *Petits poèmes en prose de Baudelaire*, Paris, Marketing, 1976, p. 157-161.

DÉRIEUX, Henry (1917a), « Baudelaire animalier », *La Semaine littéraire* [Paris], n° 25, 8 septembre 1917, p. 421-424.

DÉRIEUX, Henry (1917b), *Baudelaire. Trois essais précédés d'un poème-dédicace et ornés d'un portrait de Baudelaire à 40 ans*, Bâle, Nouvelle librairie littéraire, 1917.

Derniers Mois de Charles Baudelaire et la publication posthume de ses œuvres (Les) (1976), correspondances-documents présentés par Jean Richer et Marcel A. Ruff, Paris, Nizet, 1976 [en particulier p. 43, 44, 53, 55, 59, 95, 96, 112, 139, 151, 170, 184].

DERRIDA, Jacques (1991), *Donner le temps. 1. La Fausse Monnaie*, Paris, Galilée, coll. La Philosophie en effet, 1991.

DESCAUNES, Luc (1984), *Le Poème en prose. Anthologie (1842-1945)*, présentée par Luc Decaunes, Paris, Seghers, coll. P. S., 1984 [p. 55-68, avec un choix de poèmes : *L'Étranger*, *Le* Confiteor *de l'artiste*, *Les Foules*, *La Solitude*, *L'Horloge*, *Enivrez-vous*, *Les Fenêtres*, *Le Désir de peindre*, *Les Bienfaits de la lune*, *Un cheval de race*, *Le Port*, *La Soupe et les nuages*].

DESJARDINS, Paul (1887), « Charles Baudelaire », dans André Guyaux, *Baudelaire. Un demi-siècle de lectures des Fleurs du mal (1855-1905)*, Paris, PUPS, coll. Mémoire de la critique, 2007, p. 707-725. Publié auparavant dans la *Revue politique et littéraire. Revue bleue* [Paris], 2 juillet 1887, p. 16-24.

DI MAIO, Mariella (1979), « Il *poème en prose* come genere letterario », *Micromégas* [Roma], vol. VI, n. 1, gennaio-aprile 1979, p. 155-168.

Dictionnaire de poésie de Baudelaire à nos jours (2001), publié sous la direction de Michel Jarrety, Paris, PUF, 2001.

DIMA, Vlad (2012), « A Fantasy of One's Own. Rooms in Hitchcock's *Vertigo* and Baudelaire Prose Texts », *Mosaic* [Winnipeg], Vol. XLV, No. 4, December 2012, p. 69-84.

DISEGNI, Silvia (2004), « Les poètes journalistes au temps de Baudelaire », *Poésie et journalisme au XIX*e *siècle en France et en Italie, Recherches & Travaux* [Grenoble], n° 65, 2004, p. 83-96.

Dix études sur Baudelaire (1993), réunies par Martine Bercot et André Guyaux, Paris, Honoré Champion, coll. Bibliothèque de littérature moderne, 1993.

DOERRY, Hilda (1986), « Une comparaison de structures. *Une mort héroïque* de Baudelaire et *Après le Déluge* de Rimbaud », [Lawrence, Kansas], Vol. XVIII, No. 2, Spring 1986, p. 67-74.

DOETSCH, Hermann (1999), « Baudelaire's Pariser Topographien (am Beispiel von *Les Veuves*) », dans *Stadt-Bilder. Allegorie, Mimesis, Imagination*, herausgegeben von Andreas Mahler, Heidelberg, Winter, 1999, p. 197-228.

DONDAINE, Colette (1994), « Aperçus sur le vocabulaire de Baudelaire dans les *Petits poèmes en prose* », dans *Hommage à Suzanne Roth*, Fontaine-lès-Dijon, Association bourguignonne de dialectologie et d'onomastique, 1994, p. 265-279.

DRIEU LA ROCHELLE, Pierre (1934), « Le poème en prose », dans *Sur les écrivains*, essais critiques réunis, préfacés et annotés par Frédéric Grover, Paris, Gallimard, 1964 ; nouvelle édition, 1982, p. 272-276. Publié auparavant dans les *Nouvelles littéraires* [Paris], 5 mai 1934.

DRILLON, Jacques (2001), *Les Gisants (sur La Mort des amants, de Baudelaire)*, Paris, Gallimard, coll. Le Cabinet des lettrés, 2001.

DROST, Wolfgang (1975), « *L'Invitation au voyage* », dans *Die französische Lyrik*, Band II : *Von Villon bis zur Gegenwart*, herausgegeben von Hans

Hinterhäuser, Düsseldorf, August Bagel, 1975, p. 40-52 [avec une traduction en allemand de *L'Invitation au voyage*].

DROST, Wolfgang (1982), « Baudelaire Between Marx, Sade and Satan », dans *Baudelaire, Mallarmé, Valéry. New Essays in Honour of Lloyd Austin*, Edited by Malcolm Bowie, Alison Fairlie and Alison Finch, Cambridge University Press, 1982, p. 38-57.

DROST, Wolfgang (1996), « L'innovation de la tradition du fantastique chez Baudelaire poète et critique d'art » dans *Studi di storia della civiltà letteraria francese. Mélanges offerts à Lionello Sozzi*, index des noms par Emanuele Kanceff, Paris, Honoré Champion, coll. Bibliothèque Franco Simone, t. I, 1996, p. 765-781.

DROST, Wolfgang (2014), « "Vous n'êtes que le premier dans la décrépitude de votre art". Baudelaire et Gautier, Zola et Mallarmé devant la modernité de Manet », *Romanistische Zeitschrift für Literaturgeschichte* [Heidelberg], Heft 1-2, 2014, p. 93-114.

DU BOS, Charles (1921), *Approximations*, préface de Michel Crépu, Paris, Éditions des Syrtes, 2000 (« Méditation sur la vie de Baudelaire (avril-décembre 1921) », p. 173-226).

DU BOUCHET, André (1956), « Baudelaire irrémédiable », *Courrier du Centre international d'études poétiques* [Bruxelles], n° 9, mai 1956, p. 3-18 ; rééd. *Baudelaire irrémédiable*, Paris, Deyrolle, 1993.

DU CAMP, Maxime (1882), « Souvenirs littéraires », dans André Guyaux, *Baudelaire. Un demi-siècle de lectures des Fleurs du mal (1855-1905)*, Paris, PUPS, coll. Mémoire de la critique, 2007, p. 603-610. Publié auparavant dans la *Revue des deux mondes* [Paris], 15 avril 1882, p. 738-746 [extrait du chap. XVIII des *Souvenirs littéraires*, Paris, Hachette, t. II, 1893].

DUAN, Lian et ZHI, Yuhui (2013), « *Bali de youyu* yu *Yecao* shuqing zhuti xingxiang bijiao » [« Comparaison entre le sujet lyrique dans *Le Spleen de Paris* et dans *Les Herbes sauvages* (de Qingdao) »], *Shanhua* [*Les Fleurs de montagne*, Guiyang], n° 10, 23 mai 2013, p. 145-146.

DUBOSCLARD, Joël et CARLIER, Marie (1992), *Vingt poèmes expliqués. Les Fleurs du mal. Le Spleen de Paris*, Paris, Hatier, coll. Profil littérature, 1992.

DUCHESNE, Alphonse (1866), [avertissement à *La Corde*], *L'Événement* [Paris], 12 juin 1866, p. 3.

DUPONT, Jacques (2013), « *Le Spleen de Paris*, une fiction critique ? », *L'Année Baudelaire* [Paris], n° 16, 2012 [2013], p. 41-54.

DURRY, Marie-Jeanne (1936), « Du poème en prose », *Yggdrasil* [Paris], n° 8, 25 décembre 1936, p. 1-4.

DURRY, Marie-Jeanne (1937), « Autour du poème en prose », *Mercure de France* [Paris], n° 927, 1er février 1937, p. 495-505.

EBINE, Ryûsuke (2001), « Shashin, rearisumu, sôzôryoku. Kôki Bôdolêru shigaku no ichi sokumen » [« Photographie, réalisme et imagination. Un aspect de l'esthétique du dernier Baudelaire »], *Futsugo futsubungaku kenkyû* [*Bulletin des études de langue et littérature françaises de l'Université de Tokyo*, Tokyo], 2001, p. 29-51.

EBINE, Ryûsuke (2005), *Baudelaire et le progrès*, thèse de doctorat, Université Paris-Sorbonne, Paris, 2005.

EDWARDS, Peter (1987), « Une version inconnue du poème en prose *L'Horloge* », *Bulletin baudelairien* [Nashville, Tennessee], t. XXII, n° 2, décembre 1987, p. 72-80.

EIGELDINGER, Marc (1951), *Le Platonisme de Baudelaire*, Neuchâtel, À la Baconnière, 1951.

EIGELDINGER, Marc (1967), « La symbolique solaire dans la poésie de Baudelaire », dans *Études baudelairiennes XIII. Le Soleil de la poésie. Gautier, Baudelaire, Rimbaud*, Neuchâtel, À la Baconnière, coll. Langages, 1991, p. 59-133. Publié auparavant dans la *Revue d'histoire littéraire de la France* [Paris], LXVIIe année, n° 2, avril-juin 1967, p. 357-374.

EIGELDINGER, Marc (1971), « Baudelaire et l'alchimie verbale », dans *Études baudelairiennes II*, Neuchâtel, À la Baconnière, coll. Langages, 1971, p. 81-98

EIGELDINGER, Marc (1973), *Poésie et métamorphoses*, Neuchâtel, À la Baconnière, coll. Langages, 1973.

EIGELDINGER, Marc (1975), « À propos de l'image du thyrse », *Revue d'histoire littéraire de la France* [Paris], LXXVe année, n° 1, janvier-février 1975, p. 110-112.

EIGELDINGER, Marc (1976), « *Le Thyrse* et la poétique du poème en prose », dans *Mythologie et intertextualité*, Genève, Slatkine, 1987, p. 187-198. Publié auparavant sous le titre « *Le Thyrse*, lecture thématique » dans *Études baudelairiennes VIII*, Neuchâtel, À la Baconnière, coll. Langages, 1976 p. 172-183.

EIGELDINGER, Marc (1981), « Baudelaire juge de Jean-Jacques », dans

Baudelaire, Rousseau et Hugo, Études baudelairiennes IX, Neuchâtel, À la Baconnière, coll. Langages, 1981, p. 9-30.

EIGELDINGER, Marc (1987), *Mythologie et intertextualité*, Genève, Slatkine, 1987.

EIGELDINGER, Marc (1991), *Le Soleil de la poésie. Gautier, Baudelaire, Rimbaud, Études baudelairiennes XIII,* Neuchâtel, À la Baconnière, coll. Langages, 1991.

EIGELDINGER, Marc (1992), « André Breton lecteur de Baudelaire », *Europe* [Paris], n° 760-761, août-septembre 1992, p. 111-122.

EL MAAROUF, Samir Patrice (2014), « L'Autre et la Chimère : variations et altérations du *je* lyrique dans *Le Spleen de Paris* », *Méthode ! Revue de littérature* [Pau], [dirigé par] Caroline Fischer et Dominique Vaugeois, n° 24, automne 2014, p. 173-182.

ÉLIE, Bénédicte (2014), « *Le Spleen de Paris*, le crépuscule de l'épopée ? », dans *Lectures du Spleen de Paris*, sous la direction de Steve Murphy, Rennes, Presses universitaires de Rennes, coll. Didact français, 2014, p. 177-193.

ELLRICH, Robert J. (1952), *The Poet's Journey in Baudelaire's Petits poèmes en prose*, M. A. Thesis, Harvard University, Cambridge [Massachusetts], 1952.

EMMANUEL, Pierre (1967), *Baudelaire, la femme et Dieu*, Paris, Éditions du Seuil, coll. Points, 1982. Édition originale : *Baudelaire*, Paris, Desclée de Brouwer, coll. Les Écrivains devant Dieu, 1967.

ENGELKING, Ryszard (1988), « Une hottée de plâtras. Notes sur *Le Spleen de Paris* », *Bulletin baudelairien* [Nashville, Tennessee], t. XXIII, n° 2, décembre 1988, p. 70-87.

ENGELKING, Ryszard (2002), « Encore une hottée. Notes sur *Le Spleen de Paris*, II », *L'Année Baudelaire* [Paris], n° 6, 2002, p. 155-163.

Études baudelairiennes III. Hommage à W. T. Bandy. Le Poète en son temps (1973), Neuchâtel, À la Baconnière, coll. Langages, 1973.

EVANS, Joan W. (1959-1960), *The Theme of Childhood in Baudelaire*, Unpublished Doctoral Dissertation, University of Manchester, 1959-1960.

EVANS, Margery A. (1982), « Baudelaire's Poetic Kaleidoscope. A Reading of *Le Spleen de Paris* », Unpublished Doctoral Dissertation, University of Cambridge, 1982.

EVANS, Margery A. (1988a), « Laurence Sterne and *Le Spleen de Paris* », *French Studies* [Oxford], Vol. XLII, No. 2, April 1988, p. 165-176.

EVANS, Margery A. (1988b), « *Soubresaut* or *dissonance* ? An Aspect of the Musicality of Baudelaire's *Petits poèmes en prose* », *Modern Language Review* [London], Vol. LXXXIII, No. 2, April 1988, p. 314-321.

EVANS, Margery A. (1993), *Baudelaire and Intertextuality. Poetry at the Crossroads*, Cambridge, Cambridge University Press, 1993.

ÉVRARD, Franck (2002), *Le Spleen de Paris de Charles Baudelaire*, Paris, Bertrand-Lacoste, coll. Parcours de lecture, 2002.

FAIRLIE, Alison (1967), « Observations sur les *Petits poèmes en prose* », *Revue des sciences humaines* [Lille], nouvelle série, n° 127, juillet-septembre 1967, p. 449-460 ; rééd. dans *Imagination and Language. Collected Essays on Constant, Baudelaire, Nerval and Flaubert*, Cambridge, Cambridge University Press, 1981.

FAIRLIE, Alison (1968a), [compte rendu de l'édition des *Petits poèmes en prose* de Melvin Zimmermann], *French Studies* [Oxford], Vol. XXII, No. 4, October 1968, p. 348-350.

FAIRLIE, Alison (1968b), « Quelques remarques sur les *Petits poèmes en prose* », *Baudelaire*, actes du colloque de Nice, 25-27 mai 1967, *Annales de la faculté des lettres et sciences humaines de Nice*, n° 4-5, deuxième et troisième trimestre 1968, p. 89-97 ; rééd. dans *Imagination and Language. Collected Essays on Constant, Baudelaire, Nerval and Flaubert*, Cambridge, Cambridge University Press, 1981.

FAIRLIE, Alison (1970), [compte rendu de l'édition critique des *Petits poèmes en prose* de Robert Kopp], *French Studies* [Oxford], Vol. XXIV, No. 2, April 1970, p. 193-194.

FAN, Liangqin (2008), « *Yueliang de shanju* yu *Yujie yuan* bijiao cunyi » [« Contestation des points communs relevés par quelques auteurs entre *Les Bienfaits de la lune* et la *Complainte du perron de jade* (de Li Po) »], *Keji xinxi* [*Informations scientifiques et techniques* (version en sciences humaines et sociales), Jinan], n° 3, 25 janvier 2008, p. 129.

Fantaisie post-romantique (*La*) (2003), textes réunis et présentés par Jean-Louis Cabanès et Jean-Pierre Saïdah, actes du colloque de Bordeaux de novembre 1999, Toulouse, Presses universitaires du Mirail, coll. Essais de littérature. Cribles, 2003.

FAYOLLE, Roger (1970), [compte rendu de l'édition critique des *Petits poèmes en prose* de Robert Kopp], *Revue d'histoire littéraire de la France* [Paris], LXXe année, n° 2, mars-avril 1970, p. 328-333.

FERNANDAT, René (1936), « Les poèmes en prose d'Aloysius Bertrand et de Baudelaire », *La Muse française* [Paris], n° 15, 15 octobre 1936, p. 350-359.

FERRAN, André (1933), *L'Esthétique de Baudelaire*, Paris, Nizet, 1968. Édition originale : Paris, Hachette, 1933.

FISCHER-LOOCK, Xenia (2007), « Baudelaire und Manet », dans *Charles Baudelaire. Dichter und Kunstkritiker*, herausgegeben von Karin Westerwelle, Würzburg, Königshausen und Neumann, 2007, p. 211-242.

Fleurs du mal (Les) (2003), actes du colloque de la Sorbonne des 10 et 11 janvier 2003, édités par André Guyaux et Bertrand Marchal, Paris, PUPS, 2003.

Fleurs du mal (Les). L'intériorité de la forme (1989), préface de Max Milner, actes du colloque [de la] Société des études romantiques, 7 janvier 1989, Paris, SEDES, 1989.

FLIEGER, Jerry Aline (1987), « Baudelaire and Freud. The Poet and the Joker », dans *Psychoanalytic Approaches to Literature and Film*, Edited by Maurice Charney and Joseph Reppen, Rutheford, Fairleigh Dikinson University Press, 1987.

FLOTTES, Pierre (1922), *Baudelaire. L'homme et le poète*, Paris, Perrin, 1922.

FOGLIA, Aurélie (2014), « "L'impersonnalité volontaire" dans les *Petits poèmes en prose* », dans *Lire Le Spleen de Paris*, dirigé par André Guyaux et Henri Scepi, Paris, PUPS, 2014, p. 47-60.

FONDANE, Benjamin (1947), *Baudelaire et l'expérience du gouffre*, préface de Patrice Beray, Bruxelles, Complexe, coll. Le Regard littéraire, 1994. Édition originale : préface de Jean Cassou, Paris, Seghers, 1947.

FONTAINAS, André (1934), « Les poèmes » [compte rendu de l'édition des *Petits poèmes en prose* de Daniel-Rops et de l'édition des *Fleurs du mal* préfacée par André Suarès en 1934], Mercure de France [Paris], n° 251, 1er avril 1934, p. 134-137.

FORMENTELLI, Georges (1993), « *Un plaisant* », dans *Dix études sur Baudelaire*, réunies par Martine Bercot et André Guyaux, Paris, Honoré Champion, coll. Bibliothèque de littérature moderne, 1993, p. 137-155.

FORREST, Jennifer et JAFFE, Catherine (1996), « Figuring Modernity. Juan Ramón Jiménez and the Baudelairian Tradition of the Prose Poem », *Comparative Literature* [Eugene, Oregon], Vol. XLVIII, No. 3, Summer 1996, p. 265-293.

FORT, Paul et MANDIN, Louis (1926), *Histoire de la poésie française depuis 1850*, préface de Paul Crouzet, Paris, Flammarion-Didier et Toulouse, Privat, 1926.

FOURNIER, Jean-François (2011), *Charles Baudelaire. Quand le poème rit et sourit*, Paris, L'Harmattan, coll. Critiques littéraires, 2011.

FRANCK, Giorgio (1996), *Forme del paradosso. Il doppio volto dell'opera tra Baudelaire e Nietzsche*, Milano, Feltrinelli, coll. Campi del sapere, 1996.

FRANKLIN, Ursula (1982), « The Saltimbanque in the Prose Poems of Baudelaire, Mallarmé and Rilke », *Comparative Literature Studies* [University Park, Pennsylvania], Vol. XIV, No. 3, Fall 1982, p. 335-350.

FRIEDMAN, Geraldine (1989), *The Insistence of History. Revolution in Burke, Wordsworth, Keats, and Baudelaire*, Stanford, Stanford University Press, 1996 (« Baudelaire's Theory of Practice. Ideology and Difference in *Les Yeux des pauvres* », p. 139-160). Publié auparavant dans *Publications of the Modern Language Association of America* [New York], Vol. CIV, No. 3, May 1989, p. 317-328.

FRIEDMAN, Geraldine (1996), *The Insistence of History. Revolution in Burke, Wordsworth, Keats, and Baudelaire*, Stanford, Stanford University Press, 1996.

FROIDEVAUX, Gérald (1989), *Baudelaire. Représentation et modernité*, Paris, José Corti, 1989.

FRÖHLICHER, Peter (2009), « *Le Désir de peindre*. Une poétique en acte », *L'Année Baudelaire* [Paris], n° 11-12, 2007-2008 [2009], p. 31-47.

FÜGLISTER, Robert L. (1971), « Baudelaire et le thème des bohémiens », dans *Études baudelairiennes II*, Neuchâtel, À la Baconnière, coll. Langages, 1971, p. 99-143.

FUMET, Stanislas (1926), *Notre Baudelaire*, Paris, Plon-Nourrit, coll. Le Roseau d'or. Œuvres et chroniques, 1926.

GALAND, René (1969), *Baudelaire. Poétiques et poésie*, Paris, Nizet, 1969 (« *Petits poèmes en prose* », p. 461-525).

GALAND, René (1971), « Baudelaire et la psychologie du jeu », dans *Canevas. Études sur la poésie française. De Baudelaire à l'oulipo*, Paris, José Corti, 1986, p. 77-84. Publié auparavant, en anglais, sous le titre « Baudelaire's Psychology of Play » dans *The French Review* [Carbondale, Illinois], Vol. XLIV, Special Issue, No. 2, 1971, p. 12-19.

GALAND, René (1972), « La vision de l'Inconscient chez Baudelaire », dans *Canevas. Études sur la poésie française. De Baudelaire à l'oulipo*, Paris, José Corti, 1986, p. 57-67. Publié auparavant dans *Symposium* [Syracuse, New York], Vol. XXVI, No. 1, 1972, p. 15-23.

GALAND, René (1975), « Baudelaire, poète de la conjecture », dans *Canevas. Études sur la poésie française. De Baudelaire à l'oulipo*, Paris, José Corti, 1986, p. 9-22. Publié auparavant, en anglais, sous le titre « Baudelaire, Poet of Conjecture » dans *The American Society Legion of Honor Magazine* [New York], Vol. XLVI, No. 1, 1975, p. 39-53.

GALAND, René (1980), « Baudelaire : pensée mythique et création poétique », dans *Canevas. Études sur la poésie française. De Baudelaire à l'oulipo*, Paris, José Corti, 1986, p. 33-55. Publié auparavant, en anglais, sous le titre « Baudelaire and Myth » dans *The Binding of Proteus. Perspectives on Myth and the Literary Process*, Collected Papers of the Bucknell University Program on Myth and Literature and the Bucknell-Susquehanna Colloquium on Myth in Literature, Held at Bucknell and Susquehanna Universities, Edited by Marjorie W. McCune, Tucker Orbison and Philip M. Withim, Lewisburg, Bucknell University Press et London, Associated University Press, 1980, p. 174-195.

GALAND, René (1986), *Canevas. Études sur la poésie française. De Baudelaire à l'oulipo*, Paris, José Corti, 1986.

GALIBERT, Thierry (1998), *Le Poète et la modernité. Poétiques de l'individu de Gérard de Nerval à Antonin Artaud*, Paris, L'Harmattan, coll. L'Ouverture philosophique, 1998, p. 23-24.

GALLAS, Karel Rudolph (1918), « *L'Invitation au voyage* de Baudelaire et la Hollande », *Neophilologus* [Dordrecht], Vol. III, Issue 1, January 1918, p. 184-188.

GARAMPON, Arlette (1976), « Un exercice de commentaire composé en classe de première. *Les Fenêtres* », *L'Information littéraire* [Paris], XXVIIIe année, n° 4, septembre-octobre 1976, p. 178-186.

GARDNER, Darci L. (2007), *Visual Techniques in Le Spleen de Paris. Three Terms of Interart Comparison*, B. A. Thesis, Vanderbilt University, Nashville [Tennessee], 2007.

GARELLI, Jacques (1966), *La Gravitation poétique*, Paris, Mercure de France, 1966 (« Découverte baudelairienne de l'écriture préréflexive comme horizon constitutif de l'imagination créatrice », p. 100-112).

GASARIAN, Gérard (1996), *De loin tendrement. Étude sur Baudelaire*, Paris, Honoré Champion, coll. Romantisme et modernités, 1996.

GASARIAN, Gérard (2009), « Les petits nuages en prose », *L'Année Baudelaire* [Paris], n° 11-12, 2007-2008 [2009], p. 69-86.

GATEAU, Jean-Charles (1986), « Le lait vénéneux de la lune. Lecture des *Bienfaits de la lune* », *Littératures* [Toulouse], t. XXXVII, n° 15, automne 1986, p. 111-119.

GATEAU, Jean-Charles (1987), *Abécédaire critique. Flaubert, Baudelaire, Rimbaud, Dadas et surréalistes, Saint-John Perse, Butor, etc.*, Genève, Droz, coll. Histoire des idées et critique littéraire, 1987 (« Jumelle », p. 101-114).

GATTI-TAYLOR, Marisa (1982-1983), « Twilight and the Anima. Baudelaire's Two Poems Entitled *Le Crépuscule du soir* », *Nineteenth-Century French Studies* [Lincoln, Nebraska], Vol. XI, No. 1-2, Fall-Winter 1982-1983, p. 126-134.

GAUDARD, François-Charles (1989), *Contribution à l'analyse des discours littéraires : exploration stylistique de l'espace poétique baudelairien*, thèse de doctorat, Université Toulouse II, 1989.

GAUDARD, François-Charles (1991), « De l'étude du style dans un texte littéraire : exercices (Baudelaire, *Le Spleen de Paris*) », *Champs du signe* [Toulouse], n° 1, 1991, p. 67-83.

GAUDARD, François-Charles (1999), « Passantes et monstres innocents dans la poésie baudelairienne », *Champs du Signe* [Toulouse], n° 9, 1999, p. 321-339.

GAUDARD, François-Charles (2004), « La femme comme figure de l'Autre ou le fatidique attachement "à la fosse de l'Idéal" dans *Le Spleen de Paris* de Baudelaire », dans *Des femmes : images et écritures*, édition et présentation d'Andrée Mansau, préface de Béatrice Didier, Toulouse, Presses universitaires du Mirail, coll. Interlangues littératures, 2004, p. 109-120.

GAUDARD, François-Charles (2006), « La syllepse de genre dans *Le Spleen de Paris* de Baudelaire », dans *La Syllepse. Figure stylistique*, textes réunis et présentés par Yannick Chevalier et Philippe Wahl, Lyon, Presses universitaires de Lyon, coll. Textes & langue, 2006, p. 343-357.

GAUTIER, Théophile (1867), « Charles Baudelaire », dans André Guyaux, *Baudelaire. Un demi-siècle de lectures des Fleurs du mal (1855-1905)*, Paris, PUPS, coll. Mémoire de la critique, 2007, p. 437-442. Publié auparavant dans *Le Moniteur universel* [Paris], 9 septembre 1867, p. 1190-1191.

GAUTIER, Théophile (1868), *Préface* aux *Œuvres complètes*, dans André Guyaux, *Baudelaire. Un demi-siècle de lectures des Fleurs du mal (1855-1905)*, Paris, PUPS, coll. Mémoire de la critique, 2007, p. 465-520. Première publication dans Charles Baudelaire, *Œuvres complètes*, Paris, Michel Lévy, 1868 ; préoriginales dans *L'Univers illustré*, n° 686, 7 mars 1868, p. 147 et 150, n° 687, 14 mars 1868, p. 166, n° 688, 21 mars 1868, p. 180 et 182, n° 689, 28 mars 1868, p. 198, n° 690, 4 avril 1868, p. 211-212, n° 691, 11 avril 1868, p. 200-222, n° 692, 18 avril 1868, p. 238-239, sous le titre « Charles Baudelaire ». Rééd. dans Claude-Marie Senninger, *Baudelaire par Théophile Gautier*, avec une étude complémentaire de Lois Cassandra Hamrick, Paris, Klincksieck, coll. Bibliothèque du XIXe siècle, 1986 ; dans *Baudelaire*, édition présentée par Jean-Luc Steinmetz, Paris, Le Castor astral, coll. Les Inattendus, 1991 ; dans *Charles Baudelaire*, préface de Philippe Galanopoulos, Paris, Payot et Rivages, coll. Rivages Poche. Petite Bibliothèque, 2013.

GÉLY, Claude (1962), « Baudelaire et Hugo : influences réciproques », *Revue d'histoire littéraire de la France* [Paris], LXIIe année, n° 4, octobre-décembre 1962, p. 592-595.

GEORGESCO, Valentin-Al. (1937), *Visages de Paris. Baudelaire*, Paris, Corymbe, coll. Le Sorbier, 1937.

GHÉON, Henri (1912), « Le poème en prose », *La Nouvelle Revue française* [Paris], n° 44, août 1912, p. 345-354.

GIDE, André (1940), *Journal* [30 mai 1930, 25 avril 1940 et 20 septembre 1940], édition établie, présentée et annotée par Martine Sagaert, Paris, Gallimard, coll. Bibliothèque de la Pléiade, t. II, 1997.

GIDEL, Charles (2007), *Histoire de la littérature française depuis 1815 jusqu'à nos jours*, extrait rééd. dans André Guyaux, *Baudelaire. Un demi-siècle de lectures des Fleurs du mal (1855-1905)*, Paris, PUPS, coll. Mémoire de la critique, 2007, p. 803-814. Édition originale : Paris, Alphonse Lemerre, 2e partie, 1891, p. 248-260.

GIGNOUX, P.-A. et DEBON-TOURNADRE, Claude (1976), « Baudelaire. *Petits poèmes en prose. Le Spleen de Paris* », dans *Baudelaire-d'Alembert*, [dirigé] par Claude Debon-Tournadre, P.-A. Gignoux et Jean-François Groulier, Montreuil, Bréal, 1976 [Concours d'entrée aux Grandes Écoles scientifiques. Programme 1977-1978].

GILMAN, Margaret (1958), *The Idea of Poetry in France. From Houdar de La Motte to Baudelaire*, Cambridge [Massachusetts], Harvard University Press, 1958.

GIUSTO, Jean-Pierre (1984), *Charles Baudelaire. Les Fleurs du mal*, Paris, PUF, coll. Études littéraires, 1984 (« La place du texte dans l'œuvre de l'auteur », p. 97-104).

GLAUDES, Pierre (2014), « Révolutionnaire ou réactionnaire ? », *Le Magazine littéraire* [Paris], n° 548, octobre 2014, p. 74-77.

GLEIZE, Jean-Marie (2007), « Les chiens s'approchent, et s'éloignent », *Estudos Neolatinos* [Rio de Janeiro], vol. IX, n.° 2, julho-dezembro 2007, p. 165-175.

GODBERT, Geoffrey (2002), *Freedom to Breathe. Modern Prose Poetry from Baudelaire to Pinter*, Devon, Stride Publications, 2002.

GODFREY, Sima Naomi (1978), *Fenêtres sur la vie moderne : the Petits poèmes en prose and a Baudelairian Motif*, Unpublished Doctoral Dissertation, Cornell University, Ithaca [New York], 1978.

GODFREY, Sima Naomi (1982), « Baudelaire's Windows », *L'Esprit créateur* [Minneapolis, Minnesota], Vol. XXII, No. 4, May 1982, p. 83-100.

GODFREY, Sima Naomi (2001), « Strangers in the Park. Manet, Baudelaire, and *La Musique aux Tuileries* », dans *Baudelaire and the Poetics of Modernity*, Edited by Patricia A. Ward, with the Assistance of James S. Patty, Nashville [Tennessee], Vanderbilt University Press, 2001, p. 45-60.

GOGRÖF-VOORHEES, Andrea (1999), *Defining Modernism. Baudelaire and Nietzsche on Romanticism, Modernity, Decadence, and Wagner*, New York, Peter Lang, coll. Studies in Literary Criticism and Theory, 1999.

GOLDSTEIN KATSAROS, Laure Anne (2003), *A Kaleidoscope in the Midst of the Crowds. Poetry and the City in Walt Whitman's Leaves of Grass and Charles Baudelaire's Petits poèmes en prose*, Unpublished Doctoral Dissertation, Yale University, New Haven [Connecticut], 2003.

GONZAGUE FRICK, Louis de (1920), « Enquête sur le poème en prose », *Don Quichotte* [Paris], 15 décembre 1920 *sqq.*

GOULA-MITAKOU, Xeni (1983), « Autour des *Petits poèmes en prose* de Charles Baudelaire », *Platoon* [Athènes], Etos 33-34, 1983, p. 8-22.

GOURMONT, Remy de (1900), « Marginalia sur Baudelaire et Poe », *Flegrea* [Napoli], 5 juillet 1900.

GOUVARD, Jean-Michel (2014a), *Baudelaire, Le Spleen de Paris*, Paris, Ellipses, 2014.

GOUVARD, Jean-Michel (2014b), « *La Belle Dorothée* et l'abolition de l'esclavage : à propos d'un poème en prose du *Spleen de Paris*, de Charles Baudelaire », *L'École des lettres* [Paris], n° 1, août-septembre 2014.

GOUVARD, Jean-Michel (2014c), « Sur les notions d'égalité, de fraternité et de citoyenneté dans *Le Spleen de Paris* », dans *Lectures du Spleen de Paris*, sous la direction de Steve Murphy, Rennes, Presses universitaires de Rennes, coll. Didact français, 2014, p. 297-306.

GRAVA, Arnolds (1976), *L'Aspect métaphysique du mal dans l'œuvre littéraire de Charles Baudelaire et d'Edgar Allan Poe*, Genève-Paris, Slatkine-Honoré Champion, 1976 ; publié auparavant dans *University of Nebraska Studies* [Lincoln], No. 15, New Series, 1956.

Great American Prose Poems. From Poe to the Present (2003), Edited by David Lehman, New York, Scribner, coll. Poetry, 2003 [en particulier p. 14-19].

GREER COHN, Robert (1983), « A Poetry-Prose Cross », dans *The Prose Poem in France. Theory and Practice*, Edited by Mary Ann Caws and Hermine Riffaterre, New York, Columbia University Press, 1983, p. 135-161.

GREER COHN, Robert (1986), « Baudelaire's Beleaguered Prose Poems », dans *Textual Analysis. Some Readers Reading*, Edited by Mary Anne Caws, New York, Modern Language Association of America, 1986, p. 112-120.

GREINER, Thorsten (1993), *Ideal und Ironie. Baudelaires Ästhetik der « modernité » im Wandel vom Vers- zum Prosagedicht*, Tübingen, Max Niemeyer, coll. Mimesis, 1993 [en particulier p. 205-297].

GUÉGAN, Stéphane (2014), « De la peinture dans l'encrier », *Le Magazine littéraire* [Paris], n° 548, octobre 2014, p. 78-81.

GUEX, André (1934), *Aspects de l'art baudelarien*, Genève, Slatkine Reprints, 2003. Édition originale : Lausanne, Imprimerie centrale, 1934 ; rééd. Lausanne, F. Rouge & Cie, [1936].

GUIETTE, Robert (1964), « Baudelaire et le poème en prose », dans *Questions de littérature*, [dirigé] par Robert Guiette, *Romanica Gandensia* [Gent], n° 13, seconde série, 1972, p. 147-156. Publié auparavant dans la *Revue belge de philologie et d'histoire* [Bruxelles], t. XLII, n° 3, juillet-septembre 1964, p. 843-852.

GUIETTE, Robert (1968), « Vers et prose chez Baudelaire », dans *Questions de littérature*, [dirigé] par Robert Guiette, *Romanica Gandensia* [Gent], n° 13, seconde série, 1972, p. 157-163. Publié auparavant dans *Journées Baudelaire. Actes du colloque* [Namur-Bruxelles, 10-13 octobre 1967], Bruxelles, Académie royale de langue et de littérature françaises, 1968, p. 36-43 [avec une discussion, p. 43-46].

GUIETTE, Robert (1969), « Le titre des *Petits poèmes en prose* », dans *Questions de littérature*, [dirigé] par Robert Guiette, *Romanica Gandensia* [Gent], n° 13, seconde série, 1972, p. 165-172. Publié auparavant dans *Modern Miscellany Presented to Eugène Vinaver by Pupils, Colleagues, and Friends*, Edited by Thomas Edward Lawrenson, Frank Edmund Sutcliffe and Gilbert Gadoffre, Manchester, Manchester University Press et New York, Barnes & Noble, 1969, p. 109-116.

GUIETTE, Robert (1973), « Des *Paradis artificiels* aux *Petits poèmes en prose* », dans *Études baudelairiennes III. Hommage à W. T. Bandy. Le poète en son temps*, Neuchâtel, À la Baconnière, coll. Langages, 1973, p. 178-184.

GUISAN, Gilbert (1948), « Prose et poésie d'après Baudelaire » [leçon inaugurale prononcée le 23 janvier 1947 à la Faculté des lettres de l'Université de Lausanne], *Études de lettres. Bulletin de la Société des études de lettres* [Lausanne], n° 70, février 1948, p. 87-107.

GUO, Hong'an (2011), « Fanyi houji » [« Postface à la traduction »], dans Charles Baudelaire, *Bali de youyu* [*Le Spleen de Paris*], trad. Guo Hong'an, Shanghai, Shanghai yiwen chubanshe, 2011, p. 163-182.

GUTMANN, René-Albert (1967), *Introduction à la lecture des poètes français*, Paris, Nizet, 1967 [en particulier p. 166-167].

GUTWIRTH, Marcel (1989), « À propos du *Gâteau*. Baudelaire, Rousseau et le recours à l'enfance », *Romanic Review* [New York], Vol. LXXX, No. 1, January 1989, p. 75-88.

GUYAUX, André (1985), *Poétique du fragment. Essai sur les Illuminations de Rimbaud*, Neuchâtel, À la Baconnière, coll. Langages, 1985 [en particulier p. 7-10, 198-199].

GUYAUX, André (1986), « Les poèmes en prose d'Émile Verhaeren », *Les Lettres romanes* [Louvain], t. XL, n° 3-4, 1986, p. 235-243.

GUYAUX, André (1987), « Généalogies du poème en prose rimbaldien », dans *Duplicités de Rimbaud*, Paris-Genève, Honoré Champion-Slatkine, 1991, p. 43-55. Publié auparavant sous le titre « Généalogie des

Illuminations » dans la *Rivista di letterature moderne e comparate* [Firenze], vol. XL, nuova serie, fasc. 1, gennaio-marzo 1987, p. 5-17.

GUYAUX, André (1994a), « Lexicologie du spleen », dans *Sotto il segno di Saturno. Malinconia, spleen e nevrosi nella letteratura dell'Ottocento*, atti del seminario di studio di Malcesine, [Università degli studi di Verona], 7-9 maggio 1992, Fasano, Schena, coll. Quaderni del castello, 1994, p. 49-66.

GUYAUX, André (1994b), « Le pessimisme de Baudelaire », dans *Studi di letteratura e di linguistica*, [Quaderno n. 6], a cura di Marina Vitale, Napoli, Edizioni scientifiche italiane, coll. Pubblicazioni dell'università degli studi di Salerno. Sezione di studi filologici, letterari e artistici, 1994, p. 69-80.

GUYAUX, André (1998), « "Un fils de Baudelaire" ? », dans *Verlaine 1896-1996*, actes du colloque de Dijon, 6-8 juin 1996, textes réunis par Martine Bercot, Paris, Klincksieck, coll. Actes et colloques, 1998.

GUYAUX, André (2002), « La "pâleur verte" du lendemain », dans *La Vie romantique. Hommage à Loïc Chotard*, textes réunis par André Guyaux et Sophie Marchal, Paris, PUPS, coll. Colloques de la Sorbonne, 2002, p. 239-247.

GUYAUX, André (2003), « Huysmans et le poème en prose : du récit court au "roman concentré" », dans *J.-K. Huysmans : la modernité d'un anti-moderne*, actes du colloque international de Naples des 7-8 mai 2001, édités par Valeria De Gregorio Cirillo et Mario Petrone, avant-propos de André Guyaux, Napoli, L'Orientale editrice, 2003, p. 165-171.

GUYAUX, André (2004), « Baudelaire et le fragment », dans *Théorie et pratique du fragment*, actes du colloque international de la Società universitaria per gli studi di lingua e letteratura francese (SUSLLF), Venise 28-30 novembre 2002, études réunies par Lucia Omacini et Laura Este Bellini, Genève, Slatkine, coll. Érudition, 2004, p. 137-148.

GUYAUX, André (2005), « Baudelaire et les "petits-crevés" du *Figaro* », dans *Intellektuelle Redlichkeit – Intégrité intellectuelle. Literatur – Geschichte – Kultur. Festschrift für Joseph Jurt*, herausgegeben von Michael Einfalt, Ursula Erzgräber, Ottmar Ette, Franziska Sick, Heidelberg, Winter, 2005, p. 157-167.

GUYAUX, André (2007a), *Baudelaire. Un demi-siècle de lectures des Fleurs du mal (1855-1905)*, Paris, PUPS, coll. Mémoire de la critique, 2007.

GUYAUX, André (2007b), *La Querelle de la statue de Baudelaire (août-décembre*

1892), sous la direction d'André Guyaux, avec la collaboration d'Aurélia Cervoni, de Guillaume Peigné et de Sébastien Porte, Paris, PUPS, coll. Mémoire de la critique, 2007.

GUYAUX, André (2008a), « D'un serpent l'autre. Ondulations baudelairiennes et ropsiennes », dans *Silences fin-de-siècle. Hommage à Jean de Palacio*, sous la direction d'André Guyaux, Paris, PUPS, 2008, p. 211-226 [en particulier p. 218].

GUYAUX, André (2008b), « Huysmans et le lexique baudelairien », [communication au LIXe congrès de l'Association internationale des études françaises], *Cahiers de l'Association internationale des études françaises* [Paris], n° 60, mai 2008, p. 301-311.

GUYAUX, André (2014), « Avant-propos », dans *Lire Le Spleen de Paris*, dirigé par André Guyaux et Henri Scepi, Paris, PUPS, 2014, p. 7-10.

HABANS, J[ean] (1857), « Semaine littéraire », *Figaro* [Paris], 10 septembre 1857, p. 3-4.

HAINSWORTH, Christopher (1970), *Le Développement musical du langage poétique de Baudelaire dans Les Fleurs du mal et les Petits poèmes en prose*, thèse de doctorat, Université Toulouse II, 1970.

HAMM, Heinz Toni (1981), *Poesie und kommunikative Praxis*, Heidelberg, Winter, coll. Frankfurter Beiträge zur Germanistik, 1981 (« Baudelaire, das autonome Ich und seine sprachliche Setzung. *Les Fenêtres* », p. 142-192).

HAMON, Philippe (1989), *Expositions. Littérature et architecture au XIXe siècle*, Paris, José Corti, 1989.

HAN, Patricia S. (2000), *The Ironic Prose Poem. Baudelaire's Les Bons Chiens*, NEMLA Conference, Buffalo [New York], avril 2000.

HAN, Patricia S. (2001), *Reading Irony in Literature. Baudelaire's Petits poèmes en prose*, Unpublished Doctoral Dissertation, Columbia University, New York, February 2001.

HAN, Patricia S. (2005), « Baudelaire's *Les Bons Chiens*. The Art of the Exchange », *Bulletin baudelairien* [Nashville, Tennessee], t. XL, n° 1-2, avril-décembre 2005, p. 97-111.

HANNOOSH, Michele (1992), *Baudelaire and Caricature. From the Comic to an Art of Modernity*, University Park [Pennsylvania], The Pennsylvania State University Press, 1992.

HARTMANN, Günther (1954), *Studien zur Vorgeschichte des französische* poème en prose *vornehmlich im 18. Jahrundert*, Dissertation, Frankfurt Universität, 1954.

HATAKEYAMA, Tôru (2011), « Bôdolêru no sambunshi : "kanpekina sobyô" toshite no kokoromi » [« Le poème en prose comme "ébauche parfaite". La question du vers et de la prose chez Baudelaire »], *Furansu go furansu bungaku kenkyû* [*Bulletin de la Société japonaise de langue et littérature françaises*, Tokyo], n° 99, août 2011, p. 163-178.

HAUCK, Johannes (1994), *Typen des französischen Prosagedichts. Zum Zusammenhang von moderner Poetik und Erfahrung*, Tübingen, Gunter Narr, coll. Romanica Monacensia, 1994.

HAXELI, Nichola A. (1994), « Baudelaire, Barbey d'Aurevilly and the Art of Translating Poetry. A Possible Source for *Un hémisphère dans une chevelure* », *Nottingham French Studies* [Nottingham], Vol. XXXIII, No. 2, Fall 1994, p. 29-36.

HAXELL, Nichola Anne (1990), « The Name of the Prose. A Semiotic Study of Titling in the Pre-Baudelairian Prose Poem », *French Studies* [Oxford], Vol. XLIV, No. 2, April 1990, p. 156-169.

HAZAN, Éric (2002), *L'Invention de Paris. Il n'y a pas de pas perdus*, Paris, Éditions du Seuil, coll. Points essais, 2004 (« Les flâneurs », p. 428-441). Édition originale : Paris, Éditions du Seuil, coll. Fiction et Cie, 2002.

HAZAN, Éric (2003), « Le sombre Paris », *Le Magazine littéraire* [Paris], n° 418, mars 2003, p. 30-32.

HECK, Francis S. (1979), « Baudelaire's *Une mort héroïque*. A New Interpretation », *Rocky Mountain Review* [Greeley, Colorado], Vol. XXXIII, No. 4, Fall 1979, p. 206-211.

HECK, Francis S. (1981), « Baudelaire's *Chacun sa chimère*. The Force of Habit », *Romance Notes* [Chapel Hill, North Carolina], Vol. XXI, No. 2, Winter 1981, p. 167-170.

HECK, Francis S. (1983-1984), « Baudelaire's *Les Bienfaits de la lune* and Goethe's *Erlkönig* », *University of Dayton Review* [Dayton], Vol. XXXI, No. 1, Winter 1983-1984, p. 55-60.

HECK, Francis S. (1984), « Baudelaire's *Confiteor* and the Reader », *Kentucky Romance Quarterly* [Lexington, Kentucky], Vol. XXXI, Issue 1, 1984, p. 23-30.

HECK, Francis S. (1986a), « Baudelaire's Prose Poem *Which is the Real One ?* Irony and Supernaturalism », *Concerning Poetry* [Bellingham, Washington], No. 19, 1986, p. 43-53.

HECK, Francis S. (1986b), « *Le Mauvais Vitrier.* A Literary Transfiguration », *Nineteenth-Century French Studies* [Lincoln, Nebraska], Vol. XIV, No. 3-4, Spring-Summer 1986, p. 260-286.

HENRIOT, Émile (1926), « Les *Petits poèmes en prose* de Baudelaire », *Le Temps* [Paris], 27 avril 1926.

HEREDIA, José-Maria de (1891), [« – Ces jeunes gens ! »], dans Jules Huret, *Enquête sur l'évolution littéraire*, Paris, Charpentier, 1891, p. 301-312. Publié auparavant dans *L'Écho de Paris* [Paris], 7 mai 1891.

HIDDLESTON, James A. (1983-1984), « The Poetry of Prose », dans *Baudelaire and Le Spleen de Paris*, Oxford, Clarendon Press, 1987, p. 62-98. Publié auparavant sous le titre « Baudelaire and the Poetry of Prose » dans *Nineteenth-Century French Studies* [Lincoln, Nebraska], Vol. XII, No. 1-2, Fall-Winter 1983-1984, p. 124-137.

HIDDLESTON, James A. (1984), « Baudelaire, Manet et *La Corde* », *Bulletin baudelairien* [Nashville, Tennessee], t. XIX, n° 1, avril 1984, p. 7-11.

HIDDLESTON, James A. (1987), *Baudelaire and Le Spleen de Paris*, Oxford, Clarendon Press, 1987.

HIDDLESTON, James A. (1989), « Baudelaire et l'art du souvenir », dans *Les Fleurs du mal. L'intériorité de la forme*, préface de Max Milner, actes du colloque [de la] Société des études romantiques, 7 janvier 1989, Paris, SEDES, 1989, p. 187-195.

HIDDLESTON, James A. (1991a), « *Chacun son spleen.* Some Observations on Baudelaire's Prose Poems », *Modern Language Review* [London], Vol. LXXXVI, No. 1, January 1991, p. 66-69.

HIDDLESTON, James A. (1991b), « Les poèmes en prose de Baudelaire et la caricature », *Romantisme* [Paris], n° 74, octobre-décembre 1991, p. 57-64.

HIDDLESTON, James A. (1992), « Baudelaire, Manet, and Modernity », *Modern Language Review* [London], Vol. LXXXVII, No. 3, July 1992, p. 567-575.

HIDDLESTON, James A. (1999), *Baudelaire and the Art of Memory*, Oxford, Clarendon Press, 1999.

HIDDLESTON, James A. (2009), « Meryon, Boudin, Guys et *Le Spleen de Paris* », *L'Année Baudelaire* [Paris], n° 11-12, 2007-2008 [2009], p. 87-103.

HIDDLESTON, James A. (2012), « Mobile et motivation chez Baudelaire », *L'Année Baudelaire* [Paris], n° 15, 2011 [2012], p. 61-71.

HIDDLESTON, James A. (2014), « Baudelaire et la spécificité des genres », dans *Lire Le Spleen de Paris*, dirigé par André Guyaux et Henri Scepi, Paris, PUPS, 2014, p. 61-68.

HILTON, Frank (2004), *Baudelaire in Chains. Portrait of the Artist as a Drug Addict*, London et Chester Springs [Pennsylvania], Peter Owen, 2004 [en particulier p. 128, 195, 209].

HIROTA, Daichi (2009), « Les deux *Horloges* en prose et en vers. Pour une étude génétique de la poésie de Baudelaire », *Gallia. Bulletin de la Société de langue et littérature françaises de l'Université d'Osaka* [Osaka], n° 48, mars 2009, p. 41-50.

HIROTA, Daichi (2011a), *Espace et poésie chez Baudelaire. Typographie, thématique et énonciation*, thèse de doctorat, Université Sorbonne Nouvelle, Paris, 2011.

HIROTA, Daichi (2011b), « La poétique de la fenêtre chez Baudelaire », *L'Année Baudelaire* [Paris], n° 13-14, 2009-2010 [2011], p. 195-210.

HIRSCH, Charles-Henry (1892), « La statue de Baudelaire », dans *La Querelle de la statue de Baudelaire (août-décembre 1892)*, sous la direction d'André Guyaux, avec la collaboration d'Aurélia Cervoni, de Guillaume Peigné et de Sébastien Porte, Paris, PUPS, coll. Mémoire de la critique, 2007, p. 93-95. Publié auparavant dans *Le Télégraphe* [Paris], 28 août 1892, p. 1.

HIRSCH, Edward (1997), « A Hand, a Hook, a Prayer », *American Poetry Review* [Philadelphia], Vol. XXVI, No. 5, September-October 1997, p. 17-21.

HIRT, André (1998), *Baudelaire. L'exposition de la poésie*, Paris, Kimé, 1998.

HIRT, André (2000), *Il faut être absolument lyrique. Une constellation de Baudelaire*, Paris, Kimé, coll. Philosophie-épistémologie, 2000 (« L'ivresse de la prose (approches du *Spleen de Paris*) », p. 93-128).

HIRT, André (2010), *Baudelaire. Le monde va finir*, Paris, Kimé, coll. Philosophie en cours, 2010.

HITTLE, Gervase George (1971), *Arthur Symons' Translation of Baudelaire's Petits poèmes en prose. A Collision of Styles*, Unpublished Doctoral Dissertation, Ohio University, Athens [Ohio], June 1971.

HOLLAND, Eugene W. (1993), *Baudelaire and Schizoanalysis. The Sociopoetics of Modernism*, Cambridge, Cambridge University Press, coll. Cambridge Studies in French, 1993 (« Sociopoetics », p. 175-277).

HOWELLS, Bernard (1987), « On the Meaning of Great Men. Baudelaire and Emerson Revisited », dans *Baudelaire. Individualism, Dandyism and the Philosophy of History,* Oxford, Legenda, [European Humanities Research Centre], 1996, p. 85-103. Publié auparavant dans *Romanic Review* [New York], Vol. LXXVIII, No. 4, 1987, p. 471-489.

HOWELLS, Bernard (1988), « La vaporisation du moi. Baudelaire's *Journaux intimes* », dans *Baudelaire. Individualism, Dandyism and the Philosophy of History,* Oxford, Legenda, [European Humanities Research Centre], 1996, p. 64-82. Publié auparavant dans *French Studies* [Oxford], Vol. XLII, No. 4, 1988, p. 424-442.

HOWELLS, Bernard (1996), *Baudelaire. Individualism, Dandyism and the Philosophy of History,* Oxford, Legenda, [European Humanities Research Centre], 1996.

HUBERT, Renée Riese (1966), « La technique de la peinture dans le poème en prose », *Cahiers de l'Association internationale des études françaises* [Paris], n° 18, mars 1966, p. 169-178.

HUBERT, Renée Riese (1970a), « Contexts of Twilight in Baudelaire's *Petits poèmes en prose* », *Orbis Litterarum* [Copenhague], Vol. XXV, Issue 4, December 1970, p. 352-366.

HUBERT, Renée Riese (1970b), « Intimacy and Distance in Baudelaire's Prose-Poems », *Texas Studies in Literature and Language* [Austin], Vol. XII, No. 1, Spring 1970, p. 241-247.

HUDDE, Hinrich (1994), « Feengaben in prosaischer Welt. Zu Baudelaires Großstadtmärchen *Les Dons des fées* in den *Petits poèmes en prose* », dans *Offene Gefüge. Literatursystem und Lebenswirklichkeit. Festschrift für Fritz Nies zum 60. Geburtstag*, herausgegeben von Henning Kraus, Tübingen, Gunter Narr, 1994, p. 117-127.

HURET, Jules (1891), *Enquête sur l'évolution littéraire*, Paris, G. Charpentier et Cie, 1891 [recueil d'articles parus auparavant dans *L'Écho de Paris* [Paris], 3 mars-5 juillet 1891] ; rééd. notes et préface de Daniel Grojnowski, Vanves, Thot, 1982 ; préface et notices de Daniel Grojnowski, Paris, José Corti, 1999.

HUYSMANS, Joris-Karl (1876), [lettre à Camille Lemonnier, fin novembre-début décembre 1876], dans *Lettres inédites à Camille Lemonnier*, publiées et annotées par Gustave Vanwelkenhuyzen, Genève-Paris, Droz-Minard, coll. Textes littéraires français, 1957.

HUYSMANS, Joris-Karl (1884), *À rebours*, texte présenté, établi et annoté par Marc Fumaroli, Paris, Gallimard, coll. Folio classique, 1977, seconde édition revue et augmentée, 1983, tirage de 2012 [en particulier les chap. I, XII et XIV]. Édition originale : Paris, Charpentier et Cie, 1884.

IDO, Keiko (1985), « Les expressions de la perversité chez Baudelaire. La méthode d'Edgar Poe et la genèse du *Mauvais Vitrier* », *Furansu go furansu bungaku kenkyû* [*Bulletin de la Société japonaise de langue et littérature françaises*, Tokyo], n° 46, mars 1985, p. 52-67.

IKOMA, Noriko (1979), « Sambunshi no shomondai : *Le Spleen de Paris* » [« Problèmes du poème en prose : *Le Spleen de Paris* »], *Futsubun kenkyû* [*Bulletin des études de littérature française de l'Université de Kyoto*, Kyoto], n° 7, juin 1979, p. 33-92.

ITÔ, Aya (2010), *Bôdolêru. 19 seiki no genshi. Bôdolêru kara mita Benyamin* [*Baudelaire. La préhistoire du XIXe siècle. Benjamin à la lumière de Baudelaire*], thèse de doctorat, Université de Tokyo, Tokyo, 2010.

IWAKIRI, Shôichirô (2001), « Ishisotsû fukanôsei no shigaku. Kôki Bôdolêru no ichi sokumen » [« La poésie de l'impossibilité de la communication : un aspect du dernier Baudelaire »], *Jimbun kagaku kenkyû* [*Bulletin des études des sciences humaines de l'Université chrétienne internationale*, Tokyo], n° 32, mars 2001, p. 1-45.

IWAKIRI, Shôichirô (2006), *Sanagi to imâgo. Bôdolêru no shigaku* [*Chrysalide et imago. La poésie de Baudelaire*], Tokyo, Shoshi Shinsui, 2006.

IWAKIRI, Shôichirô (2008), « Le *notable* poétique d'une voix », dans *Baudelaire et les formes poétiques*, textes réunis et présentés par Yoshikazu Nakaji, Rennes, Presses universitaires de Rennes, coll. La Licorne, 2008, p. 53-64.

IWAKIRI, Shôichirô (2011), « Autoportrait du poème en prose », *L'Année Baudelaire* [Paris], n° 13-14, 2009-2010 [2011], p. 181-193.

JACKSON, John E. (1982), *La Mort Baudelaire. Essai sur Les Fleurs du mal*, Neuchâtel, À la Baconnière, coll. Langages. Études baudelairiennes X, 1982.

JACKSON, John E. (1984), « Notes et documents. Baudelaire, lecteur de Théophile Gautier : les deux *Horloges* », *Revue d'histoire littéraire de la France* [Paris], LXXXIVe année, n° 3, mai-juin 1984, p. 439-449.

JACKSON, John E. (1987), « D'une solitude à l'autre », *Nouvelle revue de psychanalyse* [Paris], n° 36, automne 1987, p. 107-121.

JACKSON, John E. (1989), « L'économie de la haine », dans *Les Fleurs du mal. L'intériorité de la forme*, préface de Max Milner, actes du colloque [de la] Société des études romantiques, 7 janvier 1989, Paris, SEDES, 1989, p. 149-159.

JACKSON, John E. (1999), *Mémoire et subjectivité romantiques*, Paris, José Corti, coll. Les Essais, 1999 [p. 137-160].

JACKSON, John E. (2001a), « Baudelaire », dans le *Dictionnaire de poésie de Baudelaire à nos jours*, publié sous la direction de Michel Jarrety, Paris, PUF, 2001, p. 47-53 [en particulier p. 49, 51-52].

JACKSON, John E. (2001b), *Baudelaire*, Paris, Le Livre de poche, coll. Références, 2001 (« *Le Spleen de Paris* », chap. VI, p. 143-168).

JACKSON, John E. (2003), « La dramaturgie du rêve », dans *Les Fleurs du mal*, actes du colloque de la Sorbonne des 10 et 11 janvier 2003, édités par André Guyaux et Bertrand Marchal, Paris, PUPS, 2003, p. 107-119.

JACKSON, John E. (2005), *Baudelaire sans fin. Essais sur Les Fleurs du mal*, Paris, José Corti, coll. Les Essais, 2005.

JACKSON, John E. (2010), « The Devil Doesn't Only Wear Prada. Dialectics of Evil in Baudelaire », dans *After Satan. Essays in Honour of Neil Forsyth*, Edited by Kirsten Stirling and Martine Hennard-Dutheil de la Rochère, Cambridge, Cambridge Scholars Publishing, 2010, p. 155-164.

JACKSON, John E. (2014), « À propos de la subjectivité dans *Le Spleen de Paris* », dans *Lectures du Spleen de Paris*, sous la direction de Steve Murphy, Rennes, Presses universitaires de Rennes, coll. Didact français, 2014, p. 129-142.

JACOB, Max (1917), *Le Cornet à dés*, dans *Œuvres*, édition établie, présentée et annotée par Antonio Rodriguez, préface de Guy Goffette, Paris, Gallimard, coll. Quarto, 2012 [« Préface de 1916 », p. 347-350 ; préface supprimée dans l'édition de 1923 (Paris, Stock, coll. Les Contemporains)]. Édition originale : Paris, [Imprimerie Levé], 1917.

JALOUX, Edmond (1942), « Chronique. Le centenaire du poème en prose », *Le Temps* [Paris], 25 août 1942, p. 3 [sur Aloysius Bertrand et le genre du poème en prose].

JAMISON, Anne (2001), « Any Where Out of This Verse. Baudelaire's Prose Poetics and the Aesthetics of Transgression », *Nineteenth-Century French Studies* [Lincoln, Nebraska], Vol. XXIX, No. 3-4, Spring-Summer 2001, p. 192-203.

JASINSKI, René (1975), *À travers le XIXe siècle*, Paris, Minard, 1975 (« Sur quelques *Poèmes en prose* » [*L'Étranger, Le Désespoir de la vieille, Le Chien et le flacon, Le Mauvais Vitrier, Le Miroir, Mademoiselle Bistouri*], p. 349-367).

JEAN, Raymond (1967a), « En marge du "dernier Baudelaire" » [introduction à Charles Mauron, « Le rire baudelairien »], *Europe* [Paris], n° 456-457, avril-mai 1967, p. 53-54.

JEAN, Raymond (1967b), « Mauron et la méthode psychocritique », *La Quinzaine littéraire* [Paris], n° 19, 1er janvier 1967, p. 10.

JENNY, Laurent (1976), « Le poétique et le narratif », *Poétique* [Paris], n° 28, décembre 1976, p. 440-449.

JENSON, Victor (1982), *Genèse du spleen baudelairien. Essai d'interprétation*, graphiques originaux dessinés par l'auteur, Roma, Edizioni dell'Ateneo, coll. Collana di cultura, 1982.

JIANG, Dengke (1995), « Bodelaier sanwenshi de wenti gongxian » [« La contribution de Baudelaire au poème en prose en tant que genre littéraire »], *Liaoning jiaoyu xueyuan xuebao* [*Bulletin de l'Institut d'éducation de Liaoning*; Shenyang], n° 3, 20 mai 1995, p. 89-93.

JOB-QUERZOLA, Andrée (1999), « Marmots aux joujoux », *Polichinelle, Cahiers Robinson* [Arras], n° 6, 1999, p. 179-200 [sur l'image de l'enfant dans l'œuvre de Huysmans et dans *Le Spleen de Paris*].

JOHNSON, Barbara (1975), « Défigurations », *Frontières de la rhétorique, Littérature* [Paris], n° 18, mai 1975, p. 100-110.

JOHNSON, Barbara (1976), « Quelques conséquences de la différence anatomique des textes. Pour une théorie du poème en prose », *Poétique* [Paris], n° 28, 1976, p. 450-465.

JOHNSON, Barbara (1978), « Crise de la prose », *Po&sie* [Paris], n° 4, janvier 1978, p. 92-106.

JOHNSON, Barbara (1979), *Défigurations du langage poétique. La seconde révolution baudelairienne*, Paris, Flammarion, coll. Sciences humaines, 1979 [Doctoral Dissertation, Yale University, New Haven [Connecticut], 1977].

JOHNSON, Barbara (1980), *The Critical Difference. Essays in the Contemporary Rhetoric of Reading,* Baltimore and London, The Johns Hopkins University Press, 1980 (« Poetry and Its Double. Two *Invitations au voyage* », p. 23-51).

JOHNSON, Barbara (1983), « Disfiguring Poetic Language », dans *The*

Prose Poem in France. Theory and Practice, Edited by Mary Ann Caws and Hermine Riffaterre, New York, Columbia University Press, 1983, p. 79-97.

JONES, Frederic J. (1948), *The Poem in Prose of Charles Baudelaire*, Unpublished Doctoral Dissertation, University of Oxford, Pembroke College, 1948.

JONES, Louisa E. (1984), *Sad Clowns and Pale Pierrots. Literature and the Popular Comic Arts in Nineteenth-Century France*, Lexington [Kentucky], French Forum Publishers, coll. French Forum Monographs, 1984.

JOUVE, Pierre Jean (1942), *Tombeau de Baudelaire,* [Montpellier], Fata Morgana, 2006. Édition originale : Neuchâtel, À la Baconnière, 1942 ; rééd. dans *Défense et illustration*, Neuchâtel, Ides et calendes, 1943 ; Paris, Charlot, 1946 ; *Tombeau de Baudelaire,* Paris, Éditions du Seuil, 1958, p. 7-62.

JOUVE, Pierre Jean (1954), « *Le Spleen de Paris* », *Baudelaire*, *Mercure de France* [Paris], n° 1093, 1er septembre 1954, p. 32-39.

JOXE, France (1967), « Ville et modernité dans *Les Fleurs du mal* », *Europe* [Paris], n° 456-457, avril-mai 1967, p. 139-162.

KADDOUR, Hédi (1995), « Les élégiaques et la canaille », dans *Baudelaire : nouveaux chantiers*, textes réunis par Jean Delabroy et Yves Charnet, Lille, Presses universitaires du Septentrion, coll. Travaux et recherches, 1995, p. 19-25.

KAHN, Gustave (1888), « Les poèmes de Poe traduits par Stéphane Mallarmé », dans *Symbolistes et décadents*, Paris, Vanier, 1902 [en particulier : « À propos de Baudelaire », p. 102-105]. Publié auparavant dans la *Revue indépendante* [Paris], n° 23, septembre 1888 ; rééd. Genève, Slatkine, 1977.

KAHN, Gustave (1897a), « Étude sur le vers libre », *Mercure de France* [Paris], [avril] 1897, p. 19-20 ; recueilli dans *Premiers poèmes*, avec une préface sur le vers libre, Paris, Mercure de France, 1897.

KAHN, Gustave (1897b), « Les poèmes », *La Revue blanche* [Paris], premier semestre 1897, p. 400-405.

KAHN, Gustave (1902b), « Le baudelairianisme », dans André Guyaux, *Baudelaire. Un demi-siècle de lectures des Fleurs du mal (1855-1905)*, Paris, PUPS, coll. Mémoire de la critique, 2007, p. 867-873. Publié auparavant dans *La Nouvelle Revue* [Paris], novembre-décembre 1902, p. 253-258.

KAHN, Gustave (1917), [« Baudelaire est un grand poète »], dans Ernest Raynaud, *Le Cinquantenaire de Charles Baudelaire*, Paris, Maison du livre, 1917, p. 70-72.

KAHN, Gustave (1925), *Charles Baudelaire. Son œuvre. Portrait et autographe. Document pour l'histoire de la littérature française*, Paris, Éditions de La Nouvelle Revue critique, 1925 (« Les poèmes en prose », p. 42-46).

KAMBER, Gerald (1963), « Max Jacob et Charles Baudelaire. Une étude de sources », *Modern Language Notes* [Baltimore], Vol. LXXVIII, No. 3, May 1963, p. 252-260.

KANG, Ximin (1992), « Waiguo sanwenshi sipian shangxi » [« Lecture critique de quatre poèmes en prose étrangers » (dont *Le Port* et *Les Yeux des pauvres*)], *Mingzuo xinshang* [*À la découverte des chefs-d'œuvre de la littérature*, Taiyuan], n° 4, 28 août 1992, p. 86-89.

KANTERS, Robert (1967), « Baudelaire enfant et Baudelaire prodigue » [compte rendu du livre de Charles Mauron, *Le Dernier Baudelaire*], *Le Figaro littéraire* [Paris], 23 février 1967, p. 5.

KAPLAN, Edward K. (1980), « Baudelaire's Portrait of the Poet as Widow. Three *Poèmes en prose* and *Le Cygne* », *Symposium* [Syracuse, New York], Vol. XXXIV, No. 3, Fall 1980, p. 233-248.

KAPLAN, Edward K. (1990), *Baudelaire's Prose Poems. The Esthetic, the Ethical and the Religious in The Parisian Prowler*, Athens [Georgia] and London, The University of Georgia Press, 1990 ; rééd. coll. Paperback, 2009.

KAPLAN, Edward K. (1991), « Dialogue ou aporie. Les poèmes en prose de Baudelaire », dans *Révolutions, résurrections et avènements. Mélanges offerts a Paul Viallaneix*, textes réunis par Simone Bernard-Griffiths et Stéphane Michaud, Paris, SEDES, 1991, p. 191-199.

KAPLAN, Edward K. (1992), « Solipsism and Dialogue in Baudelaire's Prose Poems », dans *Modernity and Revolution in Late Nineteenth-Century France*, Edited by Barbara T. Cooper and Mary Donaldson-Evans, Newark [Delaware]-Toronto, University of Delaware Press and Associated University Presses, 1992, p. 88-98.

KAPLAN, Edward K. (1998), « Ecstasy and Insight. Baudelaire's Fruitful Tensions », *Romance Quarterly* [Lexington, Kentucky], Vol. XLV, Issue 3, Summer 1998, p. 133-142.

KAPLAN, Edward K. (1999), « Poetry, Truth, and Human Sanctity. Baudelaire's Experimental Genre », *L'Esprit créateur* [Minneapolis, Minnesota], Vol. XXXIX, No. 1, Spring 1999, p. 15-25.

KAPLAN, Edward K. (2013), « Baudelaire Through Kierkegaard. Art, Fallibility, and Faith », dans *Thinking Poetry. Philosophical Approaches to Nineteenth-Century French Poetry*, Edited by Joseph Acquisto, New York-London, Palgrave Macmillan, 2013, p. 9-24.

KAPLAN, Edward K. (2014), « Une lecture éthique du *Spleen de Paris* comme clef des *Fleurs du mal* », dans *Lire Le Spleen de Paris*, dirigé par André Guyaux et Henri Scepi, Paris, PUPS, 2014, p. 69-78.

KARABONTENKO, Ivan (1976), [« Les *Poèmes en prose* de Baudelaire »], *Literaturnaya Gruziya* [Tbilissi], février 1976, p. 63-68.

KAWAGUCHI, Satoko (2013), « Bôdolêru no *Shô sambunshi* ni miru shiteki kachi » [« La valeur poétique des *Petits poèmes en prose* de Baudelaire »], *Gengo Bunka Shakai* [*Langue, culture et société. Bulletin du centre d'enseignement des langues étrangères de l'Université Gakushûin*, Tokyo], nº 11, mars 2013, p. 43-55.

KAWAMORI, Kôzô (1991), *Pari no yûutsu. Bôdolêru to sono jidai* [*Le Spleen de Paris. Baudelaire et son temps*], Tokyo, Kawade shobô shinsha, 1991.

KEEGAN, Bridget (1997), « Baudelaire's Cruel Charity. Encountering the Poor in the *Petits poèmes en prose* », *Chimères* [Lawrence, Kansas], Vol. XXIV, No. 1, Fall 1997, p. 19-38.

KELLEY, David (1982), « Gautier et Baudelaire – *Émaux et camées* et les *Petits poèmes en prose* », dans *Baudelaire, Mallarmé, Valéry. New Essays in Honour of Lloyd Austin*, Edited by Malcolm Bowie, Alison Fairlie and Alison Finch, Cambridge, Cambridge University Press, 1982, p. 58-79.

KELLY, Van (2001), « Suffering and Expenditure. Baudelaire and Nietzsche in Char's Poetic Territory », dans *Baudelaire and the Poetics of Modernity*, Edited by Patricia A. Ward, with the Assistance of James S. Patty, Nashville [Tennessee], Vanderbilt University Press, 2001, p. 172-186.

KENNEDY SMITH, Ann (2011), *Painted Poetry. Colour in Baudelaire's Art Criticism*, Oxford-Bern-Berlin-Bruxelles-Frankfurt am Main-New York-Wien, Peter Lang, coll. Modern French Identities, 2011 [en particulier p. 58, 120, 161-162, 182, 211, 217].

KIES, Albert (1967), *Études baudelairiennes*, Louvain, Nauwelaerts et Paris, Béatrice-Nauwelaerts, 1967.

KIES, Albert (1972), [compte rendu de l'édition des *Petits poèmes en prose* de Robert Kopp], *Les Lettres romanes* [Louvain], t. XXVI, 1972, p. 79-81.

KIM, Ok-Ryon (1998), « L'étude du sens du mot *poème* dans l'expression "le poème en prose" : *Un hémisphère dans une chevelure* de Baudelaire », *Études de langue et littérature françaises* [Tokyo], t. XXXVI, n° 1, 1998, p. 83-96.

KING, Russell S. (1973), « Syntactic Compensation in the Two Versions of Baudelaire's *L'Invitation au voyage* », *Nottingham French Studies* [Nottingham], Vol. XII, No. 1, May 1973, p. 22-32.

KING, Russell S. (1978-1979), « The Style of Dramaticality in Baudelaire's Prose Poetry », *Nineteenth-Century French Studies* [Lincoln, Nebraska], Vol. VII, No. 1-2, Fall-Winter 1978-1979, p. 50-58.

KING, Russell S. (1996), « Sexual (in ?)Différence. Baudelaire's *Le Spleen de Paris* », dans *Reconception. Reading Modern French Poetry*, Edited by Russell S. King and Bernard McGuirk, Nottingham, University of Nottingham Press, 1996, p. 8-20.

KIRSCHER, Marie-Agnès (1995), « La charte de la poésie retrouvée », dans *Baudelaire : nouveaux chantiers*, textes réunis par Jean Delabroy et Yves Charnet, Lille, Presses universitaires du Septentrion, coll. Travaux et recherches, 1995, p. 207-217.

KITAMURA, Takashi (1980), « Bôdolêru ni okeru "umi" no henbô : *Aku no hana* kara *Pari no yûutsu* he » [« Les métamorphoses de la "mer" chez Baudelaire : des *Fleurs du mal* au *Spleen de Paris* »], *Gallia. Bulletin de la Société de langue et littérature françaises de l'Université d'Osaka* [Osaka], n° 20, mars 1980, p. 22-34.

KITAMURA, Takashi (1983a), « Bôdolêru no sambunshi *Kodoku* ni kansuru kôsatsu. *La Puresu* shi no kôseizuri wo megutte » [« Réflexions sur *La Solitude* de Baudelaire. Autour de l'épreuve de *La Presse* »], *Gallia. Bulletin de la Société de langue et littérature françaises de l'Université d'Osaka* [Osaka], n° 21-22, mars 1983, p. 119-128.

KITAMURA, Takashi (1983b), « Bôdolêru no sambunshi *Le Crépuscule du soir* ni kansuru kôsatsu. 1862 nen no tekusuto wo megutte » [« Réflexions sur *Le Crépuscule du soir* de Baudelaire. Autour du texte de 1862 »], *Furansu go furansu bungaku kenkyû* [*Bulletin de la Société japonaise de langue et littérature françaises*, Tokyo], n° 43, octobre 1983, p. 105-106.

KITAMURA, Takashi (1986), « Bôdolêru ni okeru sambunshi seisaku no katei : 1855-1862 » [« Le processus de composition des poèmes en prose chez Baudelaire : 1855-1862 »], *Gallia. Bulletin de la Société de langue et littérature françaises de l'Université d'Osaka* [Osaka], n° 25, 1986, p. 31-41.

KITAMURA, Takashi (1991), « Gunshû to ihôjin. Bôdolêru *Ihôjin* wo megutte » [« Les foules et l'étranger. Autour de *L'Étranger* de Baudelaire »], *Gallia. Bulletin de la Société de langue et littérature françaises de l'Université d'Osaka* [Osaka], n° 31, 1991, p. 174-182.

KITTANG, Atle (1967), « Kunst og eksistens. Analyse av et hovedtema i Baudelaires prosalyrikk » [« Art et existence. Analyse d'un thème principal dans les poèmes en prose de Baudelaire »], dans *Baudelaire og den skapende fantasi. En essaysamling redigert av Asbjørn Aarnes* [*Baudelaire et l'imagination créatrice. Un recueil d'essais édité par Asbjørn Aarnes*], Oslo, Universitetsforlaget, 1967, p. 57-86.

KITTANG, Atle (2012), *Poesiens hemmelege liv* [*La Poésie secrète de la poésie*], Bergen, Fagbokforlaget, 2012 (« Baudelaire og den sanselege ek-stasens rom » [« Baudelaire et l'espace de l'extase sensible »]).

KLEIN, Richard J. (1968), *Thyrsus. The Ironic Stance of Baudelaire's Poetry*, Unpublished Doctoral Dissertation, Yale University, New Haven [Connecticut], 1968.

KLEIN, Richard J. (1970a), « *Bénédiction/Perte d'auréole.* Parables of Interpretation » *Modern Language Notes* [Baltimore], Vol. LXXXV, No. 4, May 1970, p. 515-528.

KLEIN, Richard J. (1970b), « Straight Lines and Arabesques : Metaphors of Metaphor », *Language as Action, Yale French Studies* [New Haven, Connecticut], No. 45, 1970, p. 64-86.

KLIEBENSTEIN, Georges (2014), « Baudelaire et le principe de déplaisir. (À propos d'*Un plaisant*) », dans *Lectures du Spleen de Paris*, sous la direction de Steve Murphy, Rennes, Presses universitaires de Rennes, coll. Didact français, 2014, p. 79-96.

KOPP, Robert (1983), « À propos des *Petits poèmes en prose* ou Baudelaire entre Racine et le journalisme du Second Empire », *Berenice* [Roma], anno IV, n. 7, marzo 1983, p. 15-24 ; rééd. dans *Plaisance* [Roma], anno II, n. 6, 2005, p. 23-36.

KOPP, Robert (2004), *Baudelaire. Le soleil noir de la modernité*, Paris, Gallimard, coll. Découvertes, 2004 (« "Pour faire pendant aux *Fleurs du mal*" : *Le Spleen de Paris* », chap. V, p. 93-106).

KOPP, Robert (2014a), « Le dernier Baudelaire », *Le Magazine littéraire* [Paris], n° 548, octobre 2014, p. 56-57.

KOPP, Robert [propos recueillis par] (2014b), « Entretien avec Antoine Compagnon », *Le Magazine littéraire* [Paris], n° 548, octobre 2014, p. 58-63.

KOPP, Robert (2014c), « *Le Spleen de Paris* : quelle poésie pour un monde qui va finir ? », dans *Lectures du Spleen de Paris*, sous la direction de Steve Murphy, Rennes, Presses universitaires de Rennes, coll. Didact français, 2014, p. 263-278.

KOPP, Robert (2014d), « *Le Spleen de Paris* : une reconnaissance tardive », dans *Lectures du Spleen de Paris*, sous la direction de Steve Murphy, Rennes, Presses universitaires de Rennes, coll. Didact français, 2014, p. 23-39.

KOPP, Robert (2014e), « Une prose longtemps négligée », *Le Magazine littéraire* [Paris], n° 548, octobre 2014, p. 82-85.

KOSTAR, Ronald E. (1995), *Form and Self-Hood in Le Spleen de Paris and Leaves of Grass*, Unpublished Doctoral Dissertation, Rutgers University, New Brunswick [New Jersey], 1995.

KRISTEVA, Julia (1983), *Histoires d'amour*, Paris, Denoël, 1983 (« Baudelaire, ou de l'infini, du parfum et du punk », p. 394-422).

KRUEGER, Cheryl L. (2002a), « Surgical Imprecision and the Baudelairian Poème en Prose », *French Forum* [Philadelphia, Pennsylvania], Vol. XXVII, No. 3, Fall 2002, p. 55-72.

KRUEGER, Cheryl L. (2002b), « Telling Stories in Baudelaire's *Spleen de Paris* », *Nineteenth-Century French Studies* [Lincoln, Nebraska], Vol. XXX, No. 3-4, Spring-Summer 2002, p. 282-300.

KRUEGER, Cheryl L. (2007), *The Art of Procrastination. Baudelaire's Poetry in Prose*, Newark, University of Delaware Press, 2007.

KRUEGER, Cheryl L. (2012), « Flâneur Smellscapes in *Le Spleen de Paris* », *Dix-Neuf* [online], Vol. XVI, Issue 2, July 2012, p. 181-192.

KRUSE, Margot (1989), « Motive zwischen Tradition und Innovation in den *Petits poèmes en prose* von Baudelaire », dans *Gattungsinnovation und Motivstruktur. Bericht über Kolloquien der Kommission für literaturwissenschaftliche Motiv- und Themenforschung 1986-1989*, herausgegeben von Theodor Wolpers, Göttingen, Vandenhoeck und Ruprecht, t. I, 1989, p. 148-168.

KRUSE, Margot (1994), « "L'insolite et le quotidien". Zur Gestaltung der Alltagswelt und zur Verwendung von Alltagssprache in Baudelaire's *Petits poèmes en prose* », dans *Sprachlicher Alltag. Linguistik – Rhetorik – Literaturwissenschaft. Festschrift für Wolf-Dieter Stempel*, 7. Juli 1994, herausgegeben von Annette Sabban und Christian Schmitt, Tübingen, Niemeyer, 1994, p. 275-296.

KRUTWIG CAERS, Agnès (1973), [et le groupe de travail du Centre de sociologie de la littérature de Bruxelles : W. Delsipech, J.-M. Hennebert et Ed. Tell], « La vision du monde dans les *Petits poèmes en prose* de Ch. Baudelaire », *Revue de l'Institut de sociologie* [Bruxelles], n° 3-4, 1973, p. 625-639.

KUHN, Irene (2005), « Wilhelm Weigand und das erste *Confiteor de l'artiste* in deutscher Sprache. Ein dekadenter Dicheter wird salonfahig gemacht », dans *Baudelaire und Deutschland-Deutschland und Baudelaire*, herausgegeben von Bernd Kortländer und Hans T. Siepe, Tübingen, Gunter Narr, 2005, p. 193-206.

KUTSUKAKE, Yoshihiko (1985), « *Invitatio amicae* : Bôdolêru *Tabi he no izanai* kenkyû no tame no ichi shiryô » [« *Invitatio amicae* : un dossier pour l'étude de l'*Invitation au voyage* de Baudelaire »], *Tokyo gaikokugo daigaku ronshû* [*Bulletin de l'Université de Tokyo des études étrangères*, Tokyo], n° 35, 1985, p. 203-219.

LABARTHE, Patrick (1995), « Paris comme décor allégorique », *L'Année Baudelaire* [Paris], n° 1, 1995, p. 41-55.

LABARTHE, Patrick (1999a), *Baudelaire et la tradition de l'allégorie*, Genève, Droz, coll. Histoire des idées et critique littéraire, 1999 ; rééd. avec une préface d'Yves Bonnefoy, Genève, Droz, coll. Titre courant [à paraître].

LABARTHE, Patrick (1999b), « *Locus amoenus, locus terribilis* dans l'œuvre de Baudelaire. Paysage chez Baudelaire », *Revue d'histoire littéraire de la France* [Paris], XCIX[e] année, n° 5, septembre-octobre 1999, p. 1021-1045.

LABARTHE, Patrick (2000a), « *Le Spleen de Paris* ou le livre des pauvres », *L'Année Baudelaire* [Paris], n° 5, 1999 [2000], p. 99-118.

LABARTHE, Patrick (2000b) *Patrick Labarthe présente Petits poèmes en prose de Charles Baudelaire*, Paris, Gallimard, coll. Foliothèque, 2000.

LABARTHE, Patrick (2003), « Une poétique ambiguë. Les "correspondances" », dans *Les Fleurs du mal*, actes du colloque de la Sorbonne des 10 et 11 janvier 2003, édités par André Guyaux et Bertrand Marchal, Paris, PUPS, 2003, p. 121-142.

LABARTHE, Patrick (2007), « Une métaphysique en action : *Assommons les pauvres !* », *L'Année Baudelaire* [Paris], n° 9-10, 2005-2006 [2007], p. 161-175.

LABARTHE, Patrick (2012), « Baudelaire et la reviviscence de l'allégorie », *Revue d'histoire littéraire de la France,* CXII[e] année, n° 2, avril-juin 2012, p. 381-392.

LA FIZELIÈRE, Albert de et DECAUX, Georges (1868), *Charles Baudelaire*, Paris, À la librairie de l'Académie des bibliophiles, coll. Essais de bibliographie contemporaine, 1868.

LAFORGUE, Jules (1886), « Compte rendu de *L'Imitation de Notre-Dame de la Lune* », dans *Œuvres complètes*, édition chronologique intégrale, Lausanne, L'Âge d'homme, t. III : *Œuvres et fragments posthumes*, textes établis et annotés par Jean-Louis Debauve, Mireille Dottin-Orsini, Daniel Grojnowski, Pascal Pia et Pierre-Olivier Walzer, avec la collaboration de Maryke de Courten et Michèle Hannoosh, 2000. Publié auparavant dans *La Basoche* [Bruxelles], février 1886.

LAFORGUE, Jules (1891), [notes sur Baudelaire, 1885], dans André Guyaux, *Baudelaire. Un demi-siècle de lectures des Fleurs du mal (1855-1905)*, Paris, PUPS, coll. Mémoire de la critique, 2007, p. 763-785. Publié auparavant dans les *Entretiens politiques et littéraires* [Paris], avril 1891, p. 97-120.

LAFORGUE, Pierre (1996a), « Baudelaire et *La Fin du monde.* Colère et tristesse d'un prophète », dans *Romanticoco. Fantaisie, chimère et mélancolie (1830-1860)*, Saint-Denis, Presses universitaires de Vincennes, coll. L'Imaginaire du texte, 2001 p. 211-219. Publié auparavant dans *Écrire/Savoir. Littérature et connaissance à l'époque moderne*, sous la direction d'Alain Vaillant, Saint-Étienne, Printer, coll. Lieux littéraires, 1996.

LAFORGUE, Pierre (1996b), « La quadrature de l'infini. Sur l'esthétique et la poétique de Baudelaire entre 1859 et 1863 », dans *Pratiques d'écriture. Mélanges de littérature et d'histoire littéraire offerts à Jean Gaudon,* sous la direction de Pierre Laforgue, Paris, Klincksieck, coll. Bibliothèque du XIXe siècle, 1996, p. 49-63.

LAFORGUE, Pierre (2000), Ut pictura poesis. *Baudelaire, la peinture et le romantisme*, Lyon, Presses universitaires de Lyon, 2000.

LAFORGUE, Pierre (2002), *Œdipe à Lesbos. Baudelaire, la femme, la poésie*, Paris, Eurédit, 2002 [en particulier p. 90, 95, 122, 124].

LAFORGUE, Pierre (2014a), « Baudelaire/Hugo. Sur les misérables dans *Le Spleen de Paris*. L'exemple du *Gâteau* », dans *Lire Le Spleen de Paris*, dirigé par André Guyaux et Henri Scepi, Paris, PUPS, 2014, p. 79-95.

LAFORGUE, Pierre (2014b), « Portrait de l'artiste en chien. (*Les Bons Chiens, Le Vieux Saltimbanque, Le Chien et le flacon*) », dans *Lectures du Spleen de Paris*, sous la direction de Steve Murphy, Rennes, Presses universitaires de Rennes, coll. Didact français, 2014, p. 321-331.

LAGARDE, André et MICHARD, Laurent (1953), *XIXe siècle. Les grands auteurs français. Anthologie et histoire littéraire,* Paris, Bordas, 1953 ; 1985, 2002, 2003 [p. 454].

LALLIER, François (1995), « L'éclair et la nuit », *L'Année Baudelaire* [Paris], n° 1, 1995, p. 89-97.

LAMARQUE, Vivian (1989), « Traducendo *Le Spleen de Paris* di Baudelaire », *Testo a fronte* [Milano], vol. I, n. 1, ottobre 1989, p. 145-151.

LANDI, Michela (2006), *L'arco e la lira. Musica e sacrificio nel secondo Ottocento francese*, Pisa, Pacini, coll. Studi di letterature moderne e comparate, 2006.

LANDI, Michela (2008), *Per un'organologia poetica. Gli strumenti musicali nella poesia romantica e simbolista, I : Aerofoni, cordofoni*, Firenze, Olschki, coll. Collana di studi dell'Accademia di scienze e lettere « La Colombaria », 2008.

LANDI, Michela (2011), *Il castello della Speranza. I poeti simbolisti e il corpo arcano della musica*, Pisa, Pacini, coll. Studi di letterature moderne e comparate, 2011.

LANG, Candace D. (1988), *Irony/Humor. Critical Paradigms*, Baltimore-London, The Johns Hopkins University Press, 1988.

LAROCHE, Hadrien (1995), « Hercule sans emploi », dans *Baudelaire : nouveaux chantiers*, textes réunis par Jean Delabroy et Yves Charnet, Lille, Presses universitaires du Septentrion, coll. Travaux et recherches, 1995, p. 107-111.

LAROUSSE, Pierre (1874), *Grand dictionnaire universel du XIXe siècle*, Paris, Administration du grand dictionnaire universel, t. XII, 1874 (« Petits poèmes en prose », p. 1228-1229).

LAUDE, Patrick (1991), « Le poète à sa fenêtre. Dualisme et errance métaphysique dans la poésie française du XIXe siècle », *Nineteenth-Century French Studies* [Lincoln, Nebraska], Vol. XIX, No. 3, Spring 1991, p. 354-368.

LAWLER, James R. (1997), *Poetry and Moral Dialectic. Baudelaire's « Secret Architecture »*, Madison [Wisconsin], Farleigh Dickinson University Press et London, Associated University Presses, 1997 [en particulier p. 87, 101, 176-180, 209].

LAWLER, James R. (1999), « The Prose Poem as Art of Anticlimax : Baudelaire's Kaléidoscope », *Australian Journal of French Studies* [Clayton], Vol. XXXVI, No. 3, September-December 1999, p. 327-338.

LAZARD, Madeleine (2010), *Un homme singulier. Charles Baudelaire*, Paris, Arléa, 2010.

LE BARBIER, Édouard (1888), [lettre d'Édouard Le Barbier à Taine, 19 janvier 1864], reproduite dans Robert de Bonnières, *Mémoires d'hier et d'aujourd'hui*, Paris, Ollendorff, 1888, p. 287-288.

LE BOULAY, Jean-Claude (1998), « Quelle est la composition de ce texte ? Baudelaire, *Le Joujou du pauvre* dans *Le Spleen de Paris* », *Bulletin de l'Association des professeurs de lettres* [Paris], n° 86, juin 1998, p. 25-30.

LE DANTEC, Yves-Gérard (1948), « Sur le poème en prose », *Revue des deux mondes* [Paris], 15 octobre 1948, p. 760-766.

LE RIDER, Jacques (1980), « Baudelaire agent secret… », *Le Monde du dimanche* [Paris], 20 juillet 1980, p. XVI.

LE VAVASSEUR, Gustave (1866), « Maraud, chien à Baudelaire, poète », [30 octobre 1866], resté inédit et recueilli dans Charles Baudelaire, *Œuvres complètes*, texte établi, présenté et annoté par Claude Pichois, Paris, Gallimard, coll. Bibliothèque de la Pléiade, t. I, 1975, p. 1351.

LEAKEY, Felix W. (1967), « Pour une étude chronologique des *Fleurs du mal* : *Harmonie du soir* », *Revue d'histoire littéraire de la France* [Paris], LXVIIe année, n° 2, avril-juin 1967, p. 343-356 ; rééd. dans *Baudelaire*, herausgegeben von Alfred Noyer-Weidner, Darmstadt, Wissenschaftliche Buchgesellschaft, coll. Wege der Forschung, 1976, p. 237-259 ; rééd. dans *Baudelaire. Collected Essays, 1953-1988,* Edited by Eva Jacobs, with Forewords by Eva Jacobs and Claude Pichois, Cambridge, Cambridge University Press, coll. Cambridge Studies in French, 1990 (« Pour une chronologie des *Fleurs du mal* », p. 3-17).

LEAKEY, Felix W. (1968), « *Fontainebleau* and Denecourt », dans *Baudelaire. Collected Essays, 1953-1988,* Edited by Eva Jacobs, with Forewords by Eva Jacobs and Claude Pichois, Cambridge, Cambridge University Press, coll. Cambridge Studies in French, 1990, p. 196-217. Publié auparavant sous le titre « A *Festschrift* of 1855. Baudelaire and the *Hommage à C. F. Denecourt* » dans *Studies in French Literature Presented to H. W. Lawton by Colleagues, Pupils and Friends*, Manchester, Manchester University Press, 1968, p. 175-202.

LEAKEY, Felix W. (1969), *Baudelaire and Nature,* Manchester, Manchester University Press et New York, Barnes & Noble, 1969.

LEAKEY, Felix W. (1973), « The Originality of *Le Cygne* », dans *Baudelaire. Collected Essays, 1953-1988,* Edited by Eva Jacobs, with Forewords by Eva Jacobs and Claude Pichois, Cambridge, Cambridge University Press, coll. Cambridge Studies in French, 1990, p. 92-107. Publié auparavant sous le titre « The Originality of Baudelaire's *Le Cygne.* Genesis as Structure and Theme » dans *Order and Adventure in Post-Romantic French Poetry. Essays Presented to C. A. Hackett*, Edited by Ernest M. Beaumont, John M. Cocking and John Cruickshank, Oxford, Blackwell, 1973, p. 38-55.

LEAKEY, Felix W. (1988a), « *Les Fleurs du mal* (1858-1865). The Resuscitation of the "pièces sacrifiées" », dans *Baudelaire. Collected Essays, 1953-1988,* Edited by Eva Jacobs, with Forewords by Eva Jacobs and Claude Pichois, Cambridge, Cambridge University Press, coll. Cambridge Studies in French, 1990, p. 53-59. Publié auparavant dans *French Studies Bulletin* [Oxford], Vol. VII, No. 27, Summer 1988, p. 7-11.

LEAKEY, Felix W. (1988b), « *Les Limbes* : "The Agitations and Melancholies of Modern Youth" », dans *Baudelaire. Collected Essays, 1953-1988,* Edited by Eva Jacobs, with Forewords by Eva Jacobs and Claude Pichois, Cambridge, Cambridge University Press, coll. Cambridge Studies in French, 1990, p. 48-52. Publié auparavant sous le titre « Baudelaire's *Les Limbes* (1848-1852) : "The Agitations and Melancholies of Modern Youth" » dans *French Studies Bulletin* [Oxford], Vol. VIII, No. 26, Spring 1988, p. 4-8.

LEAKEY, Felix W. (1990), *Baudelaire. Collected Essays, 1953-1988*, Edited by Eva Jacobs, with Forewords by Eva Jacobs and Claude Pichois, Cambridge, Cambridge University Press, coll. Cambridge Studies in French, 1990.

LEAKEY, Felix W. (1997), « "Les quatre crépuscules de la grande ville" : Baudelaire and Desaugiers », *French Studies Bulletin* [Oxford], No. 62, Spring 1997, p. 3-7.

LEBOIS, André (1958), *Prestige et actualité des Petits poèmes en prose de Baudelaire*, Paris, Minard, coll. Archives des lettres modernes, 1958.

LECAYE, Henri (1991), *Le Secret de Baudelaire*, suivi de *Baudelaire et la modernité* et de *Baudelaire et Manet*, Paris, Jean-Michel Place, 1991 (« *Le Spleen de Paris* ou *Petits poèmes en prose* », p. 79-83).

Lectures du Spleen de Paris, sous la direction de Steve Murphy, Rennes, Presses universitaires de Rennes, coll. Didact français, 2014.

LEE, Leo Ou-fan (1999), *Shanghai Modern. The Flowering of a New Urban Culture in China, 1930-1945*, Cambridge [Massachusetts], Harvard University Press, 1999 [en particulier p. 232, 235-241].

LEFEBVRE, Paul (1942), *Essai sur le poème en prose*, Bruxelles, Édition Universelle, coll. Cahiers des poètes catholiques, 1942.

LEROY, Christian (1986-1987), *Production et réception des Petits poèmes en prose de Baudelaire*, thèse de doctorat, Université Paris-Sorbonne, 1986-1987.

LEROY, Christian (1995), « Les *Petits poèmes en prose* "palimpsestes" ou Baudelaire et *Les Rêveries du promeneur solitaire* de Rousseau », dans *Baudelaire : nouveaux chantiers*, textes réunis par Jean Delabroy et Yves Charnet, Lille, Presses universitaires du Septentrion, coll. Travaux et recherches, 1995, p. 59-70.

LEROY, Christian (2001), *La Poésie en prose française du XVIIe siècle à nos jours. Histoires d'un genre*, Paris, Honoré Champion, coll. Unichamp-Essentiel, 2001 (« Petits poèmes en prose et *Petits poèmes en prose* baudelairiens », p. 143-160).

LEROY, Christian (2005), « "Les faux frères" ou Arsène Houssaye dans les *Petits poèmes en prose* de Baudelaire », dans *Quinze études sur Nerval et le romantisme. En hommage à Jacques Bony*, recueillies par Hisashi Mizuno et Jérôme Thélot, Paris, Kimé, coll. Détours littéraires, 2005, p. 251-266.

LEVINE, Steven Z. (1979), « The Window Metaphor and Manet's Windows », *Arts Magazine* [New York], Vol. LIV, No. 3, November 1979, p. 98-103.

LEYRELOUP, Henri (1976), « Baudelaire : portrait du poète en saltimbanque », *Revue du Pacifique* [Paris], t. XI, n° 1, printemps 1976, p. 33-41.

LI, Jinjia (2013), « Bodelaier sanwenshi zhong de xushi » [« La narration dans les poèmes en prose de Baudelaire »], *Xin shiji yilai sanwenshi de chuangzuo yu fazhan xueshu yantaohui lunwenji* [*Actes du colloque consacré à la création et au développement des poèmes en prose depuis le nouveau siècle*, Beijing], 1er juillet 2013, p. 1-15.

LI, Tiejun (1991), « Canbai yu youyu : zai "feichi de diyu" bianyan. *Yecao* yu *Bali de youyu* bijiao yanjiu » [« Pâleur et mélancolie : au bord de "l'enfer abandonné". Comparaison entre *Les Herbes sauvages* (de

Qingdao) et *Le Spleen de Paris* »], *Yinshan xuekan* [*Bulletin scientifique de Yinshan* (version en philosophie et en sciences sociales), Baotou], n° 3, 1er octobre 1991, p. 57-64.

LIÉBER, Catherine (1976), « Le poète dans le *Spleen de Paris* », dans *Raison et expérience dans le Discours préliminaire de l'Encyclopédie de d'Alembert. La poésie et la vie moderne dans le Spleen de Paris, Petits poèmes en prose de Baudelaire*, Paris, Marketing, 1976, p. 124-136.

LIN, Yiliang (1981), « Lun sanwenshi » [« Sur les poèmes en prose »], dans *Lin Yiliang shihua* [*Études de Lin Yiliang sur la poésie*], Taibei, Hongfan shudian, 1981, p. 32-45.

LINTON, Anne E. (2014), « Baudelaire's Monsters : *Mademoiselle Bistouri* and Teratology », *Time for Baudelaire (Poetry, Theory, History)*, Edited by E. S. Burt, Elissa Marder, and Kevin Newmark, *Yale French Studies* [New Haven, Connecticut], No. 125-126, 2014, p. 134-148.

LIONNET, Françoise (1998), « Reframing Baudelaire. Literary History, Biography, Postcolonial Theory, and Vernacular Languages », *Diacritics* [Ithaca, New York], Vol. XXVIII, No. 3, Fall 1998, p. 63-85.

LIOUVILLE, Matthieu (2009), *Les Rires de la poésie romantique*, Paris, Honoré Champion, coll. Romantisme et modernités, 2009.

Lire Le Spleen de Paris, dirigé par André Guyaux et Henri Scepi, Paris, PUPS, 2014.

LIU, Bo (2003), *Les Tableaux parisiens de Baudelaire*, Paris, L'Harmattan, 2 t., 2003 [I : Genèse et expérience poétique ; II : L'expérience esthétique] [en particulier p. 29, 71, 73, 78, 117, 118, 144, 146, 214, 221, 228, 232, 301, 304, 309, 310, 330, 331, 352, 369, 401, 417, 437, 499, 534, 535, 537-543, 545, 550, 553, 559, 570, 631, 658, 660, 698, 770, 772, 785, 813, 826, 830, 840, 851, 852, 854, 858, 892, 898, 899, 907].

LLORCA, Iris et THÉVENON, Valérie (2007), « L'arabesque des éléments construisant la répétition entre *Les Fleurs du mal* et *Le Spleen de Paris* de Charles Baudelaire », dans *De la prose au cœur de la poésie. France, Italie, Brésil, variations du lyrisme*, édité par Jean-Charles Vegliante, Paris, Presses Sorbonne Nouvelle, 2007, p. 17-34.

LLOYD, Rosemary (1979), *Baudelaire et Hoffmann. Affinités et influences*, Cambridge, Cambridge University Press, 1979.

LLOYD, Rosemary (1981), *Baudelaire's Literary Criticism*, Cambridge, Cambridge University Press, 1981.

LLOYD, Rosemary (1989), « Taking the Cake. Some Aspects of Children and Food in Nineteenth-Century Literature », *Romance Studies* [Swansea], Vol. VII, Issue 2, June 1989, p. 81-88.

LLOYD, Rosemary (1991-1992), « Some Reflections on *La Belle Dorothée* », *French Studies Bulletin* [Oxford], No. 41, Winter 1991-1992, p. 8-10.

LLOYD, Rosemary (1992a), « Dwelling in Possibility. Encounters with the Other in Baudelaire's *Le Spleen de Paris* », *Australian Journal of French Studies* [Clayton], Vol. XXIX, No. 1, January-April 1992, p. 68-77.

LLOYD, Rosemary (1992b), « Further speculations on *La Belle Dorothée* », *French Studies Bulletin* [Oxford], No. 43, Summer 1992, p. 17.

LLOYD, Rosemary (1998), « Façons de voir, façons de parler. Cliché, pastiche, parodie et jeu dans *Le Spleen de Paris* », *Studi Francesi* [Torino], n. 126, settembre-dicembre 1998, p. 510-520.

LLOYD, Rosemary (1999), « Horrifying the Homais. The Challenge of the Prose Poem », *L'Esprit créateur* [Minneapolis, Minnesota], Vol. XXXIX, No. 1, Spring 1999, p. 37-47.

LLOYD, Rosemary (2002), *Baudelaire's World*, Ithaca-London, Cornell University Press, 2002.

LLOYD, Rosemary (2005a), « Saisir sur le vif les rythmes du monde moderne », *Bulletin baudelairien* [Nashville, Tennessee], t. XL, n° 1-2, avril-décembre 2005, p. 83-95.

LLOYD, Rosemary (2005b), *The Cambridge Companion to Baudelaire*, Edited by Rosemary Lloyd, Cambridge, Cambridge University Press, 2005.

LLOYD, Rosemary et STEPHENS, Sonya (1993), « Promises, Promises. The Language of Gesture in Baudelaire's *Petits poèmes en prose* », *Modern Language Review* [London], Vol. LXXXVIII, No. 1, January 1993, p. 74-83.

LOCKE, Nancy (2002), « Baudelaire's *La Corde* as a Figuration of Manet's Art », dans *Picturing Children. Constructions of Childhood Between Rousseau and Freud*, Edited by Marilyn R. Brown, Farnham [Surrey]-Burlington [Vermont], Ashgate Publishing, 2002, p. 89-102.

LOI, Michelle (1971), *Roseaux sur le mur. Les poètes occidentalistes chinois 1919-1949*, Paris, Gallimard, 1971 [en particulier p. 89-102, 169, 285].

LOMBROSO, Cesare (1888), *L'Homme de génie*, traduit sur la 6e édition italienne par Fr. Colonna d'Istria, et précédé d'une préface de M. Ch. Richet, Paris, Felix Alcan, coll. Bibliothèque de philosophie contemporaine, 1889. Édition originale italienne : *L'uomo di genio*, Torino, Fratelli Bocca, 1888.

LONCKE, Joycelynne (1975), *Baudelaire et la musique*, Paris, Nizet, 1975.

LOZANO SAMPEDRO, María Teresa (2005), « La narration d'une quête de l'idéal absolu. L'art et l'artiste dans *Le Chef-d'œuvre inconnu* et *Une mort héroïque* », *Anales de filología francesa* [Murcia], Vol. XIII, 2005, p. 229-247.

LUZARCHE, Robert (1869), « Charles Baudelaire. Étude littéraire », dans André Guyaux, *Baudelaire. Un demi-siècle de lectures des Fleurs du mal (1855-1905)*, Paris, PUPS, coll. Mémoire de la critique, 2007, p. 529-539. Publié auparavant dans *Paris-Magazine* [Paris], 3 janvier 1869, p. 3-7 [partie I], 10 janvier 1869, p. 47-49 [partie II], 17 janvier 1869, p. 81-83 [partie III].

LYONS, John D. (1973), « A Prose Poem in the Nominal Style. *Un hémisphère dans une chevelure* », *L'Esprit créateur* [Minneapolis, Minnesota], Vol. XIII, No. 2, Summer 1973, p. 137-143.

MACCHIA, Giovanni (1986), *Baudelaire*, Milano, Rizzoli, 1986.

MACHADO, Alice (2009), *Baudelaire entre aube et crépuscule*, Paris, Lanore, coll. Littératures, 2009.

MACLEAN, Marie (1986), « The Private Stage in Baudelaire's Prose Poetry : the Implied and the Excluded Audience in *La Femme sauvage et la petite-maîtresse* », *Australian Journal of French Studies* [Clayton], Vol. XXIII, No. 3, September-December 1986, p. 234-247.

MACLEAN, Marie (1988), *Narrative as Performance. The Baudelairean Experiment*, London-New York, Routledge, 1988 (« The Writer as Performer », p. 43-70).

MAILLARD, Pascal (1995), « "Homo bulla" : pour une poétique de l'allégorie », *L'Année Baudelaire* [Paris], n° 1, 1995, p. 27-39.

MAILLARD, Pascal (1997), « Transfiguration esthétique et objet plastique dans *Le Spleen de Paris*. Baudelaire ou le désir de peindre », dans *De l'objet à l'œuvre*, actes du colloque des 25-27 avril 1996, textes réunis par Gisèle Séginger, Strasbourg, Presses universitaires de Strasbourg, 1997, p. 99-106.

MAILLARD, Pascal (2000), « L'allégorie Baudelaire. Poétique d'une métafigure du discours », *Romantisme* [Paris], n° 107, premier trimestre 2000, p. 37-48.

MAKINO, Yôko (1991), « Lafcadio Hearn's *Yuki-Onna* and Baudelaire's

Bienfaits de la lune », *Comparative Literature Studies* [University Park, Pennsylvania], Vol. XXVIII, No. 3 [East-West Issue], 1991, p. 234-244.

MALLARMÉ, Stéphane (1864), [lettre à Albert Collignon, 11 avril 1864], dans Stéphane Mallarmé, *Correspondance complète 1862-1871*, suivi de *Lettres sur la poésie 1872-1898*, préface d'Yves Bonnefoy, édition établie et annotée par Bertrand Marchal, Gallimard, coll. Folio classique, 1995, p. 175-176.

MALLARMÉ, Stéphane (1876), « The Impressionists and Édouard Manet », dans *Œuvres complètes*, édition présentée, établie et annotée par Bertrand Marchal, Paris, Gallimard, coll. Bibliothèque de la Pléiade, t. II, 2003, p. 444-470. Publié auparavant dans *The Art Monthly Review* [London], 30 September 1876.

MANET, Édouard, Lettre à Charles Asselineau [1867-1868], dans *Manet 1832-1883*, Paris, Éditions de la Réunion des musées nationaux, 1983, p. 158.

MANOTTA, Marco (2003), « Sulla poesia in prosa (e su Baudelaire) », *Il Verri* [Milano], vol. XLVIII, n. 23, novembre 2003, p. 75-86.

MARDER, Elissa (2014), « From Poetic Justice to Criminal *Jouissance* : Poetry by Other Means in Baudelaire », *Time for Baudelaire (Poetry, Theory, History)*, Edited by E. S. Burt, Elissa Marder, and Kevin Newmark, *Yale French Studies* [New Haven, Connecticut], No. 125-126, 2014, p. 69-84.

MARUSE, Yasuhiro (1979), « Baudelaire ni okeru sambunshi no mondai : ambunshi *Invitation au voyage* wo tôshite » [« Le problème du poème en prose chez Baudelaire : à travers l'*Invitation au voyage* »], *Hannan ronshû* [*Bulletin de l'Université Hannan*, Osaka], n° 14, 1979, p. 207-239.

MARUSE, Yasuhiro (1989), « Bôdolêru ni okeru tajûka suru "je" : sambunshi *Invitation au voyage* wo chûshin ni » [« Le "je" dédoublé chez Baudelaire : autour de *L'Invitation au voyage* »], *Furansu go furansu bungaku kenkyû* [*Bulletin de la Société japonaise de langue et littérature françaises*, Tokyo], n° 55, octobre 1989, p. 19-28.

MARUSE, Yasuhiro (2000), « Sambun to shi no aida : Bôdolêru *Yûbe no hakumei* no mittsu no kô » [« Entre prose et vers : les trois versions du *Crépuscule du soir* »], *Futsugo futsubungaku* [*Bulletin des études de langue et littérature françaises de l'Université Kansai*, Osaka], n° 27, 2000, p. 79-90.

MASSARI, Alfred F. (1956), *The Petits poèmes en prose of Charles Baudelaire. Poetry or Prose*, M. A. Thesis, Columbia University, New York, 1956.

MATHIEU, Jean-Claude (2003), « *Une charogne* », dans *Les Fleurs du mal*, actes du colloque de la Sorbonne des 10 et 11 janvier 2003, édités par André Guyaux et Bertrand Marchal, Paris, PUPS, 2003, p. 161-180.

MAUCLAIR, Camille (1917), *Charles Baudelaire. Sa vie – Son art – Sa légende*, Maison du livre, 1917.

MAUCLAIR, Camille (1933), *Le Génie de Baudelaire. Poète, penseur, esthéticien*, Paris, Éditions de La Nouvelle Revue critique, coll. Essais critiques, artistiques, philosophiques, littéraires, 1933.

MAULPOIX, Jean-Michel (1995), « J'aime les nuages… », dans *Baudelaire : nouveaux chantiers*, textes réunis par Jean Delabroy et Yves Charnet, Lille, Presses universitaires du Septentrion, coll. Travaux et recherches, 1995, p. 187-190.

MAURIN, Mario (1974), « Le saltimbanque héroïque. De Baudelaire à Henri de Régnier », *Revue d'histoire littéraire de la France* [Paris], LXXIVe année, nº 6, novembre-décembre 1974, p. 1010-1014.

MAURON, Charles (1963), *Des métaphores obsédantes au mythe personnel. Introduction à la psychocritique*, Paris, José Corti, 1963 (« Baudelaire, *La Belle Dorothée* », p. 131-147).

MAURON, Charles (1966), *Le Dernier Baudelaire*, Paris, José Corti, 1966 ; 1986.

MAURON, Charles (1967), « Le rire baudelairien », *Europe* [Paris], nº 456-457, avril-mai 1967, p. 54-61.

MAUROUARD, Elvire (2005), *Les Beautés noires de Baudelaire*, préface de Jean Poirier, Paris, Karthala, 2005.

MAURRAS, Charles (1902), « La maladie de Baudelaire », dans André Guyaux, *Baudelaire. Un demi-siècle de lectures des Fleurs du mal (1855-1905)*, Paris, PUPS, coll. Mémoire de la critique, 2007, p. 859-865. Publié auparavant dans *La Gazette de France* [Paris], 26 octobre 1902, p. 1-2 ; recueilli dans *L'Allée des philosophes*, Paris, Société littéraire de France, 1923, p. 181-189.

MAVER LO GATTO, Anna (1984), « Quelques hypothèses sur les modèles français des *Poèmes en prose* de Tourgueniev », *Cahiers Ivan Tourguéniev, Pauline Viardot et Maria Malibran* [Paris], nº 7, 1984, p. 52-57.

MCALLESTER JONES, Mary (1992), « *La Belle Dorothée*, Further Reflections », *French Studies Bulletin* [Oxford], No. 42, Spring 1992, p. 20-21.

McGINNIS, Reginald (1994), *La Prostitution sacrée. Essai sur Baudelaire*, Paris, Belin, coll. L'Extrême contemporain, 1994.

MEHLMAN, Jeffrey (1974), « Baudelaire with Freud. Theory and Pain », *Diacritics* [Ithaca, New York], Vol. IV, No. 1, Spring 1974, p. 7-13.

MEINER, Carsten (2008), *Le Carrosse littéraire et l'invention du hasard*, Paris, PUF, coll. Les Littéraires, 2008 (« Transcendance symbolique du carrosse. Baudelaire, l'expérience poétique et le carrosse », p. 159-164).

MEITINGER, Serge (1989), « La double posture projective-réflexive de Baudelaire », dans *Les Fleurs du mal. L'intériorité de la forme*, préface de Max Milner, actes du colloque [de la] Société des études romantiques, 7 janvier 1989, Paris, SEDES, 1989, p. 119-134.

MELTZER, Françoise (2011), *Seeing Double. Baudelaire's Modernity*, Chicago and London, The University of Chicago Press, 2011.

MENDÈS, Catulle (1884), *La Légende du Parnasse contemporain*, Bruxelles, Brancart, 1884 [p. 93].

METZIDAKIS, Stamos (1986), *Repetition and Semiotics. Interpreting Prose Poems*, Birmingham [Alabama], Summa Publications, 1986.

METZIDAKIS, Stamos et CLEMENTE, Marie-Christine (2010), « Au cœur de l'esthétique baudelairienne : "Thyrse et caducée" », *The Romanic Review* [New York], Vol. CI, No. 4, November 2010, p. 741-760.

MEYER, G. (1972), « *Le Port* », *Humanités Class IL*, n° 481, décembre 1972, p. 21-23.

MEYERSTEIN, Edward Harry William (1946), « Baudelaire et les *Illuminations* », *Mandrake* [Oxford], No. 3, May 1946, p. 41-48.

MEYNARD, Léon (1976), « Analyse des *Petits poèmes en prose* », « Réflexions sur le thème : Poésie et vie moderne », « Le drame du temps et le rêve apollinien dans les *Petits poèmes en prose* », dans *Raison et expérience dans le Discours préliminaire de l'Encyclopédie de d'Alembert. La poésie et la vie moderne dans le Spleen de Paris, Petits poèmes en prose de Baudelaire*, Paris, Marketing, 1976, p. 76-81, 82-88, 89-94.

MICHAELSON, L. W. (1968), « Kafka's *Hunger artist* and Baudelaire's *Old clown* », *Studies in Short Fiction* [Newbury], Vol V, Issue 3, Spring 1968, p. 293.

MICHAUD, Dominique Allan (1978), « La voix cassée du vitrier », *La Nouvelle Revue française* [Paris], n° 307, 1er août 1978, p. 182-185.

MICHELS, Jeffrey (1998), « Narrating Despair. Baudelaire's *Petits poèmes en prose* and Kierkegaard's *Will to Ethics* », *French Forum* [Philadelphia, Pennsylvania], Vol. XXIII, No. 3, September 1998, p. 301-316.

MILLER, Christopher L. (1985), *Blank Darkness. Africanist Discourse in French*, Chicago-London, University of Chicago Press, coll. Chicago Original Paperbacks, 1985.

MILLS, Kathryn Oliver (2003), « Baudelaire's "Teacher" : Joseph de Maistre and *Le Spleen de Paris* », *Romance Quarterly* [Lexington, Kentucky], Vol. L, Issue 3, Summer 2003, p. 177-185.

MILNER, Max (1960), *Le Diable dans la littérature française. De Cazotte à Baudelaire 1772-1861*, Paris, José Corti, 1960 ; rééd. 2007.

MILNER, Max (1967), *Baudelaire, enfer ou ciel, qu'importe !*, Paris, Plon, coll. La Recherche de l'absolu, 1967.

MINAMI, Naoki (1976), « *Le Spleen de Paris* to sambunshi no gainen » [« *Le Spleen de Paris* et la conception du poème en prose »], *Furansu go furansu bungaku kenkyû* [*Bulletin de la Société japonaise de langue et littérature françaises*, Tokyo], n° 29, octobre 1976, p. 110-111.

MINER, Margaret (1992), « Dionysos parmi les bohémiens », *Europe* [Paris], n° 760-761, août-septembre 1992, p. 46-59.

MINER, Margaret (1996), « Heads and/are Tails. Eccentric Conjunctions in Baudelaire's *Spleen de Paris* », *South Central Review* [Austin, Texas], Vol. XIII, No. 4, Winter 1996, p. 38-53.

MINER, Margaret (2001), « (S)(m)othering Baudelaire », dans *Baudelaire and the Poetics of Modernity*, Edited by Patricia A. Ward, with the Assistance of James S. Patty, Nashville [Tennessee], Vanderbilt University Press, 2001, p. 157-171.

MIR, Marie-Claire (2003), « *L'Étranger*, de "tu" à "vous". Fiche pédagogique », *Le Français dans le monde* [Paris], n° 325, janvier-février 2003, p. 79.

MO, Yu (1980), « *Qiuge* yu *Yixiang ren*. Zhongyi cishu zuiduo de liangshou faguoshi » [« *Chanson d'automne* et *L'Étranger*. Les deux poèmes français le plus souvent traduits en chinois »], *Youshi wenyi* [*Youth Literary*, Taibei], n° 315, mars 1980, p. 129-147.

MONDON, Jean-Yves (1996), « Aspects de la poétique urbaine de Baudelaire. Propositions pour une lecture de *Mademoiselle Bistouri* », dans *Kaleidoscopolis ou miroirs fragmentés de la ville*, textes réunis par Gérard Veyssière, Paris, L'Harmattan, 1996, p. 31-45.

MONROE, Jonathan (1985), « Baudelaire's Poor. The *Petits poèmes en prose* and the Social Reinscription of the Lyric », *A Poverty of Objects. The Prose Poem and the Politics of Genre*, Ithaca-London, Cornell University Press, 1987, p. 93-124. Publié auparavant dans *Stanford French Review* [Stanford, California], Vol. IX, No. 2, Summer 1985, p. 169-188.

MONTE, Steven (2000), *Invisible Fences. Prose Poetry as a Genre in French and American Literature*, Lincoln, University of Nebraska Press, 2000 [Doctoral Dissertation, Yale University, New Haven [Connecticut], 1996].

MONTESANO, Giuseppe (2007), *Il ribelle in guanti rosa. Charles Baudelaire*, Milano, Mondadori, coll. Scrittori italiani e stranieri, 2007.

MONTIER, Jean-Pierre (2001), « Constantin Guys selon Baudelaire : reportage et modernité », dans *Littérature et reportage*, actes du colloque international de Limoges, 26-28 avril 2000, sous la direction de Myriam Boucharenc et Joëlle Delauche, Limoges, Presses universitaires de Limoges, coll. Médiatextes, 2001, p. 187-204.

MONTREUIL, Sophie (1996), « Pauvreté et modernité dans *Les Yeux des pauvres* de Charles Baudelaire », dans *Misères de la littérature*, sous la direction de Geneviève Sicotte et Pierre Popovic, Montréal, Centre universitaire de sociopoétique de l'épistolaire et des correspondances [Université de Montréal], 1996, p. 167-185.

MOORE, Fabienne (2005), « Baudelaire et les poèmes en prose du XVIIIe siècle. De Fénelon à Chateaubriand », *Bulletin baudelairien* [Nashville, Tennessee], t. XL, n° 1-2, avril-décembre 2005, p. 113-138.

MOREAU, Pierre (1959a), « En marge du *Spleen de Paris* », *Revue d'histoire littéraire de la France* [Paris], LIXe année, n° 4, octobre-décembre 1959, p. 539-543.

MOREAU, Pierre (1959b), *La Tradition française du poème en prose avant Baudelaire*, Paris, Minard, coll. Archives des lettres modernes, 1959.

MORICE, Charles (1889), *La Littérature de tout à l'heure*, extrait rééd. dans André Guyaux, *Baudelaire. Un demi-siècle de lectures des Fleurs du mal (1855-1905)*, Paris, PUPS, coll. Mémoire de la critique, 2007, p. 739-740. Édition originale : Paris, Perrin, 1889 [p. 204-206].

MORIER, Henri (1981), *Dictionnaire de poétique et de rhétorique*, Paris, PUF, 1981 (« Prose cadencée, prose, poétique et poème en prose », p. 881-901).

MORTELETTE, Yann (1996), « *Les Bons Chiens*, Macbeth et "l'œuvre sans nom" », *Bulletin baudelairien* [Nashville, Tennessee], t. XXXI, n° 2, décembre 1996, p. 100-105.

MORTELETTE, Yann (2005), *Histoire du Parnasse*, Paris, Fayard, 2005.

MORTELETTE, Yann (2014), « "L'*Aloïsius Bertrand* de la Décadence" », dans *Lire Le Spleen de Paris*, dirigé par André Guyaux et Henri Scepi, Paris, PUPS, 2014, p. 97-111.

MOSS, Armand (1973), *Baudelaire et Delacroix*, Paris, Nizet, 1973.

MOUROT, Jean (1989), *Baudelaire, Les Fleurs du mal*, Nancy, Presses universitaires de Nancy, coll. Phares, 1989.

MULLER, A. (1963), « Réflexions sur un duel », *L'École* [Paris], n° 65, 13 avril 1963, p. 591-592.

MURAT, Michel (2002), *L'Art de Rimbaud*, Paris, José Corti, coll. Les Essais, 2002 [en particulier p. 235-236, 247-248, 250-260 (« Les *Illuminations* et le modèle baudelairien »), 304, 328, 421] ; nouvelle édition revue et augmentée, 2013 [p. 197-198, 206-213 (« Les *Illuminations* et le modèle baudelairien »), 244, 258-259, 333].

MURAT, Michel (2007), « Le dernier livre de la bibliothèque. Une histoire du poème en prose », dans *Le Savoir des genres*, études réunies et présentées par Raphaël Baroni et Marielle Macé, Rennes, Presses universitaires de Rennes, coll. La Licorne, 2007, p. 281-295 ; recueilli dans *La Langue des dieux modernes*, Paris, Éditions Classiques Garnier, coll. Études de littérature des XXe et XXIe siècles, 2012, p. 45-59.

MURAT, Michel (2008), *Le Vers libre*, Paris, Honoré Champion, 2008.

MURPHY, Margueritte S. (2012), *Material Figures. Political Economy, Commercial Culture, and the Aesthetic Sensibility of Charles Baudelaire*, Amsterdam-New York, Rodopi, coll. Faux titre, 2012 [en particulier p. 19-20, 22, 156, 197-225 (« A Subjectivity of Things : *Le Spleen de Paris* »)].

MURPHY, Steve (1990), « Le pauvre qui trinque. *Le Mauvais Vitrier* », dans *Logiques du dernier Baudelaire. Lectures du Spleen de Paris*, Paris, Honoré Champion, coll. Romantisme et modernité, 2003 ; coll. Classiques essais, 2007, p. 325-392. Publié auparavant sous le titre « *Le Mauvais Vitrier* ou la crise du verre » dans la *Romanic Review* [New York], Vol. LXXXII, No. 3, May 1990, p. 339-349.

MURPHY, Steve (1994), « Le complexe de supériorité et la contagion du rire. *Un plaisant* de Baudelaire », dans *Logiques du dernier Baudelaire. Lectures du Spleen de Paris*, Paris, Honoré Champion, coll. Romantisme et modernité, 2003 ; coll. Classiques essais, 2007, p. 615-651. Publié auparavant dans *Travaux de littérature* [Paris], publiés par l'ADIREL, n° 7, 1994, p. 257-285.

MURPHY, Steve (1995a), « Autoportrait avec cadavre et mère. *La Corde* insensible », dans *Logiques du dernier Baudelaire. Lectures du Spleen de Paris*, Paris, Honoré Champion, coll. Romantisme et modernité, 2003 ; coll. Classiques essais, 2007, p. 551-614. Publié auparavant, en anglais, sous le titre « Haunting Memories. Inquest and Exorcism in Baudelaire's *La Corde* » dans *Dalhousie French Studies* [Halifax], Vol. XXX, Spring 1995, p. 65-91.

MURPHY, Steve (1995b), « L'hiéroglyphe et son interprétation. L'association d'idées dans *Le Tir et le cimetière* », dans *Logiques du dernier Baudelaire. Lectures du Spleen de Paris*, Paris, Honoré Champion, coll. Romantisme et modernité, 2003 ; coll. Classiques essais, 2007, p. 451-476. Publié auparavant dans le *Bulletin baudelairien* [Nashville, Tennessee], t. XXX, n° 2, décembre 1995, p. 61-84.

MURPHY, Steve (1996), « La scène parisienne. Lecture d'*Une mort héroïque* de Baudelaire », dans *Logiques du dernier Baudelaire. Lectures du Spleen de Paris*, Paris, Honoré Champion, coll. Romantisme et modernité, 2003 ; rééd. coll. Classiques essais, 2007, p. 113-160. Publié auparavant dans *Le Champ littéraire 1860-1900. Études offertes à Michael Pakenham*, éditées par Keith Cameron et James Kearns, Amsterdam-Atlanta [Georgia], Rodopi, coll. Faux titre, 1996, p. 49-61.

MURPHY, Steve (2003), *Logiques du dernier Baudelaire. Lectures du Spleen de Paris*, Paris, Honoré Champion, coll. Romantisme et modernité, 2003 ; rééd. Honoré Champion, coll. Classiques essais, 2007.

MURPHY, Steve (2013), « De la prose poétique au poème en prose. Baudelaire, Bertrand et la confusion des genres », *La Licorne* [Poitiers], n° 105, 2013, p. 81-109.

MURPHY, Steve (2014a), « Éclats de voies et osmazômes pour *Le Spleen de Paris* », dans *Lectures du Spleen de Paris*, sous la direction de Steve Murphy, Rennes, Presses universitaires de Rennes, coll. Didact français, 2014, p. 9-20.

MURPHY, Steve (2014b), « "L'œuvre sans nom" : origines, structures et (dés)inscriptions génériques », dans *Lectures du Spleen de Paris*, sous la direction de Steve Murphy, Rennes, Presses universitaires de Rennes, coll. Didact français, 2014, p. 105-125.

MURPHY, Steve (2014c), « Un monstre d'ambivalence », *Le Magazine littéraire* [Paris], n° 548, octobre 2014, p. 88-91.

NADAR [Gaspard-Félix Tournachon] (1911), *Charles Baudelaire intime. Le poète vierge*, Paris, Obsidiane, 1990. Édition originale : Paris, Blaizot, 1911.

NAKAJI, Yoshikazu (1987), *Combat spirituel ou immense dérision ? Essai d'analyse textuelle d'Une saison en enfer,* Paris, José Corti, 1987 [en particulier p. 172].

NAKAJI, Yoshikazu (2007), « Recherche et rejet : l'autre dans *Le Spleen de Paris* », dans *L'Autre de l'œuvre*, sous la direction de Yoshikazu Nakaji, Saint-Denis, Presses universitaires de Vincennes, coll. L'Imaginaire du texte, 2007, p. 231-251.

NAKAJI, Yoshikazu (2011), « La poétique de Baudelaire à la lumière des *Paradis artificiels* », *L'Année Baudelaire* [Paris], n° 13-14, 2009-2010 [2011], p. 137-156.

NANCY, Jean-Luc (1987), « Wild Laughter in the Throat of Death », *Modern Language Notes* [Baltimore], Vol. CII, No. 4, September 1987, p. 719-736.

NARVAEZ, Michèle et RICARD, Florence (2000), *Étude sur Baudelaire, Le Spleen de Paris. Petits poèmes en prose*, Paris, Ellipses, coll. Résonances, 2000.

NEEFS, Jacques (2002), « Flaubert, Baudelaire : la prose narrative comme art moderne », dans *Crise de prose*, sous la direction de Jean-Nicolas Illouz et Jacques Neefs, Saint-Denis, Presses universitaires de Vincennes, coll. Essais et savoirs, 2002, p. 135-148.

NEWMARK, Kevin (2001), « Off the Charts. Walter Benjamin's Depiction of Baudelaire », dans *Baudelaire and the Poetics of Modernity*, Edited by Patricia A. Ward, with the Assistance of James S. Patty, Nashville [Tennessee], Vanderbilt University Press, 2001, p. 72-84.

NEWMARK, Kevin (2011), « A Poetics of Sharing : Political Economy in a Prose Poem by Baudelaire », *Symposium* [Edmonton, Alberta], Vol. XV, No. 2, Fall 2011, p. 57-81.

NEWMARK, Kevin (2014), « For When the Time Comes : Poetry, Prose, Mourning », *Time for Baudelaire (Poetry, Theory, History)*, Edited by E. S. Burt, Elissa Marder, and Kevin Newmark, *Yale French Studies* [New Haven, Connecticut], No. 125-126, 2014, p. 200-217.

NICOLAY, Claire (2000), « The "Fatal Attractions" of "Serious Things". Regency Politics and Performance in Baudelaire's *Le Spleen de Paris* », *European Romantic Review* [Abingdon], Vol. XI, No. 3, Winter 2000, p. 322-347.

NICOLETTI, Gianni (1960), « Appunti sul cosiddetto *poème en prose* nell'Ottocento francese », *Convivium* [Torino], anno XXVIII, n. 4, luglio-agosto 1960, p. 433-440.

NICOLETTI, Gianni (1984), « Una "prosa" della lirica », *Annali della Facoltà di lingue e letterature straniere di Ca' Foscari* [Venezia], vol. XXIII, n. 2, 1984, p. 187-194.

NIDERST, Alain (1989), « Baudelaire et les écrivains classiques », dans *Les Fleurs du mal. L'intériorité de la forme*, préface de Max Milner, actes du colloque [de la] Société des études romantiques, 7 janvier 1989, Paris, SEDES, 1989, p. 17-23.

NIDERST, Alain (2002), *La Formation des Fleurs du mal* [2002], nouvelle édition revue corrigée et augmentée, Paris, Eurédit, 2007.

NIES, Fritz (1964a), « Der Poet als Flaneur und der "Zyklische" Charakter der *Petits poèmes en prose* », dans *Baudelaire*, herausgegeben von Alfred Noyer-Weidner, Darmstadt, Wissenschaftliche Buchgesellschaft, 1976, p. 365-393 ; publié auparavant sous le titre « Der Poet als Flaneur und der zyklische Form von Baudelaires Prosagedichten » dans *Poesie in prosaischer Welt. Untersuchungen zum Prosagedicht bei Aloysius Bertrand und Baudelaire*, Heidelberg, Carl Winter-Universitätsverlag, coll. Studia Romanica, 1964 p. 259-287.

NIES, Fritz (1964b), *Poesie in prosaischer Welt. Untersuchungen zum Prosagedicht bei Aloysius Bertrand und Baudelaire*, Heidelberg, Carl Winter-Universitätsverlag, coll. Studia Romanica, 1964.

NISHIOKA, Aki (2008), *Fukunaga Takehiko ron. Junsui kioku no seisei to Bôdolêru* [*Essai sur Takehiko Fukunaga. La genèse de la mémoire pure et Baudelaire*], Tokyo, Tôshindô, 2008.

NNADI, Joseph (1993), « *Laquelle est la vraie ?* Réflexions sur la "Vénus noire" de Baudelaire », *Revue francophone* [Lafayette, Louisiana], t. VIII, n° 1, printemps 1993, p. 93-102.

NNADI, Joseph (1994), *Les Négresses de Baudelaire*, Saint-Boniface, Les Éditions des Plaines, 1994.

NÖDING, Heinz (1982), « Das Blut im Rinnstein. Der Lumpensammler und die Schönheit. Themen Baudelaires », dans *Französische Literatur in Einzeldarstellungen*, Band II : *Von Stendhal bis Zola*, herausgegeben von Peter Brockmeier und Hermann H. Wetzel, Stuttgart, Metzler, 1982.

NOËL, Georges (1869), « Charles Baudelaire », *La Revue contemporaine* [Paris], 15 août 1869.

NOIR, Victor (1867), « Paris-Journal. Notes parisiennes », dans *Baudelaire devant ses contemporaines*, textes recueillis et publiés par W. T. Bandy et Claude Pichois, Monaco, Éditions du Rocher, 1957, p. 307-313. Publié auparavant dans le *Journal de Paris* [Paris], 3 septembre 1867.

NOIRAY, Jacques (2009), « *Le Joujou du pauvre* : une pédagogie de la cruauté », *L'Année Baudelaire* [Paris], n° 11-12, 2007-2008 [2009], p. 13-29.

NUTI, Marco (2009), *Metamorfosi del sogno. Fantasmagorie e delitti onirici in Maupassant, Proust, Baudelaire, Breton e Michaux*, Fasano, Schena, coll. Biblioteca della ricerca. Mentalità e scrittura, 2009 (« Ode all'odalisca. La vertebra del sogno ne *La Chambre double* di Baudelaire », p. 49-69).

OCKENDEN, Alexander (2014), « Baudelaire, Lacaussade and the Historical Identity of *La Belle Dorothée* », *Baudelaire. A Special Issue, French Studies Bulletin* [Oxford], No. 132, Autumn 2014, p. 64-68.

OEHLER, Dolf (1975), « *Assommons les pauvres !* Dialektik der Befreiung bei Baudelaire. Mit einer Parallele zu Brechts *Die Drei Soldaten* », *Germanisch-romanische Monatsschrift* [Heidelberg], Band LVI [Neue Folge Band XXV], 1975, p. 454-462.

OEHLER, Dolf (1988), *Le Spleen contre l'oubli. Juin 1848*, trad. française par Guy Petitdemange avec le concours de Sabine Cornille, Paris, Payot, coll. Critique de la politique, 1996. Édition originale en allemand : *Ein Höllensturz der Alten Welt. Zur Selbsterforschung der Moderne nach dem Juni 1848*, Frankfurt am Main, Suhrkamp, 1988 [en particulier p. 290-312, 398-403 (« Aufklärerischer Wahnsinn. Über drei Prosagedichte des *Spleen de Paris* »)].

OEHLER, Dolf (1992), « L'explosion baudelairienne », *Europe* [Paris], n° 760-761, août-septembre 1992, p. 62-68.

OEHLER, Dolf (1998), « Heine, Baudelaire, Nietzsche. Zur Poetik der Unbotmäßigkeit », dans *« Dichter unbekannt ». Heine lesen heute*, Internationales Heine-Symposium (Bonn, Mai 1997), herausgegeben von Dolf Oehler und Karin Hempel-Soos, Bonn, Bouvier, 1998, p. 153-175.

OEHLER, Dolf (2005), « Baudelaire's Politics », dans *The Cambridge Companion to Baudelaire*, Edited by Rosemary Lloyd, Cambridge, Cambridge University Press, 2005, p. 14-30.

OHNO, Maki (1992), « Bodoleru *Pari no yutsu* niokeru doke » [« Le saltimbanque dans *Le Spleen de Paris* de Baudelaire »], *Furansu go furansu bungaku kenkyu* [*Bulletin de la Société japonaise de langue et littérature françaises*, Tokyo], n° 61, octobre 1992, p. 24-36.

OLIVER, Kathryn Sinclair (1994), *Through a Glass, Darkly. Baudelaire's Break from Les Fleurs du mal to Les Petits Poèmes en prose*, Unpublished Doctoral Dissertation, Yale University, New Haven [Connecticut], 1994.

OLMSTED, William (2014), « *Mademoiselle Bistouri* : un cas imprévu de déformation professionnelle », dans *Lectures du Spleen de Paris*, sous la direction de Steve Murphy, Rennes, Presses universitaires de Rennes, coll. Didact français, 2014, p. 209-217.

ÔNO, Maki (1992), « Bôdolêru *Pari no yûutsu* ni okeru dôke » [« Le saltimbanque dans *Le Spleen de Paris* de Baudelaire »], *Furansu go furansu bungaku kenkyû* [*Bulletin de la Société japonaise de langue et littérature françaises*, Tokyo], n° 61, octobre 1992, p. 24-36.

ORIZET, Jean (1999), « Présence et vigueur du poème en prose », dans *Les Aventures du regard : des poètes et de la poésie*, Saint-Julien-Molin-Molette [Loire], Jean-Pierre Huguet, coll. Les Lettres du temps, 1999, p. 152-159.

ORLANDO, Francesco (1966), « Baudelaire et le soir », *L'Année Baudelaire* [Paris], n° 11-12, 2007-2008 [2009], p. 147-180 [trad. française par Aurélie et Paul-André Claudel]. Publié auparavant, en italien, sous le titre « Baudelaire e la sera (Lettura di *Harmonie du soir*) » dans *Paragone* [Milano], n. 196, giugno 1966, p. 44-73 ; recueilli dans *Le costanti e le varianti. Studi di letteratura francese e di teatro musicale*, Bologna, Il Mulino, 1983, p. 259-293.

ORLANDO, Francesco (1967), « L'artificio contro la natura nel mondo di Baudelaire », dans *Le costanti e le varianti. Studi di letteratura francese e di teatro musicale*, Bologna, Il Mulino, 1983, p. 199-258. Publié auparavant dans *Baudelaire*, Milano, Compagnia edizioni internazionali, coll. I protagonisti della storia universale, 1967.

ORTEGA Y GASSET, José (1926), « Estudios sobre el amor. Amor en Stendhal » dans *Estudios sobre el amor*, introducción de José Luis Molinuevo, Madrid, Biblioteca Edaf, 1995 [articles publiés en août 1926].

ORTEL, Philippe (1995), « Le poème en prose généré par l'image

(Baudelaire et Banville) », dans *L'Image génératrice du texte de fiction*, études réunies et présentées par Pascaline Mourier-Casile et Dominique Moncond'huy, *La Licorne* [Poitiers], n° 35, octobre-décembre 1995, p. 63-75.

ORTEL, Philippe (2003), « La tentation de l'imaginaire : optique et poème en prose chez Baudelaire », dans *La Fantaisie post-romantique*, textes réunis et présentés par Jean-Louis Cabanès et Jean-Pierre Saïdah, actes du colloque de Bordeaux de novembre 1999, Toulouse, Presses universitaires du Mirail, coll. Essais de littérature. Cribles, 2003, p. 601-626.

ORTIZ HILL, Claire (2006), *The Roots and Flowers of Evil in Baudelaire, Nietzsche, and Hitler*, Chicago-La Salle [Illinois], Open Court, 2006.

PACHET, Pierre (1976), *Le Premier Venu. Essai sur la pensée de Baudelaire*, Paris, Denoël, coll. Les Lettres nouvelles, 1976 ; édition revue et augmentée, 2009.

PACHET, Pierre (2009), « Baudelaire et les complots », *L'Année Baudelaire* [Paris], n° 11-12, 2007-2008 [2009], p. 219-226.

PALACIO, Jean de (1973), « La postérité du *Gaspard de la Nuit* : de Baudelaire à Max Jacob », *Max Jacob. 1. Autour du poème en prose*, textes réunis par Jean de Palacio, *La Revue des lettres modernes* [Paris], n° 336-339, 1973, p. 157-189.

PARENT, Monique (1960), *Saint-John Perse et quelques devanciers. Études sur le poème en prose*, Paris, Klincksieck, coll. Bibliothèque française et romane, 1960.

PATTY, James S. (1973), « Light of Holland. Some Possible Sources of *L'Invitation au voyage* », dans *Études baudelairiennes III. Hommage à W. T. Bandy. Le poète en son temps*, Neuchâtel, À la Baconnière, coll. Langages, 1973, p. 147-157.

PECK, Richard E. (1965), « Stephen Crane and Baudelaire. A Direct Link », *American Literature* [Durham, North Carolina], Vol. XXXVII, No. 2, May 1965, p. 202-204.

PELLEGRIN, Jean (1987), « Question de sens », *Bulletin baudelairien* [Nashville, Tennessee], t. XXII, n° 2, décembre 1987, p. 81-84.

PELLEGRIN, Jean (1988), *Réversibilité de Baudelaire*, Paris, Aux amateurs de livres, [Université Lille III, Atelier national reproduction des thèses], 1988.

PENG, Yanjiao (2004), « Zongxu » [Préface du directeur de la collection], dans Charles Baudelaire, *Bali de youyu* [*Le Spleen de Paris*], trad. Guo Hong'an, Guangzhou, Huacheng chubanshe, 2004, p. 1-4.

PENSOM, Roger (2002), « Le poème en prose. De Baudelaire à Rimbaud », *French Studies* [Oxford], Vol. LVI, No. 1, January 2002, p. 15-28.

PEUFAILLIT, C., FENAUX, Jean-Paul (1976), « La modernité selon Baudelaire. La vie moderne dans les *Petits poèmes en prose*. Une nouvelle expression poétique », dans *Raison et expérience dans le Discours préliminaire de l'Encyclopédie de d'Alembert. La Poésie et la vie moderne dans le Spleen de Paris, Petits poèmes en prose de Baudelaire*, Paris, Éditions Marketing, 1976, p. 102-115.

PEYRE, Henri (1951), *Connaissance de Baudelaire*, Paris, José Corti, 1951 [en particulier p. 136-141].

PEYRE, Henri (1967), « Remarques sur le peu d'influence de Baudelaire », *Baudelaire, Revue d'histoire littéraire de la France* [Paris], LXVIIe année, n° 2, avril-juin 1967, p. 424-436.

PEYRE, Henri (1979), « L'image du navire chez Baudelaire », *Modern Language Notes* [Baltimore], Vol. XLIV, No. 7, November 1979, p. 447-450.

PHILIPPI-FLAMENT, Huguette (1990), *Structures sémantiques, syntaxiques et rythmiques dans Les Fleurs du mal et Le Spleen de Paris de Charles Baudelaire. Analogies et disparités de traitement sur les plans sémantique, syntaxique et rythmique à partir de poèmes présentant des identités thématiques*, thèse de doctorat, Université des sciences humaines de Strasbourg, 3 t., 1990.

PHILIPPOT, Didier (2009), « Baudelaire, Delacroix et les "femmes d'intimité" », *L'Année Baudelaire* [Paris], n° 11-12, 2007-2008 [2009], p. 105-146.

PIA, Pascal (1952), *Baudelaire*, Paris, Éditions du Seuil, coll. Écrivains de toujours, 1952 ; nouvelle édition, 1995.

PIA, Pascal (1971), *Romanciers, poètes et essayistes du XIXe siècle*, Paris, Denoël, coll. Dossiers des lettres nouvelles, 1971 (« Le spleen sans fleurs », p. 245-250).

PICHOIS, Claude (1951), « Un épisode des relations franco-hongroises : Kertbeny, Philarète Chasles, Thalès Bernard et Saint-René Taillandier de 1847 à 1860 », *Revue de littérature comparée* [Paris], janvier-mars 1951, p. 65-84.

PICHOIS, Claude (1955), « Du nouveau sur Jeanne Duval ? », *Revue d'histoire littéraire de la France* [Paris], LVe année, n° 2, avril-juin 1955 ; recueilli sous le titre « Baudelaire en 1847. Petit essai de sociologie littéraire » dans *Baudelaire. Études et témoignages*, Neuchâtel, À la Baconnière, coll. Langages, 1967, nouvelle édition revue et augmentée, 1976, p. 95-124 ; rééd. dans *Retour à Baudelaire*, Genève, Slatkine, 2005, p. 11-28.

PICHOIS, Claude (1958a), « À propos des *Yeux de Berthe*. Du nouveau sur Jeanne Duval ? », *Baudelaire. Études et témoignages*, Neuchâtel, À la Baconnière, coll. Langages, 1967, nouvelle édition revue et augmentée, 1976, p. 59-79. Publié auparavant sous le titre « Baudelaire en 1847 » dans la *Revue des sciences humaines* [Lille], janvier-mars 1958 ; rééd. sous le titre « Jeanne et Berthe » dans *Retour à Baudelaire*, Genève, Slatkine, 2005, p. 11-28.

PICHOIS, Claude (1958b), « Esquisse d'un état présent des études baudelairiennes », *L'Information littéraire* [Paris], Xe année, n° 1, janvier-février 1958, p. 8-17 [en particulier p. 14].

PICHOIS, Claude (1967), *Baudelaire. Études et témoignages*, Neuchâtel, À la Baconnière, coll. Langages, 1967 ; nouvelle édition revue et augmentée, 1976.

PICHOIS, Claude (1974), *Album Baudelaire*, iconographie réunie et commentée par Claude Pichois, Paris, Gallimard, coll. Bibliothèque de la Pléiade, 1974.

PICHOIS, Claude (1981), « Baudelaire devant la sociocritique ouest-allemande », dans *Études baudelairiennes IX. Baudelaire, Rousseau et Hugo*, nouvelle série, t. I, Neuchâtel, À la Baconnière, coll. Langages, 1981, p. 226-233.

PICHOIS, Claude (1982a), « Modernité et ambiguïté dans *Les Fleurs du mal* », dans *Retour à Baudelaire*, Genève, Slatkine, 2005, p. 147-169. Publié auparavant dans *Romanistische Zeitschrift für Literaturgeschichte* [Heidelberg], Band VI, Heft 3-4, 1982, p. 338-345.

PICHOIS, Claude (1982b), « Nerval, Baudelaire et les formes littéraires », dans *Baudelaire, Mallarmé, Valéry. New Essays in Honour of Lloyd Austin*, Edited by Malcolm Bowie, Alison Fairlie and Alison Finch, Cambridge, Cambridge University Press, 1982, p. 95-104.

PICHOIS, Claude (2005), *Retour à Baudelaire*, Genève, Slatkine, 2005.

PICHOIS, Claude et AVICE, Jean-Paul (2002), *Dictionnaire Baudelaire*, Tusson, Du Lérot, 2002 (« *Le Spleen de Paris* », p. 443-446).

PICHOIS, Claude et AVICE, Jean-Paul (2004), *Baudelaire, Paris sans fin*, préface d'Yves Bonnefoy, Paris, Paris bibliothèques éditions, 2004. Édition originale : *Baudelaire/Paris*, exposition à la Bibliothèque historique de la ville de Paris, Éditions des musées de la ville de Paris, 1993.

PICHOIS, Claude et ZIEGLER, Jean (1987), *Charles Baudelaire*, nouvelle édition, Paris, Fayard, 2005 [en particulier p. 565-567]. Édition originale : Paris, Julliard, 1987 ; rééd. Paris, Arthème Fayard, 1996.

PIERCE, Gillian B. (2012), « Baudelaire's Parisian Cityscape. Charles Meryon and *Le Spleen de Paris* », dans *Scapeland. Writing the Landscape from Diderot's Salons to the Postmodern Museum*, Amsterdam-New York, Rodopi, 2012, p. 111-147.

PIETROMARCHI, Luca (2004), « Tagliare il serpente. Figure del frammento da Hugo a Baudelaire », dans *Théorie et pratique du fragment*, actes du colloque international de la Società universitaria per gli studi di lingua e letteratura francese (SUSLLF) (Venise 28-30 novembre 2002), études réunies par Lucia Omacini et Laura Este Bellini, Genève, Slatkine, coll. Érudition, 2004, p. 123-135.

PIETROMARCHI, Luca (2014), « *Les Veuves*, "pour faire pendant" aux *Petites Vieilles* », dans *Lire Le Spleen de Paris*, dirigé par André Guyaux et Henri Scepi, Paris, PUPS, 2014, p. 125-134.

PIETROMARCHI, Luca, « Baudelaire et la ligne qui danse », *L'Année Baudelaire* [Paris], n° 17, 2013 [2015], p. 83-96.

PIRE, François (1970), « Baudelaire entre chien et chat », *Revue des langues vivantes* [Liège], t. XXXVI, n° 6, 1970, p. 612-620 ; recueilli dans *« Les Chats » de Baudelaire. Une confrontation de méthodes*, textes réunis et présentés par Maurice Delcroix et Walter Geerts, Namur, Presses universitaires de Namur, 1980, p. 167-175.

PIZZORUSSO, Arnaldo (1970), « Baudelaire et la *Morale du joujou* », *Paragone. Letteratura* [Firenze], n. 244, giugno 1970 ; recueilli dans *Da Montaigne a Baudelaire. Prospettive e commenti*, Roma, Bulzoni, 1971, p. 243-260.

PIZZORUSSO, Arnaldo (1971), « *Le Mauvais Vitrier* ou l'impulsion inconnue », dans *Études baudelairiennes VIII*, Neuchâtel, À la Baconnière, coll. Langages, 1976, p. 147-171. Publié auparavant, en italien, sous le titre « *Le Mauvais Vitrier* : l'impulso sconosciuto » dans *Da Montaigne a Baudelaire. Prospettive e commenti*, Roma, Bulzoni, 1971, p. 261-283.

PLEYNET, Marcelin (1994), « Le poème en prose et la poésie », *L'Infini* [Paris], n° 48, hiver 1994, p. 66-84.

Poesia francese 1814-1914 (*La*) (2012), a cura di Luca Pietromarchi, Roma-Bari, Laterza, coll. Manuali Laterza. Istituzioni di letteratura francese, 2012.

POGGENBURG, Raymond (1987), *Charles Baudelaire. Une micro-histoire. Chronologie baudelairienne*, Paris, José Corti, 1987.

POINT, Marion (2011), « *Le Fou et la Vénus*, une réécriture parodique de *La Beauté* », dans *Récrits*, textes réunis par Franck Bauer, Caen, Presses universitaires de Caen, 2011, p. 83-98.

POMMIER, Jean (1932), *La Mystique de Baudelaire*, Genève, Slatkine, 1967. Édition originale : Paris, Les Belles Lettres, coll. Publications de la faculté des lettres de Strasbourg, 1932.

POMMIER, Jean (1934), « Baudelaire et Hoffmann », dans *Dans les chemins de Baudelaire*, Paris, José Corti, 1945, p. 297-321. Publié auparavant dans *Mélanges de philologie, d'histoire et de littérature offerts à Joseph Vianey*, Paris, Les Presses françaises, 1934, p. 459-477.

POMMIER, Jean (1936), « Les *Salons* de Diderot et leur influence au XIXe siècle. Baudelaire et le *Salon de 1846* », dans *Dans les chemins de Baudelaire*, Paris, José Corti, 1945, p. 249-287. Publié auparavant dans la *Revue des cours et conférences* [Paris], 30 mai 1936, p. 289-306.

POMMIER, Jean (1937), « De Stendhal et de trois œuvres d'art », dans *Dans les chemins de Baudelaire*, Paris, José Corti, 1945, p. 288-296. Publié auparavant sous le titre « Un plagiat de Baudelaire » dans le *Bulletin de la faculté des lettres de Strasbourg* [Strasbourg], mai-juin 1937.

POMMIER, Jean (1945), *Dans les chemins de Baudelaire*, Paris, José Corti, 1945 [les chap. X-XVI recueillent une série d'articles sur *Baudelaire et les lettres françaises* parus dans la *Revue des cours et conférences* (Paris) les 15 janvier 1930 (p. 193-297), 30 janvier 1930 (p. 334-346), 15 février 1930 (p. 413-422), 28 février 1930 (p. 569-574), 30 mars 1930 (p. 743-754), 15 avril 1930 (p. 25-39), 30 avril 1930 (p. 140-154)].

PORCHÉ, François (1944), *Baudelaire. Histoire d'une âme*, Paris, Flammarion, 1944.

POULET, Georges (1958), « Baudelaire et la circonférence changeante », *Courrier du Centre international d'études poétiques* [Bruxelles], n° 21-22, octobre 1958, p. 3-25.

POULET, Georges (1961), *Les Métamorphoses du cercle*, Paris, Plon, coll. Champs, 1961 ; rééd. préface de Jean Starobinski, Paris, Flammarion, coll. Idées et recherches, 1979 (« Baudelaire », chap. XIV, p. 407-437).

POULET, Georges (1971), *La Conscience critique*, Paris, José Corti, 1971 (« Baudelaire », p. 27-48).

POULET, Georges (1980), *La Poésie éclatée. Baudelaire/Rimbaud*, Paris, PUF, coll. Écriture, 1980.

POULET, Georges (1987), *La Pensée indéterminée*, Paris, PUF, t. II, 1987 [p. 145-149].

[POULET-MALASSIS, Auguste] (1866), [note sur *Les Bons Chiens*], *La Petite Revue* [Paris], 27 octobre 1866, p. 166-171.

PRAZ, Mario (1930), *La carne, la morte e il diavolo nella letteratura romantica*, saggio introduttivo di Francesco Orlando, Milano, Rizzoli, coll. BUR alta fedeltà, 2008. Édition originale : Milano-Roma, Società editrice « La cultura », 1930 et Lanciano, Carabba, 1930 ; rééd. Firenze, Sansoni, 1948 ; trad. française : *La Chair, la mort et le diable dans la littérature du XIXe siècle. Le romantisme noir*, traduit de l'italien par Constance Thompson Pasquali, Paris, Denoël, coll. Romans traduits, 1977 ; rééd. Paris, Gallimard, coll. Tel, 1999.

PRENDERGAST, Christopher (1991), « Framing the City. Two Parisian Windows », dans *City Images. Perspectives from Literature, Philosophy and Film*, Edited by Mary Ann Caws, New York, Philadelphia, London, Paris, Montreux, Tokyo, Melbourne, Gordon and Breach, 1991, p. 179-195.

PRENDERGAST, Christopher (1992), *Paris and the Nineteenth Century*, Oxford, Blackwell, 1992.

PRETE, Antonio (1994), *L'Albatros di Baudelaire*, Parma, Pratiche editrice, coll. Lezione di poesia, 1994.

PRETE, Antonio (1997), « Baudelaire e Poe : traduzione come rivelazione », dans *I fiori di Baudelaire. L'infinito nelle strade*, Roma, Donzelli, coll. Saggine, 2007, p. 147-175. Publié auparavant comme postface à *Abitazioni immaginarie di Edgar Allan Poe nella traduzione di Charles Baudelaire*, a cura di Antonio Prete, Torino, Einaudi, coll. Scrittori tradotti da scrittori. Serie trilingue, 1997.

PRETE, Antonio (2006), « Du haut de ma mansarde : lo sguardo, il ricordo », dans *I fiori di Baudelaire. L'infinito nelle strade*, Roma,

Donzelli, coll. Saggine, 2007, p. 101-111. Publié auparavant dans *Finestre. Quaderni di Synapsis V*, atti della Scuola europea di studi comparati, [Pontignano, 4-11 settembre 2004], a cura di Letizia Bellocchio, Firenze, Le Monnier, 2006, p. 152-158.

PRETE, Antonio (2007), *I fiori di Baudelaire. L'infinito nelle strade*, Roma, Donzelli, coll. Saggine, 2007.

PRÉVOST, Jean (1943), « Ce que Baudelaire doit à Goya », dans *Baudelaire. Essai sur l'inspiration et la création poétiques* [1953], présenté par Claude Pichois, Paris, Zulma, 1997. Publié auparavant dans *Formes et couleurs* [Lausanne], n° 5, 1943 [non paginé].

PRÉVOST, Jean (1953), *Baudelaire. Essai sur l'inspiration et la création poétiques*, Paris, Mercure de France, 1953 ; rééd. 1964 ; 1971 ; présenté par Claude Pichois, Paris, Zulma, coll. Essai, 1997.

Prose Poem (The). An International Anthology (1976), Edited and with an Introduction by Michael Benedikt, New York, Dell, 1976.

Prose Poem in France (The). Theory and Practice (1983), Edited by Mary Ann Caws and Hermine Riffaterre, New York, Columbia University Press, 1983.

PROUST, Marcel (1957), *Contre Sainte-Beuve* [1908-1909], dans *Contre Sainte-Beuve*, précédé de *Pastiches et mélanges* et suivi de *Essais et articles*, édition établie par Pierre Clarac avec la collaboration d'Yves Sandre, Paris, Gallimard, coll. Bibliothèque de la Pléiade, 1971 [p. 234, 249] ; édition originale : préface de Bernard de Fallois, Paris, Gallimard, 1954.

QIAN, Linsen (2000), *Faguo zuojia yu zhongguo* [*Les Écrivains français et la Chine*], Fuzhou, Fujian jiaoyu chubanshe, 2000 [en particulier p. 371-374, 376, 378, 384, 387].

QIN, Zhaoji (2012), « *Yecao* xianxiang tanyuan. Cong *Bali de youyu* zhong chengxi de » [« Étude sur l'origine des *Herbes sauvages* (de Qingdao). Ce que l'auteur a hérité du *Spleen de Paris* »], *Sanwenshi shijie* [*L'Univers des poèmes en prose* ; Chengdu], n° 7, 15 juillet 2012, p. 75-80.

QUEFFÉLEC, Christine (2004), « *Le Spleen de Paris*. Poétique de la misère », dans *Littérature de la misère, misère de la littérature*, actes du colloque franco-polonais, Łódź, 18-19 septembre 2000, réunis et publiés par Zbigniew Naliwajek et Witold Konstanty Pietrzak, Łódź, Wydawnictwo Uniwersytetu Łodzkiego, 2004, p. 77-86.

RABBITT, Kara M. (1996), *A Question of Person. Difference and Subjectivity in the Prose Poem Works of Baudelaire, Rimbaud, and Césaire*, Unpublished Doctoral Dissertation, Cornell University, Ithaca [New York], 1996.

RABBITT, Kara M. (2005), « Reading and Otherness. The Interpretative Triangle in Baudelaire's *Petits poèmes en prose* », *Nineteenth-Century French Studies* [Lincoln, Nebraska], Vol. XXXIII, No. 3-4, Spring-Summer 2005, p. 358-370.

RAFFI, Maria Emanuela (1982), « Aloysius Bertrand, "mystérieux et brillant modèle" », *Lettere e ricerche* [Scuola di perfezionamento in lingue e letterature straniere ; Padova], n. 3, 1982, p. 7-24.

RAITT, Alan William (1989-1990), « On *Le Spleen de Paris* », *Nineteenth-Century French Studies* [Lincoln, Nebraska], Vol. XVIII, No. 1-2, Fall 1989-Winter 1990, p. 150-164.

RAMAZANI, Vaheed K. (1996), « Writing in Pain. Baudelaire, Benjamin, Haussmann », *Boundary 2* [Durham, North Carolina], Vol. XXIII, No. 2, Summer 1996, p. 199-224.

RAMAZANI, Vaheed K. (2007), *Writing in Pain. Literature, History, and the Culture of Denial,* New York, Palgrave Macmillan, 2007.

RAMET, Jean-Pierre (1995), « La postérité du nom : Baudelaire-Mallarmé », dans *Baudelaire : nouveaux chantiers*, textes réunis par Jean Delabroy et Yves Charnet, Lille, Presses universitaires du Septentrion, coll. Travaux et recherches, 1995, p. 161-172.

RANCIÈRE, Jacques (2014), « The Infinite Taste of the Republic », Translated by Elissa Marder and Gina Stamm, *Time for Baudelaire (Poetry, Theory, History)*, Edited by E. S. Burt, Elissa Marder, and Kevin Newmark, *Yale French Studies* [New Haven, Connecticut], No. 125-126, 2014, p. 30-44.

RAPHAEL, Louis Nicholas (1984), « Semiotics, Nihilism, Mimesis. Baudelaire's *Un plaisant* », *Romanic Review* [New York], Vol. LXXV, No. 4, November 1984, p. 453-468.

RASER, Timothy (2001), « The Subject of *Le Peintre de la vie moderne* », dans *Baudelaire and the Poetics of Modernity*, Edited by Patricia A. Ward, with the Assistance of James S. Patty, Nashville [Tennessee], Vanderbilt University Press, 2001, p. 61-71.

RATERMANIS, Janis B. (1949), *Étude sur le style de Baudelaire d'après Les Fleurs du mal et les Petits poèmes en prose. Contribution à l'étude de la langue poétique du XIXe siècle*, Bade, Éditions Art et science, 1949.

RATNER, Marc L. (1960), « *Anywhere out of this World.* Baudelaire and Nathanael West », *American Litterature* [Durham, North Carolina] Vol. XXXI, No. 4, 1960, p. 456-463.

RAUHUT, Franz (1929), *Das Französische Prosagedicht*, Hamburg, de Gruyter, coll. Hamburger Studien zu Volkstum und Kultur der Romanen, 1929.

RAYBAUD, Antoine (1989), *Fabrique d'Illuminations*, Paris, Éditions du Seuil, 1989.

RAYMOND, Marcel (1933), *De Baudelaire au surréalisme. Essai sur le mouvement poétique contemporain*, nouvelle édition revue et remaniée, Paris, José Corti, 1963 [première édition chez José Corti : 1940]. Édition originale : Paris, R.-A. Corréa, 1933.

RAYNAUD, Ernest (1917), *Le Cinquantenaire de Charles Baudelaire*, Paris, Maison du livre, 1917.

RÉGNIER, Henri de (2002), *Les Cahiers inédits 1887-1936* [mars 1887], édition établie par David J. Niederauer et François Broche, présentation, chronologie et notes de François Broche, Paris, Pygmalion, 2002.

REMACLE, Louis (1962), « Le commentaire par rapprochement de textes », *Cahiers d'analyse textuelle* [Liège], n° 4, 1962, p. 110-116.

REVERDY, Pierre (1917), « Chronique mensuelle. Poèmes en prose », *Nord-Sud. Revue littéraire* [Paris], n° 3, 15 mai 1917, p. 2 [non signé].

REYNOLD, Gonzague de (1920), *Charles Baudelaire*, Paris-Genève, G. Crès-Georg, coll. Franco-suisse, 1920.

RICHARD, Jean-Pierre (1955), *Poésie et profondeur*, Paris, Éditions du Seuil, coll. Points essais, 1976 (« Profondeur de Baudelaire », p. 111-199). Édition originale : Paris, Éditions du Seuil, coll. Pierres vives, 1955.

RICHARDS, Marvin (1998), *Without Rhyme or Reason. Gaspard de la Nuit and the Dialectic of the Prose Poem*, Cranbury-London-Mississauga, Associated University Presses, 1998 [Doctoral Dissertation, Cornell University, Ithaca [New York], 1993].

RIDGE, George Ross (1960), « Images of Original Sin in Baudelaire's *Prose Poems* », *Kentucky Foreign Language Quarterly* [Lexington, Kentucky], Vol. VII, Issue 1, 1960, p. 19-21.

RIFFATERRE, Hermine (1983), « Reading Constants. The Practice of the Prose Poem », dans *The Prose Poem in France. Theory and Practice*, Edited by Mary Ann Caws and Hermine Riffaterre, New York, Columbia University Press, 1983, p. 98-116.

RIFFATERRE, Michael (1978), *Semiotics of Poetry*, Bloomington-London, Indiana University Press, 1978 ; *Sémiotique de la poésie*, traduit de l'anglais par Jean-Jacques Thomas, Paris, Éditions du Seuil, coll. Poétique, 1983 (« La sémiotique d'un genre : le poème en prose », p. 148-158).

RILKE, Rainer Maria (1903), [lettre à Lou Andreas-Salomé, 18 juillet 1903], trad. française dans Rainer Maria Rilke-Lou Andreas-Salomé, *Correspondance*, texte établi par Ernst Pfeiffer, traduit de l'allemand par Philippe Jaccottet, Paris, Gallimard, coll. Du monde entier, 1980 [p. 61].

RILKE, Rainer Maria (1910), *Les Carnets de Malte Laurids Brigge*, traduction nouvelle, préface et notes de Claude David, Paris, Gallimard, coll. Folio, 1991. Édition originale en allemand : *Die Aufzeichnungen des Malte Laurids Brigge*, Leipzig, Insel, 1910.

RIMESTAD, Christian (1927), *Baudelaire*, Copenhague, Gyldendal, 1927.

RINCÉ, Dominique (1984), *Baudelaire et la modernité poétique*, Paris, Presses universitaires de France, coll. Que sais-je ?, 1984 [en particulier p. 96-115].

RITTER, Naomi (1981), « Apollinaire and Rilke : the *saltimbanque* as Savior », *Yearbook of Comparative and General Literature* [Bloomington, Indiana], No. 30, 1981, p. 7-20.

ROBB, Graham (1988), *Baudelaire lecteur de Balzac*, Paris, José Corti, 1988.

ROBB, Graham (1989), « Baudelaire, Lucan, and *Une mort héroïque* », *Romance Notes* [Chapel Hill, North Carolina], Vol. XXX, No. 1, Fall 1989, p. 69-75.

ROBB, Graham (1990), « Les origines journalistiques de la prose poétique de Baudelaire », *Les Lettres romanes* [Louvain], t. XLIV, n° 1-2, février-mai 1990, p. 15-25.

ROBB, Graham (2010), *Parisians. An Adventure History of Paris,* New York, W. W. Norton & Co., 2010.

RODENBACH, Georges (1887), « Reportage posthume. Charles Baudelaire », dans André Guyaux, *Baudelaire. Un demi-siècle de lectures des Fleurs du mal (1855-1905)*, Paris, PUPS, coll. Mémoire de la critique, 2007, p. 727-731. Publié auparavant dans *L'Art moderne. Revue critique des arts et de la littérature* [Bruxelles], 3 juillet 1887, p. 209-211 ; rééd. dans *Le Progrès. Journal politique, industriel et artistique* [Bruxelles], n° 56, 14 juillet 1887.

RODENBACH, Georges (1892), « Le tombeau de Baudelaire », dans *La Querelle de la statue de Baudelaire (août-décembre 1892)*, sous la direction d'André Guyaux, avec la collaboration d'Aurélia Cervoni, de Guillaume Peigné et de Sébastien Porte, Paris, PUPS, coll. Mémoire de la critique, 2007, p. 125-130. Publié auparavant dans le *Figaro* [Paris], 6 septembre 1892, p. 1.

RODENBACH, Georges (1894), « Le tombeau de Baudelaire », dans André Guyaux, *Baudelaire. Un demi-siècle de lectures des Fleurs du mal (1855-1905)*, Paris, PUPS, coll. Mémoire de la critique, 2007, p. 837-850. Publié auparavant dans *La Revue de Paris* [Paris], juin 1894, p. 179-193.

ROGER, Thierry (2010) « *Gaspard de la Nuit* ou les anachronismes. Lectures antiromantiques d'un bréviaire du romantisme », dans *« Un livre d'art fantasque et vagabond ». Gaspard de la Nuit d'Aloysius Bertrand*, sous la direction d'André Guyaux, avant-propos de Dominique Millet-Gérard, Paris, Éditions Classiques Garnier, coll. Études dix-neuviémistes, 2010, p. 235-249.

RÖHNERT, Jan (2010), « Vom *Spleen de Paris* zum spleenigen Paris. Michel Deguys Fußnoten zu Baudelaire », *Zeitschrift für Literaturwissenschaft und Linguistik* [Göttingen], Band XL, Heft 160, Dezember 2010, p. 168-179 [avec un résumé en anglais].

ROSELLO, Mireille (1998), « Counterfeit Money and the Gift of Stereotypes. From *Petits poèmes en prose* to *Histoires maghrébines* », *Mattoid* [Geelong, Australia], No. 52-53, 1998, p. 118-131.

ROUMETTE, Julien (2001), *Les Poèmes en prose*, Paris, Ellipses, coll. Thèmes et études, 2001.

ROUSSEAU, René L. (1964a et 1964b), « Baudelaire adorateur de la lune », *Synthèses* [Bruxelles], XIXe année, n° 217-218, juin-juillet 1964, p. 281-294 ; n° 219, août 1964, p. 87-98.

RUBENSTEIN, Steven (1991), « The Figuration of Genre. Baudelaire's Prose Poem *L'Horloge* », *Romanic Review* [New York], Vol. LXXXII, No. 3, mai 1991, p. 331-345.

RUBIN, Vivien L. (1985-1986), « Two Prose Poems by Baudelaire. *Le Vieux Saltimbanque* et *Une mort héroïque* », *Nineteenth-Century French Studies* [Lincoln, Nebraska], Vol. XIV, No. 1-2, Fall-Winter 1985-1986, p. 51-60.

RUFF, Marcel (1955), *L'Esprit du mal et l'esthétique baudelairienne,* Paris, Armand Colin, 1955.

RUFF, Marcel (1957), « Baudelaire et le problème de la forme », *Pour le centenaire des Fleurs du mal, Revue des sciences humaines* [Lille], nouvelle série, n° 85, janvier-mars 1957, p. 43-55.

RUFF, Marcel (1966), *Baudelaire*, Paris, Hatier-Boivin, 1966.

RUFF, Marcel (1967), « Baudelaire et le poème en prose », *Zeitschrift für französische Sprache und Literatur* [Berlin], Band LXXVII, Heft 1-2, Januar 1967, p. 116-123 ; repris, en guise d'introduction, dans Charles Baudelaire, *Petits poèmes en prose (Le Spleen de Paris)*, chronologie et introduction par Marcel A. Ruff, Paris, Garnier-Flammarion, 1967 ; édition révisée et mise à jour, 1980.

RUNYON, Randolph P. (2010), *Intratextual Baudelaire. The Sequential Fabric of the Fleurs du mal and Spleen de Paris*, Columbus, The Ohio State University Press, 2010.

SABATIER, Robert (1977), *Histoire de la poésie française*, vol. V : *La Poésie du XIXe siècle*, t. II : *Naissance de la poésie moderne*, Paris, Albin Michel, 1977 [en particulier p. 150-158].

SACCHI, Sergio (1993), « *Morale du joujou*, poétique du jouet », dans *Dix études sur Baudelaire*, réunies par Martine Bercot et André Guyaux, Paris, Honoré Champion, coll. Bibliothèque de littérature moderne, 1993, p. 171-183.

SAHLBERG, Oskar (1980), *Baudelaire und seine Muse auf dem Weg zur Revolution*, Frankfurt am Main, Suhrkamp, 1980 (« *Der Spleen von Paris* », p. 156-188).

SAINTE-BEUVE (1862), « Des prochaines élections de l'Académie », extrait publié dans André Guyaux, *Baudelaire. Un demi-siècle de lectures des Fleurs du mal (1855-1905)*, Paris, PUPS, coll. Mémoire de la critique, 2007, p. 347-348. Publié auparavant dans *Le Constitutionnel* [Paris], 20 janvier 1862 ; rééd. dans *Nouveaux lundis*, Paris, Michel Lévy, t. I, 1863.

SAINTE-BEUVE (1865), « *Poésies*, par Charles Monselet », dans *Nouveaux lundis*, Paris, Michel Lévy, t. X, 1868 ; rééd. Calmann-Lévy, p. 87-88. Publié auparavant dans *Le Constitutionnel* [Paris], 24 avril 1865.

SAINTSBURY, George (1932), « Charles Baudelaire », *Fortnightly Review* [London], October 1875 ; recueilli dans *Miscellaneous Essays*, London, Percival & Co., 1932.

SALINES, Emily (2004), *Alchemy and Amalgam. Translation in the Works of Charles Baudelaire*, Amsterdam-New York, Rodopi, coll. Faux titre, 2004.

SAMINADAYAR-PERRIN, Corinne (2010), « Stratégies génériques dans l'écriture journalistique du XIXe siècle », *Romantisme* [Paris], n° 147, mars 2010, p. 121-134.

SAMUELS, Maurice (2014), « Baudelaire's Boulevard Spectacle : Seeing Through *Les Yeux des pauvres* », *Time for Baudelaire (Poetry, Theory, History)*, Edited by E. S. Burt, Elissa Marder, and Kevin Newmark, *Yale French Studies* [New Haven, Connecticut], No. 125-126, 2014, p. 167-182.

SANDRAS, Michel (1995), *Lire le poème en prose*, Montrouge, Dunod, coll. Lire, 1995.

SANDRAS, Michel (2001), Entrée « Poème en prose », dans *Dictionnaire de poésie de Baudelaire à nos jours*, publié sous la direction de Michel Jarrety, Paris, PUF, 2001, p. 609-614.

SANDRAS, Michel (2002), « Le poème en prose : une fiction critique ? », dans *Crise de prose*, sous la direction de Jean-Nicolas Illouz et Jacques Neefs, Saint-Denis, Presses universitaires de Vincennes, coll. Essais et savoirs, 2002, p. 89-101.

SANGSUE, Daniel (2014), « Sur les fantômes du *Spleen de Paris* », dans *Lectures du Spleen de Paris*, sous la direction de Steve Murphy, Rennes, Presses universitaires de Rennes, coll. Didact français, 2014, p. 225-234.

SANTILLI, Nikki (2003), *Such Rare Citings. The Prose Poem in English Literature*, Madison [Wisconsin]-Teaneck [New Jersey], Fairleigh Dickinson University Press et London, Associated University Presses, 2003 [en particulier p. 19, 20, 101, 105-106, 183, 198, 202-204].

SANYAL, Debarati (1999), « Conspiratorial Poetics. Baudelaire's *Une mort héroïque* », *Nineteenth-Century French Studies* [Lincoln, Nebraska], Vol. XXVII, No. 3-4, Spring-Summer 1999, p. 305-322.

SANYAL, Debarati (2001), « The Tie That Binds. Violent Commerce in Baudelaire's *La Corde* », *Yale French Studies* [New Haven, Connecticut], No. 101, 2001, p. 132-149.

SANYAL, Debarati (2006), *The Violence of Modernity. Baudelaire, Irony, and the Politics of Form*, Baltimore, The Johns Hopkins University Press, 2006 [en particulier p. 20-21, 53-94 (« Passages from Form to Politics. Baudelaire's *Le Spleen de Paris* »), 112-129].

SANYAL, Debarati (2014), « Peindre, non la chose, mais l'effet qui l'a produite. Défigurations du féminin dans *La Femme sauvage et la petite-maîtresse* », dans *Lectures du Spleen de Paris*, sous la direction de Steve Murphy, Rennes, Presses universitaires de Rennes, coll. Didact français, 2014, p. 251-260.

SARTRE, Jean-Paul (1946), *Baudelaire*, précédé d'une note de Michel Leiris, Paris, Gallimard, coll. Folio essais, 2006. Publié auparavant comme introduction aux *Écrits intimes*, Paris, Éditions du Point du jour, 1946 ; première édition en volume séparé : Paris, Gallimard, coll. Les Essais, 1947 ; coll. Idées, 1963.

SCEPI, Henri (2008), « Face à l'informe », dans *Baudelaire et les formes poétiques*, textes réunis et présentés par Yoshikazu Nakaji, Rennes, Presses universitaires de Rennes, coll. La Licorne, 2008, p. 11-23.

SCEPI, Henri (2012), *Théorie et poétique de la prose, d'Aloysius Bertrand à Léon-Paul Fargue*, Paris, Honoré Champion, coll. Unichamp-Essentiel, 2012 (« Baudelaire : prose et formes poétiques », p. 61-84).

SCEPI, Henri (2014a), « Le don des regards », *Méthode ! Revue de littérature* [Pau], [dirigé par] Caroline Fischer et Dominique Vaugeois, n° 24, automne 2014, p. 183-190.

SCEPI, Henri (2014b), « Le plus proche et le plus lointain », dans *Lectures du Spleen de Paris*, sous la direction de Steve Murphy, Rennes, Presses universitaires de Rennes, coll. Didact français, 2014, p. 153-167.

SCEPI, Henri (2014c), « Présence du démon », dans *Lire Le Spleen de Paris*, dirigé par André Guyaux et Henri Scepi, Paris, PUPS, 2014, p. 135-147.

SCHARBERT, Gerhard (2010), « *Cognitio animi experimentalis*. Intoxication, Hallucination, Imagination, and Modernity », dans *Habitus in Habitat II. Other Sides of Cognition*, [dirigé par] Sabine Flach and Jan Söffner, Bern, Peter Lang, coll. Natur, Wissenschaft und die Künste, 2010, p. 171-184.

SCHELLINO, Andrea (2014a), « Baudelaire et la prostitution "*fraternitaire*". À propos de *La Solitude* », *Méthode ! Revue de littérature* [Pau], [dirigé par] Caroline Fischer et Dominique Vaugeois, n° 24, automne 2014, p. 191-202.

SCHELLINO, Andrea (2014b), « Bibliographie du *Spleen de Paris*, établie par Andrea Schellino », dans *Lire Le Spleen de Paris*, dirigé par André Guyaux et Henri Scepi, Paris, PUPS, 2014, p. 191-210.

SCHELLINO, Andrea (2014c), « Éléments pour une étude de la "fortune" du *Spleen de Paris* », dans *Lire Le Spleen de Paris*, dirigé par André Guyaux et Henri Scepi, Paris, PUPS, 2014, p. 149-158.

SCHLOSSMAN, Beryl (2014), « Baudelaire, le poète, l'étranger », *L'Étranger*, [sous la direction de] Ana Clara Santos, Maria de Jesus Cabral, *Carnets. Revue électronique d'études françaises* [revue de l'Associação portuguesa de estudos franceses, Faro], IIe série, n° 1, 2014, p. 159-166.

SCHMIDT, Albert-Marie (1961), « Baudelaire, poète en prose », *Bulletin de l'Institut français de Copenhague* [Copenhague], n° 8-9, janvier 1961, p. 97-103.

SCHNEIDER, Michel (1994), *Baudelaire. Les années profondes*, Paris, Éditions du Seuil, coll. La Librairie du XXe siècle, 1994.

SCHNEIDER, Pierre (1951), « Baudelaire, poète de la fragmentation », *Critique* [Paris], LIe année, t. VII, n° 51-52, août-septembre 1951, p. 675-685.

SCHOFER, Peter (1988), « *Une mort héroïque.* Baudelaire's Theater of Social Cruelty », *French Literature Series* [Columbia, South Carolina], Vol. XV, 1988, p. 50-57.

SCHOFER, Peter (1992), « You Cannot Kill a Cloud. Code and Context in *L'Étranger* » dans *Modernity and Revolution in Late Nineteenth-Century France*, Edited by Barbara T. Cooper and Mary Donaldson Evans, Newark [Delaware] and Toronto, University of Delaware Press and Associated University Presses, 1992, p. 99-107.

SCHRAMBACH, Bendi Benson (2008), « Narrative, Genre, and Community in Marguerite de Navarre's *L'Heptaméron* and Baudelaire's *Le Spleen de Paris* », *The French Review* [Carbondale, Illinois], Vol. LXXXI, No. 5, April 2008, p. 930-943.

SCHROER, Charlotte (1935), *Les Petits poèmes en prose von Baudelaire, eine Gedankendichtung, als Zeit- und Charakterdokument*, Engelsdorf-Leipzig, Druck von C. & E. Vogel, 1935 [publication de sa Dissertation, Jena Universität, 1935].

SCHUEREWEGEN, Franc (1993), « Faux amis. Sur Baudelaire et Derrida », *Poétique* [Paris], n° 95, septembre 1993, p. 371-378.

SCHUEREWEGEN, Franc (2014), « La méthode de Balzac », dans *Lectures du Spleen de Paris*, sous la direction de Steve Murphy, Rennes, Presses universitaires de Rennes, coll. Didact français, 2014, p. 65-78.

SCOTT, Clive (1976), « The Prose Poem and Free Verse », dans *Modernism. A Guide to European Literature. 1890-1930*, Edited by Malcolm Bradbury and James McFarlane, Hammondsworth, Penguin Books, coll. Pelican Guides to European Literature, 1976 [en particulier p. 353 et 357-358].

SCOTT, Clive (1990), *Vers libre. The Emergence of Free Verse in France 1886-1914*, Oxford, Clarendon Press, 1990.

SCOTT, Clive (1999), « The Rhythmicity of the French Prose Poem », *L'Esprit créateur* [Minneapolis, Minnesota], Vol. XXXIX, No. 1, Spring 1999, p. 26-36.

SCOTT, Clive (2000), *Translating Baudelaire*, Exeter, University of Exeter Press, 2000.

SCOTT, Clive (2006), *Translating Rimbaud's Illuminations*, Exeter, University of Exeter Press, 2006.

SCOTT, David H. T. (1984), « La structure spatiale du poème en prose. D'Aloysius Bertrand à Rimbaud », *Poétique* [Paris], n° 59, 1984, p. 295-398.

SCOTT, David H. T. (1988), *Pictorial Poetics. Poetry and the Visual Arts in Nineteenth-Century France*, Cambridge, Cambridge University Press, 1988.

SCOTT, David H. T. (1999), « Le poème en prose comme symptôme de crise littéraire. Hétérogénéité et déconstruction dans *Le Spleen de Paris* de Baudelaire », *L'Esprit créateur* [Minneapolis, Minnesota], Vol. XXXIX, No. 1, Spring 1999, p. 5-14.

SCOTT, David H. T. (2009), « Generical Intersections in Nineteenth-Century French Painting and Literature. Manet's *La Musique aux Tuileries* and Baudelaire's *Petits poèmes en prose* », dans *Textual Intersections. Literature, History and the Arts in Nineteenth-Century Europe*, Edited by Rachael Langford, Amsterdam-New York, Rodopi, 2009, p. 107-118.

SCOTT, David H. T. et WRIGHT, Barbara (1984), *La Fanfarlo and Le Spleen de Paris. Critical Guides to French Texts*, London, Grant & Cutler, 1984.

SCOTT, Maria C. (2001a), « Reading Monstrosity in Baudelaire's *Mademoiselle Bistouri* », *Australian Journal of French Studies* [Clayton], Vol. XXXVIII, No. 2, May-August 2001, p. 228-240.

SCOTT, Maria C. (2001b), « Superfluous Intrigues in Baudelaire's Prose Poems », *French Studies* [Oxford], Vol. LV, No. 3, July 2001, p. 351-362.

SCOTT, Maria C. (2004), « Baudelaire's Canine Allegories. *Le Chien et le flacon* and *Les Bons Chiens* », *Nineteenth-Century French Studies* [Lincoln, Nebraska], Vol. XXXIII, No. 1-2, Fall-Winter 2004, p. 107-119.

SCOTT, Maria C. (2005a), *Baudelaire's Le Spleen de Paris. Shifting Perspectives*, Farnham [Surrey]-Burlington [Vermont], Ashgate Publishing, coll. Studies in European Cultural Transition, 2005.

SCOTT, Maria C. (2005b), « Le "moi" insaisissable du *Spleen de Paris* », *Bulletin baudelairien* [Nashville, Tennessee], t. XL, n° 1-2, avril-décembre 2005, p. 51-65.

SCOTT, Maria C. (2012), « Intertextes et mystifications dans les poèmes en prose de Baudelaire », *Romantisme* [Paris], n° 161, avril-juin 2012, p. 63-73.

SCOTT, Maria C. (2013), « Circulation in Baudelaire's Paris », in *The Cambridge Companion to the Literature of Paris*, Edited by Anna-Louise Minne, Cambridge, Cambridge University Press, 2013, p. 85-102.

SCOTT, Maria C. (2014), « *La Belle Dorothée*, ou les taches aveugles du regard idéaliste-matérialiste », dans *Lectures du Spleen de Paris*, sous la direction de Steve Murphy, Rennes, Presses universitaires de Rennes, coll. Didact français, 2014, p. 237-250.

SÉGINGER, Gisèle (2003), « Éthique et poésie », dans *Les Fleurs du mal*, actes du colloque de la Sorbonne des 10 et 11 janvier 2003, édités par André Guyaux et Bertrand Marchal, Paris, PUPS, 2003, p. 231-245.

SELLIER, Philippe (1989), « Pour un Baudelaire et Pascal », dans *Les Fleurs du mal. L'intériorité de la forme*, préface de Max Milner, actes du colloque [de la] Société des études romantiques, 7 janvier 1989, Paris, SEDES, 1989, p. 5-16.

SERRANO, Lucienne (1977), *Jeux de masques. Essai sur le travesti dérisoire dans la littérature*, Paris, Nizet, 1977 (« L'errance. *Les Vocations. Le Spleen de Paris* », p. 133-150 ; « La déchéance », p. 151-173).

SHARPLEY-WHITING, Tracy Denean (1999), *Black Venus. Sexualized Savages, Primal Fears, and Primitive Narratives in French*, Durham, Duke University Press, 1999.

SHATTUCK, Roger (1983), « Vibratory Organism : *crise de prose* », *The Prose Poem in France. Theory and Practice*, Edited by Mary Ann Caws and Hermine Riffaterre, New York, Columbia University Press, 1983, p. 21-35 ; recueilli sous le titre « Vibratory Organisms. Baudelaire's First Prose Poem » dans *The Innocent Eye. On Modern Literature and the Arts*, New York, Farrar, Straus, Giroux, 1984, p. 135-148.

SHEN, Yingli (2008), « "Da chengshi" he "xiaocao". Qiantan Bodelaier he Lu Xun de sanwenshi chuangzuo » [« "Grande ville" et "petites herbes". Une première étude sur la création des poèmes en prose par Baudelaire et par Lu Xun »], *Wenjiao ziliao* [*Documents sur la culture et sur l'enseignement*, Nanjing], première décade de janvier 2008, p. 15-18.

SHERINGHAM, Michael (1997), « Nouvelle et poème en prose, *Mademoiselle Bistouri* de Baudelaire », dans *La Nouvelle hier et aujourd'hui*, actes du colloque de University College Dublin, 14-16 septembre 1995, sous la direction de Johnnie Gratton et Jean-Philippe Imbert, Paris et Montréal, L'Harmattan, 1997, p. 85-93.

SHI, Deyi (1973), « Fenxi Botelaier de *Jingsi* » [« Analyse de *Recueillement* de Baudelaire »], *Zhongwai wenxue* [*Littératures chinoise et étrangères*, Taibei], n° 5, octobre 1973, p. 102-110.

SHIMIZU, Masashi (2013), « Bôdolêru *Yûbe no hakumei* wo yomu : kakitsugareru tekusuto » [« Lire *Le Crépuscule du soir* : les textes relayés »], *Toyama daigaku jimbun gakubu kiyô* [*Bulletin de la Faculté des lettres de l'Université de Toyama*, Toyama], n° 58, 2013, p. 289-313.

SIBILIO, Elisabetta (2002), « Allegoria di una poetica e poetica dell'allegoria nel *Confiteor de l'artiste* di Baudelaire », *Micromégas* [Roma], n. 70, aprile 2002, p. 445-449.

SICARD-COWAN, Hélène (2007), « Désir colonial et "conscience historique authentique". *La Belle Dorothée* de Charles Baudelaire », *Nineteenth-Century French Studies* [Lincoln, Nebraska], Vol. XXXV, No. 3-4, Spring-Summer 2007, p. 537-546.

SIMON, John I. (1959), *The Prose Poem. A Study of a Genre in Nineteenth-Century European Literature*, Unpublished Doctoral Dissertation, Harvard University, Cambridge [Massachusetts], 1959.

SIMON, John I. (1987), *The Prose Poem as a Genre in Nineteenth-Century European Literature*, New York-London, Garland Publishing, 1987.

SISCAR, Marcos (2010), « A parte da ficção. O problema da contradição em Charles Baudelaire », dans *Poesia e crise*, Campinas, Editora da Unicamp, 2010.

SKAGEN VIBE, Margery (1996), « Pour s'exercer à mourir. Ennui et mélancolie dans *Le Tir et le cimetière* de Baudelaire », *L'Année Baudelaire* [Paris], n° 2, 1996, p. 75-106.

SKAGEN VIBE, Margery (2000), *Mélancolie et goût de l'infini. Essai sur la mélancolie poétique dans les écrits de Charles Baudelaire*, thèse de doctorat, Université de Bergen [Norvège], 2000.

SKAGEN VIBE, Margery (2003), « Ennui *vs* mélancolie », dans *Les Fleurs du mal*, actes du colloque de la Sorbonne des 10 et 11 janvier 2003, édités par André Guyaux et Bertrand Marchal, Paris, PUPS, 2003, p. 247-267.

SLOTT, Kathryn Eleanor (1980), *Poetics of the Nineteenth-Century French Prose Poem*, Unpublished Doctoral Dissertation, University of Pennsylvania, Philadelphia [Pennsylvania], 1980.

SOLLERS, Philippe (2007), *Un vrai roman. Mémoires*, Paris, Plon, coll. Mémoires et témoignages, 2007.

SONNENFELD, Albert (1987), « The Pathology of Anger. Wrath and Rhetoric », *Romanic Review* [New York], Vol. LXXVIII, No. 4, November 1987, p. 405-419.

SOUCY, Anne-Marie (1987a), « Difficulties in the Genre of Prose Poetry », *Iris. Graduate Journal of French Critical Studies* [Madison, Wisconsin], Vol. III, No. 1, Spring 1987, p. 53-64.

SOUCY, Anne-Marie (1987b), « Identification with Urban Marginals. The Representation of the Subject in Baudelaire's Late Poetry », *University of Dayton Review* [Dayton], Vol. XVIII, No. 3, Summer 1987, p. 67-74.

SOUCY, Anne-Marie (1988), « Baudelaire's Prose Poem and Contemporary Theory », *Forum for Modern Language Studies* [Oxford], Vol. XXIV, No. 1, January 1988, p. 27-36 ; rééd., avec quelques variantes, dans *Francofonia* [Bologna], n. 14, primavera 1988, p. 39-51.

SOUDAY, Paul (1917), « Les livres » [compte rendu des nouvelles éditions des *Fleurs du mal* et du *Cinquantenaire de Charles Baudelaire* d'Ernest Raynaud], cité dans Alfred E. Carter, *Baudelaire et la critique française 1868-1917*, Columbia, University of South Carolina Press, 1963, p. 264-265. Publié auparavant dans *Le Temps* [Paris], 17 octobre 1917, p. 3.

SOUFFRIN-LE BRETON, Eileen (1994), « More on the Mirror of *La Belle Dorothée* », *French Studies Bulletin* [Oxford], No. 50, Spring 1994, p. 16-18.

SOUPAULT, Philippe (1931), *Baudelaire*, Paris, Rieder, coll. Maîtres des littératures 1931 ; rééd. 1938.

SOUPAULT, Philippe (1961), « Fourmillante cité, cité pleine de rêves », dans *Baudelaire*, Paris, Hachette, coll. Génies et réalités, 1961, p. 130-145.

SOUPAULT, Philippe (1963), « Baudelaire redécouvert », dans *Profils perdus*, Paris, Mercure de France, 1963, p. 101-123.

SPADON, Gino (1983), *Scomposizione e analisi del poemetto baudelairiano La Chambre double*, Venezia, Pistellato, 1983.

SPANDONIS, Sophie (2003), « "Puisque fantaisie il y a…". Théorie de la fantaisie et écriture fantaisiste dans l'œuvre critique de Baudelaire », dans *La Fantaisie post-romantique*, textes réunis et présentés par Jean-Louis Cabanès et Jean-Pierre Saïdah, actes du colloque de Bordeaux de novembre 1999, Toulouse, Presses universitaires du Mirail, coll. Essais de littérature. Cribles, 2003, p. 91-109.

SPENCER, Judith Olive (1980), « The Poet in Crisis. An Examination of the Role of the *bouffon* in Baudelaire's Works », *Dalhousie French Studies* [Halifax], No. 2, October 1980 [résumé d'un Doctoral Dissertation, University of Alberta 1979].

ST. Clair, Robert (2014a), « Misères de la poésie. Micro-lecture des économies de la violence dans *Les Yeux des pauvres* », dans *Lectures du Spleen de Paris*, sous la direction de Steve Murphy, Rennes, Presses universitaires de Rennes, coll. Didact français, 2014, p. 307-320.

ST. Clair, Robert (2014b), « Writing Poetry Against the Grain. Or, What Can Be Seen in *Les Yeux des pauvres* », *French Forum* [Philadelphia, Pennsylvania], Vol. XXXIX, No. 1, Winter 2014, p. 49-63.

STAMELMAN, Richard (1983), « The Shroud of Allegory. Death, Mourning and Melancholy in Baudelaire's Work », *Texas Studies in Literature and Language* [Austin], Vol. XXV, No. 3, Fall 1983 ; recueilli dans *Lost Beyond Telling, Representations of Death and Absence in Modern French Poetry*, Ithaca-London, Cornell University Press, 1990, p. 49-69.

STARK, Jared (2007), « The Price of Authenticity. Modernism and Suicide in Baudelaire's *La Corde* », *Modernism/Modernity* [Baltimore], Vol. XIV, No. 3, September 2007, p. 499-506.

STAROBINSKI, Jean (1966), « Note sur le bouffon romantique », *Cahiers du Sud* [Marseille], LIIIe année, t. LX-LXI, n° 387-388, avril-juin 1966, p. 270-275.

STAROBINSKI, Jean (1967), « Sur quelques répondants allégoriques du poète », *Revue d'histoire littéraire de la France* [Paris], LXVIIe année, n° 2, avril-juin 1967, p. 402-421.

STAROBINSKI, Jean (1970), *Portrait de l'artiste en saltimbanque,* nouvelle édition revue et corrigée par l'auteur, Paris, Gallimard, coll. Art et artistes, 2004. Édition originale : Genève, Skira, coll. Les Sentiers de la création, 1970 ; Paris, Flammarion, coll. Champs, 1983.

STAROBINSKI, Jean (1978), « Sur Rousseau et Baudelaire. Le dédommagement et l'irréparable », dans *Le Lieu et la formule. Hommage à Marc Eigeldinger*, Neuchâtel, À la Baconnière, coll. Langages, 1978, p. 47-59.

STAROBINSKI, Jean (1979), « Bandello et Baudelaire (*Le Prince et son bouffon*) », dans *L'Encre de la mélancolie*, postface par Fernando Vidal, Paris, Éditions du Seuil, coll. La Librairie du XXIe siècle, 2012, p. 499-513. Publié auparavant dans *Le Mythe d'Étiemble. Hommages. Études et recherches. Inédits*, Paris, Didier Érudition, coll. Études de littérature étrangère et comparée, 1979, p. 251-259 ; trad. italienne dans *Paragone. Letteratura* [Firenze], n. 364, giugno 1980, p. 3-15.

STAROBINSKI, Jean (1981), « Rousseau et Baudelaire (les enfants effrayés) », *La Nouvelle Revue française* [Paris], n° 338, 1er mars 1981, p. 37-50.

STAROBINSKI, Jean (1982), « Rousseau, Baudelaire, Huysmans (les pains d'épices, le gâteau, et l'immonde tartine) », dans *Baudelaire, Mallarmé, Valéry. New Essays in Honour of Lloyd Austin*, Edited by Malcolm Bowie, Alison Fairlie and Alison Finch, Cambridge, Cambridge University Press, 1982, p. 128-141.

STAROBINSKI, Jean (1983), « *Baudelaire metteur en scène* », dans *L'Encre de la mélancolie*, postface par Fernando Vidal, Paris, Éditions du Seuil, coll. La Librairie du XXIe siècle, 2012, p. 421-435. Publié auparavant sous le titre « Rêve et immortalité chez Baudelaire » dans *Corps écrit* [Paris], n° 7, septembre 1983, p. 45-56.

STAROBINSKI, Jean (1984), « Fenêtres : de Rousseau à Baudelaire », dans *L'Idée de la ville*, actes du colloque international de Lyon, présentation de François Guéry, Seyssel, Champ Vallon, coll. Milieux, 1984, p. 179-187 ; rééd. dans *Hommes de lettres. Freundesgabe für François Bondy*, herausgegeben von Richard Reich und Béatrice Bondy, Zürich, Schulthess, 1985, p. 75-77.

STAROBINSKI, Jean (1986), « Don fastueux et don pervers. Commentaire historique d'une rêverie de Rousseau » [Conférence Marc Bloch, 13 juin 1985], *Annales. Économies, sociétés, civilisations* [Paris], n° 1, janvier-février 1986, p. 7-26.

STAROBINSKI, Jean (1989), *La Mélancolie au miroir. Trois lectures de Baudelaire*, [préface de Yves Bonnefoy], Paris, Julliard, 1989.

STAROBINSKI, Jean (1994a), *Largesse*, nouvelle édition revue et corrigée par l'auteur, Paris, Gallimard, coll. Art et artistes, 2007 (« Nouvelles batailles d'enfants », p. 123-143). Édition originale : Paris, Éditions de la Réunion des musées nationaux, 1994.

STAROBINSKI, Jean (1994b), « Le regard des statues », dans *L'Encre de la mélancolie*, postface par Fernando Vidal, Paris, Éditions du Seuil, coll. La Librairie du XXIe siècle, 2012, p. 471-498. Publié auparavant dans la *Nouvelle revue de psychanalyse* [Paris], n° 50, automne 1994, p. 45-64.

STAROBINSKI, Jean (2012), *L'Encre de la mélancolie*, postface par Fernando Vidal, Paris, Éditions du Seuil. coll. La Librairie du XXIe siècle, 2012, p. 499-513.

STEINMETZ, Jean-Luc (1989), « Essai de tératologie baudelairienne », dans *Les Fleurs du mal. L'intériorité de la forme*, préface de Max Milner, actes du colloque [de la] Société des études romantiques, 7 janvier 1989, Paris, SEDES, 1989, p. 161-173.

STEINMETZ, Jean-Luc (2003), « L'indécidable "poème en prose" d'Aloysius Bertrand », *La Toison d'or* [Bergerac], n° 3, mai 2003, p. 57-67.

STEINMETZ, Jean-Luc (2007), « Notes sur *Le Spleen de Paris* », *L'Année Baudelaire* [Paris], n° 9-10, 2005-2006 [2007], p. 289-307.

STEINMETZ, Jean-Luc (2008a), *Reconnaissances. Nerval, Baudelaire, Lautréamont, Rimbaud, Mallarmé*, Nantes, Cécile Defaut, 2008 (« Baudelaire anti-lyrique ? », p. 103-119).

STEINMETZ, Jean-Luc (2008b), « Sympathie, compassion et charité (dans *Le Spleen de Paris*) », dans *Baudelaire et les formes poétiques*, textes réunis et présentés par Yoshikazu Nakaji, Rennes, Presses universitaires de Rennes, coll. La Licorne, 2008, p. 97-111 ; publié aussi dans *Reconnaissances. Nerval, Baudelaire, Lautréamont, Rimbaud, Mallarmé*, Nantes, Cécile Defaut, 2008, p. 137-162.

STEINMETZ, Jean-Luc (2014a), « Ontoscopie (sur *Les Fenêtres*) », dans *Lire Le Spleen de Paris*, dirigé par André Guyaux et Henri Scepi, Paris, PUPS, 2014, p. 159-166.

STEINMETZ, Jean-Luc (2014b), « Une fable des origines », dans *Lectures du Spleen de Paris*, sous la direction de Steve Murphy, Rennes, Presses universitaires de Rennes, coll. Didact français, 2014, p. 97-104.

STENZEL, Hartmut (1976), « Quelques souvenirs socialistes dans l'œuvre de Baudelaire », *Bulletin baudelairien* [Nashville, Tennessee], t. XII, n° 1, été 1976, p. 3-13.

STEPHENS, Sonya (1993), « Argot littéraire, argot plastique. Caricature in Baudelaire's Prose Poetry », *Australian Journal of French Studies* [Clayton], Vol. XXX, No. 2, May-August 1993, p. 197-206.

STEPHENS, Sonya (1996), « L'expérience urbaine et l'évolution d'un genre. Le cas du poème en prose baudelairien », dans *Le Champ littéraire*

1860-1900. Études offertes a Michael Pakenham, éditées par Keith Cameron et James Kearns, Amsterdam-Atlanta [Georgia], Rodopi, coll. Faux titre, 1996, p. 39-47.

STEPHENS, Sonya (1998a), « Boundaries, Limites and Limitations. Baudelaire's *poèmes-boutades* », *French Studies* [Oxford], Vol. LII, No. 1, January 1998, p. 28-40.

STEPHENS, Sonya (1998b), « Voices in the Night. *À une heure du matin* », dans *The Art of Reading. Essays in Memory of Dorothy Gabe Coleman*, Edited by Philip Ford and Gillian Jondorf, Cambridge, Cambridge University Press, coll. Cambridge French Colloquia, 1998, p. 143-153.

STEPHENS, Sonya (1999), *Baudelaire's Prose Poems. The Practice and Politics of Irony*, Oxford, Oxford University Press, 1999.

STEPHENS, Sonya (2000), « Unfamiliarity and Defamiliarization. Teaching *Les Fleurs du mal* with the *Petits poèmes en prose* », dans *Approches to Teaching Baudelaire's Flowers of Evil*, Edited by Laurence M. Porter, New York, The Modern Languages Association of America, 2000, p. 93-99.

STEPHENS, Sonya (2001), « Contingencies and Discontinuities of the Lyric I. Baudelaire as Poet-Narrator and Diarist », dans *Baudelaire and the Poetics of Modernity*, Edited by Patricia A. Ward, with the Assistance of James S. Patty, Nashville [Tennessee], Vanderbilt University Press, 2001, p. 134-143.

STEPHENS, Sonya (2005), « *Les lectures de l'archilecteur...* Readers and Readings of/in the *Petits poèmes en prose* », *Bulletin baudelairien* [Nashville, Tennessee], t. XL, n° 1-2, avril-décembre 2005, p. 67-82.

STIERLE, Karlheinz (1993), *Der Mythos von Paris. Zeichen und Bewußtsein der Stadt*, München, Deutscher Taschenbuch, 1998 [« Legenden des modernen Bewußtseins : *Le Spleen de Paris* », p. 884-902]. Première édition en allemand : München-Wien, Carl Hanser, 1993 ; trad. en français : *La Capitale des signes. Paris et son discours*, traduit de l'allemand par Marianne Rocher-Jacquin, Paris, Éditions de la Maison des sciences de l'homme, 2001.

STREIT, Gertrud (1929), *Die Doppelmotive in Baudelaires Fleurs du mal und Petits poèmes en prose*, Dissertation, Zürich, Heits, 1929.

STRICKLAND, Edward (1979), « The Coalescence of Characteristic Poe Motifs in Baudelaire's *Laquelle est la vraie ?* », *Revue de littérature comparée* [Paris], t. LIII, n° 4, octobre-décembre 1979, p. 86-88.

SUARÈS, André (1911), « Baudelaire », *La Grande Revue* [Paris], 25 décembre 1911 ; rééd. dans Alfred E. Carter, *Baudelaire et la critique française 1868-1917*, Columbia, University of South Carolina Press, 1963, p. 217-220.

SUGIMOTO, Noriko (2008), « Genèse romanesque du *Spleen de Paris* », dans *Baudelaire et les formes poétiques*, textes réunis et présentés par Yoshikazu Nakaji, Rennes, Presses universitaires de Rennes, coll. La Licorne, 2008, p. 129-142.

SUJTÓ, László (2003), « *L'Étranger* et *Laquelle est la vraie ?*. Deux allégories du genre », *Acta romanica* [Szeged, Hongrie], Tomus XXII, 2003, p. 149-157.

SUN, Guojun (2013), « Youyu de xinjing youyu de shu. Bali de youyu » [« Le spleen dans le cœur et dans le livre. *Le Spleen de Paris* »], *Chifeng xueyuan xuebao* [*Bulletin de l'Institut Chifeng*, Chifeng], n° 2, 25 février 2013.

SUSINI, Jean-Claude (1996), « De la rhétorique romantique au captage de la physis : les avatars d'une larme dans *Tristesses de la lune* de Baudelaire », *L'Information littéraire* [Paris], XLVIIIe année, n° 3, mai-juin 1996, p. 29-36.

SUSINI, Jean-Claude (1997a), « Bornéo/Tornéo. Changements de cap et embrayage isotopique dans *Any where out of the world* de Baudelaire », dans *Moving Forward, Holding Fast. The Dynamics of Nineteenth-Century French Culture*, Edited by Barbara T. Cooper and Mary Donaldson-Evans, Amsterdam-Atlanta [Georgia], Rodopi, coll. Faux titre, 1997, p. 103-113.

SUSINI, Jean-Claude (1997b), « Liszt/Analyste. Dimension rhétorique du jeu de mots dans *Le Thyrse* », *Bulletin baudelairien* [Nashville, Tennessee], t. XXXII, n° 2, décembre 1997, p. 53-62.

SUSINI, Jean-Claude (1999), « Pour une lecture excentrique du *Spleen de Paris* de Baudelaire », *Bulletin baudelairien* [Nashville, Tennessee], t. XXXIII, n° 2, avril 1999, p. 62-74.

SUYAMA, Daiichirô (2007), *Mirukoto no shigaku. Bôdolêru* Shô sambunshi *ni okeru shikaku no mondai* [*La Poésie de voir. Le problème de la vue dans Le Spleen de Paris de Baudelaire*], thèse de doctorat, Université de Tokyo des études étrangères, Tokyo, 2007.

SUZUKI, Kazuhiko (2011), « Une lecture des deux *Crépuscules* », *L'Année Baudelaire* [Paris], n° 13-14, 2009-2010 [2011], p. 211-224.

SUZUKI, Keiji (2008), « *Mimésis* et imagination chez Baudelaire », dans *Baudelaire et les formes poétiques*, textes réunis et présentés par Yoshikazu

Nakaji, Rennes, Presses universitaires de Rennes, coll. La Licorne, 2008, p. 143-155.

SWAIN, Virginia E. (1982), « The Legitimation Crisis. Event and Meaning in Baudelaire's *Le Vieux Saltimbanque* and *Une mort héroïque* », *Romanic Review* [New York], No. 73, 1982, p. 452-462.

TAINE, Hippolyte (1881), *H. Taine. Sa vie et sa correspondance* t. IV : *L'Historien (suite). Les dernières années (1876-1893)*, Paris, Hachette, 1907 [lettre d'Hippolyte Taine à Paul Bourget, 24 novembre 1881, p. 138].

TERDIMAN, Richard (1985), *Discourse/Counter-Discourse. The Theory and Practice of Symbolic Resistance in Nineteenth-Century France*, Ithaca [New York], Cornell University Press, 1985.

TERONI, Sandra (1994), « Fughe e intrusioni. Le tentazioni dello straniero », dans *Lo Straniero*, atti del convegno di studi, Cagliari, 16-19 novembre 1994, a cura di Mario Domenichelli e Pino Fasano, Roma, Bulzoni, 1997, p. 633-644.

TERRIER, Philippe (1997), « Le latin d'église dans *Les Fleurs du mal* et *Le Spleen de Paris* », dans *Nomen Latinum. Mélanges de langue, de littérature et de civilisation latines offerts au professeur André Schneider à l'occasion de son départ à la retraite*, textes recueillis et édités par Denis Knoepfler, en collaboration avec Michel Biollat, Genève, Droz, coll. Université de Neuchâtel. Recueil de travaux publiés par la faculté des lettres, 1997, p. 441-452.

THÉBAULT, Olivier-Pierre (2013), « L'âme baudelairienne des parfums », dans *Par-delà l'enfer et le ciel. Essais sur la pensée de Charles Baudelaire*, préface de Roland Tournaire, Paris, L'Harmattan, coll. Espaces littéraires, 2014, p. 52-61. Publié auparavant dans *L'Infini* [Paris], n° 125, hiver 2013, p. 91-102.

THÉBAULT, Olivier-Pierre (2014), *Par-delà l'enfer et le ciel. Essais sur la pensée de Charles Baudelaire*, préface de Roland Tournaire, Paris, L'Harmattan, coll. Espaces littéraires, 2014.

THEIS, Raimond (1972), *Zur Sprache der* cité *in der Dichtung. Untersuchungen zum Roman und zum Prosagedicht*, Frankfurt, Vittorio Klostermann, coll. Analecta romanica, 1972 (« Baudelaires Begründung des *petit poème en prose* », p. 131-145).

THÉLOT, Jérôme (1989), « Une citation de Shakespeare dans *Les Bons*

Chiens », *Bulletin baudelairien* [Nashville, Tennessee], t. XXIV, n° 2, décembre 1989, p. 61-66.

THÉLOT, Jérôme (1993), *Baudelaire. Violence et poésie*, Paris, Gallimard, coll. Bibliothèque des idées, 1993.

THÉLOT, Jérôme (1995), « Paris/Honfleur ou l'impossibilité d'œuvrer », *L'Année Baudelaire* [Paris], n° 1, 1995, p. 133-146.

THÉLOT, Jérôme (1996), « De Jouve à Baudelaire », *La Revue des lettres modernes* [Paris], n° 1286-1295 [5], 1996, p. 35-63.

THÉLOT, Jérôme (1995), « La prière selon Baudelaire », dans *La Poésie précaire*, Paris, Presses universitaires de France, coll. Perspectives littéraires, 1997, p. 31-62. Publié auparavant dans *Baudelaire : nouveaux chantiers*, textes réunis par Jean Delabroy et Yves Charnet, Lille, Presses universitaires du Septentrion, coll. Travaux et recherches, 1995, p. 85-96.

THÉLOT, Jérôme (1997), *La Poésie précaire*, Paris, Presses universitaires de France, coll. Perspectives littéraires, 1997 (« La prière selon Baudelaire », p. 31-62).

THÉLOT, Jérôme (2000), « La conversion baudelairienne », *L'Année Baudelaire* [Paris], n° 5, 1999 [2000], p. 119-142.

THÉLOT, Jérôme (2003), « Pour une poétique de la faim », dans *Les Fleurs du mal*, actes du colloque de la Sorbonne des 10 et 11 janvier 2003, édités par André Guyaux et Bertrand Marchal, Paris, PUPS, 2003, p. 281-293.

THÉLOT, Jérôme (2014a), « Sur la condition de la poésie : *L'Étranger* », dans *Lire Le Spleen de Paris*, dirigé par André Guyaux et Henri Scepi, Paris, PUPS, 2014, p. 167-173.

THÉLOT, Jérôme (2014b), « Une collectionneuse du nom de "Bistouri". Photographie, médecine, folie, prière », dans *Lectures du Spleen de Paris*, sous la direction de Steve Murphy, Rennes, Presses universitaires de Rennes, coll. Didact français, 2014, p. 219-223.

Théorie et pratique du fragment (2004), actes du colloque international de la Società universitaria per gli studi di lingua e letteratura francese (SUSLLF), Venise, 28-30 novembre 2002, études réunies par Lucia Omacini et Laura Este Bellini, Genève, Slatkine, coll. Érudition, 2004.

THIBAUDET, Albert (2010), « Baudelaire », dans I*ntérieurs. Baudelaire – Fromentin – Amiel*, édition présentée et annotée par Robert Kopp, Paris, Gallimard, coll. Les Cahiers de La NRF, 2010. Publié auparavant dans *La Revue de Paris* [Paris], 15 avril 1921 ; recueilli dans *Intérieurs*, Paris, Plon-Nourrit, 1924.

THUM, Reinhard H. (1994), *The City. Baudelaire, Rimbaud, Verhaeren*, New York, Peter Lang, coll. Studies on Themes and Motifs in Literature, 1994 [en particulier p. 45-53, 58-87].

TILBY, Michael (2002), « Le café-théâtre baudelairien : une lecture des *Yeux des pauvres* », *Australian Journal of French Studies* [Clayton], Vol. XXXIX, No. 1, January-April 2002, p. 60-71.

TODOROV, Tzvetan (1987), *Les Genres du discours*, Paris, Éditions du Seuil, 1978 (« La poésie sans le vers », p. 116-131 ; rééd. dans *La Notion de littérature et autres essais*, Paris, Éditions du Seuil, coll. Points essais, 1987, p. 66-84].

TOUMAYAN, Alain (1987), *La Littérature et la hantise du mal. Lectures de Barbey d'Aurevilly, Huysmans et Baudelaire*, Lexington [Kentucky], French Forum Publishers, 1987, p. 85-87.

TROYAT, Henri (1994), *Baudelaire*, Paris, Flammarion, coll. Grandes biographies, 1994.

TSUYUZAKI, Toshikazu (1995), « Kiki no jidai no shijin. *Pari no yûutsu* wo yomu tameni » [« Le poète au temps de la crise. Pour lire *Le Spleen de Paris* », *Aoyama furansu bungaku ronshû* [*Bulletin de la littérature française de l'Université Aoyama Gakuin*, Tokyo], n° 4, 1995, p. 71-84.

TUCCI, Patrizio (1991), « Una metamorfosi di Baudelaire. *Any where out of the world* dai *Petits poèmes en prose* ai *Piccoli equivoci senza importanza* [d'Antonio Tabucchi] », dans *Metamorfosi, mostri, labirinti*, atti del seminario di Cagliari, 22-24 gennaio 1990, a cura di Giovanna Cerina, Mario Domenichelli, Patrizio Tucci e Maurizio Virdis, Roma, Bulzoni, 1991, p. 445-467.

TURNELL, Martin (1972), *Baudelaire. A Study of his Poetry*, London, Hamish Hamilton, 1953 ; rééd. New York, New Directions, 1972.

TURNER, Barnard (1979), *The Moral and Aesthetic Dialectic of Baudelaire's Petits poèmes en prose*, M. A. Thesis, Vanderbilt University, Spring 1979.

UEDA, Mutsuko (1978), « Bôdolêru no *Shô sambunshi* no takasa ni tsuite : sôzôryoku to no kankei » [« Sur la hauteur dans les *Petits poèmes en prose* de Baudelaire : par rapport à l'imagination »], *Ronshû* [*Bulletin de l'Université Aoyama Gakuin*, Tokyo], n° 19, 1978, p. 81-88.

« *Un livre d'art fantasque et vagabond* ». *Gaspard de la Nuit d'Aloysius Bertrand* (2010), sous la direction d'André Guyaux, avant-propos de Dominique Millet-Gérard, Paris, Éditions Classiques Garnier, coll. Études dix-neuviémistes, 2010.

VADÉ, Yves (1993), « Poème en prose et merveilleux magique », dans *Images de la magie. Fées, enchanteurs et merveilleux dans l'imaginaire du XIX*ᵉ *siècle*, actes du colloque de Clermont-Ferrand, 22-23 novembre 1990, textes réunis et publiés par Simone Bernard-Griffiths et Jeannine Guichardet, *Annales littéraires de l'Université de Besançon* [Besançon], n° 504, 1993, p. 133-147.

VADÉ, Yves (1996), *Le Poème en prose et ses territoires*, Paris, Belin, coll. Sup lettres, 1996.

VAILLANT, Alain (2007), *Baudelaire, poète comique*, Rennes, Presses universitaires de Rennes, coll. Interférences, 2007 [en particulier p. 18, 39, 47, 104, 157, 160-162, 207, 217-218, 252-253, 255, 262, 264, 272].

VAILLANT, Alain (2014), « Le spleen du critique », dans *Lectures du Spleen de Paris*, sous la direction de Steve Murphy, Rennes, Presses universitaires de Rennes, coll. Didact français, 2014, p. 41-50.

VALLET, Nicolas (1998), *Charles Baudelaire. Petits poèmes en prose*, Rosny-sous-Bois, Bréal, coll. Connaissance d'une œuvre, 1998.

VAN ROOSBROECK, Gustave Leopold (1929), « The Source of Baudelaire's Prose-Poem, *L'Horloge* », *Romanic Review* [New York], Vol. XX, 1929, p. 356-359.

VAN SLYKE, Gretchen (1984), « Dans l'intertexte de Baudelaire et de Proudhon. Pourquoi faut-il assommer les pauvres ? », *Romantisme* [Paris], n° 45, troisième trimestre 1984, p. 57-77.

VAN ZUYLEN, Marina (2004), « Between Kant and Hegel. Baudelaire's Dialogue with Obsession », dans *Monomania. The Flight from Everyday Life in Literature and Art*, Ithaca [New York], Cornell University Press 2005, p. 82-98. Publié auparavant sous le titre « Monomanie à deux. *Mademoiselle Bistouri* et le dialogue de Baudelaire avec l'insensé » dans *Pascal Quignard, ou le noyau incommunicable*, sous la direction de Jean-Louis Pautrot et Christian Allègre, *Études françaises* [Montréal], t. XL, n° 2, 2004, p. 115-130.

VANBORRE, Emmanuelle (2004), « Identité et sens à travers *Les Fenêtres* dans *Le Spleen de Paris* (*Petits poèmes en prose*) de Baudelaire », *Romance Review* [Boston], Vol. XIV, 2004, p. 123-131.

VANDÉREM, Fernand (1923), « Sur les *Petits poèmes en prose* de Baudelaire », *Bulletin du bibliophile et du bibliothécaire* [Paris], 1er mars 1923, p. 161.

VANDÉREM, Fernand (1934), « Choses et gens de lettres. Publicité pathologique » [compte rendu de l'édition des *Petits poèmes en prose* de Daniel-Rops], *Figaro* [Paris], 3 février 1934, p. 5.

VANHESE, Gisèle (2003), « Obliquité du poème et rhétorique nocturne dans *Gaspard de la Nuit* », *La Toison d'or* [Bergerac], n° 3, mai 2003, p. 69-80.

VANHESE, Gisèle (2010), « Un sens à la fois précis et multiple. Poétique de l'ambigu dans *Gaspard de la Nuit* », dans *« Un livre d'art fantasque et vagabond ». Gaspard de la Nuit d'Aloysius Bertrand*, sous la direction d'André Guyaux, avant-propos de Dominique Millet-Gérard, Paris, Éditions Classiques Garnier, coll. Études dix-neuviémistes, 2010, p. 67-82.

VATAN, Florence (2004-2005), « The *Poet-Philosopher* and the *Physician-Philosopher.* A Reading of Baudelaire's Prose Poem *Assommons les pauvres !* », *Nineteenth-Century French Studies* [Lincoln, Nebraska], Vol. XXXIII, No. 1-2, Fall-Winter 2004-2005, p. 89-106.

VAX, Louis (1965), *La Séduction de l'étrange. Étude sur la littérature fantastique*, Paris, PUF, 1965.

VERBRUGGEN, Freddy (1990), « *Any where out of the world.* De rizomorfische Gestalt van de Dandy. Een modernistisch-cultuurfilosofisch "savoir-narratif" », *Tijdschrift voor de studie van de verlichting en van het vrije denken* [Bruxelles], n° 18, 1990, p. 107-132.

VERDUCI, Didier Cédric (2004), *La Relation solitude-multitude dans les Petits poèmes en prose de Baudelaire*, M. A. Thesis, McGill University, Montréal [Québec], 2004.

VÉRIN, Nicolas (1986), *Two Musical Compositions. Cirios and Le Spleen de Paris*, Unpublished Doctoral Dissertation, University of California, San Diego [California], 1986.

VERLAINE, Paul (1886), *Les Mémoires d'un veuf*, dans *Œuvres en prose complètes*, texte établi, présenté et annoté par Jacques Borel, Paris, Gallimard, coll. Bibliothèque de la Pléiade, 1972. Édition originale : Paris, Léon Vanier, 1886.

VERLAINE, Paul (1889), « Gosses », dans *Œuvres en prose complètes*, texte établi, présenté et annoté par Jacques Borel, Paris, Gallimard, coll. Bibliothèque de la Pléiade, 1972. Publié auparavant dans *Art et critique* [Paris], 15 juin 1889.

VÉRON, Pierre (1862), « Causeries », *Le Journal amusant* [Paris], n° 354, 11 octobre 1862, p. 8.

VERSLUYS, Kristiaan (1980), « Three City Poets. Rilke, Baudelaire and Verhaeren », *Revue de littérature comparée* [Paris], t. LIV, n° 3, juillet-septembre 1980, p. 283-307.

VIART, Dominique (1995), « Images et signes », dans *Baudelaire : nouveaux chantiers*, textes réunis par Jean Delabroy et Yves Charnet, Lille, Presses universitaires du Septentrion, coll. Travaux et recherches, 1995, p. 247-263.

VIEGNES, Michel (2004), « Faits divers et choses vues dans *Le Spleen de Paris* », *Recherches & travaux* [Grenoble], n° 65, 2004, p. 99-109.

VIEGNES, Michel (2006), *L'Envoûtante étrangeté. Le fantastique dans la poésie française (1820-1924)*, Grenoble, Presses universitaires de Grenoble, coll. Bibliothèque de l'imaginaire, 2006.

VIEGNES, Michel et LANDES, Agnès (2000), *Petits poèmes en prose. Charles Baudelaire*, Paris, Hatier, coll. Profil d'une œuvre (Profil Bac), 2000.

VIER, Jacques (1959), *Histoire, substance et poésie des Fleurs du mal*, avec en appendice : *De Charles Baudelaire à Léon Bloy*, Paris, Minard, coll. Archives des lettres modernes, 1959.

VIERS, Yannick A. (1988), « Jeu et discours baudelairien. *Le Joujou du pauvre* », *Nineteenth-Century French Studies* [Lincoln, Nebraska], Vol. XVI, No. 3-4, Spring-Summer 1988, p. 344-350.

VINCENT-MUNNIA, Nathalie (1993), « Premiers poèmes en prose. Le spleen de la poésie », *Littérature* [Paris], n° 91, octobre 1993, p. 3-11.

VINCENT-MUNNIA, Nathalie (1996), *Les Premiers Poèmes en prose : généalogie d'un genre dans la première moitié du XIXe siècle français*, Paris, Honoré Champion, coll. Romantisme et modernités, 1996.

VINCENT-MUNNIA, Nathalie (1997), « Esthétisme et subversion du populaire : le poème en prose (Baudelaire, Huysmans) », dans *Problèmes de l'écriture populaire au XIXe siècle*, sous la direction de Roger Bellet et Philippe Régnier, Limoges, Presses universitaires de Limoges, coll. Littératures en marge, 1997, p. 153-170.

VINCENT-MUNNIA, Nathalie (2003), « Aloysius Bertrand ou le poème en prose entre Dijon et Paris », *La Toison d'or* [Bergerac], n° 3, mai 2003, p. 9-19.

VINCENT-MUNNIA, Nathalie (2005), « La Bohémienne, figure poétique en prose chez Aloysius Bertrand, Charles Baudelaire et les autres poètes en prose du XIXe siècle », dans *La Bohémienne, figure poétique de l'errance aux XVIIIe et XIXe siècles*, actes du colloque du Centre de recherches révolutionnaires et romantiques, Université Blaise Pascal, Clermont-Ferrand, 12-14 mars 2003, études réunies et présentées par Pascale Auraix-Jonchière et Gérard Loubinoux, Clermont-Ferrand, Presses universitaires Blaise Pascal, coll. Révolutions et romantismes, 2005, p. 389-400.

VIOLATO, Gabriella (1981), « Il *petit poème en prose* e la crisi delle forme narrative », dans *Baudelaire. Poeta e critico*, [sous la direction d'Enea Balmas], atti del VII convegno della Società universitaria per gli studi di lingua e letteratura francese [Como, 6-7 ottobre 1978], Bologna, Pàtron, coll. Quaderni della Società universitaria per gli studi di lingua e letteratura francese, 1981, p. 119-126.

VIOLATO, Gabriella (1982), « Sui *Petits poèmes en prose* : orientamenti di lettura », *Saggi e ricerche di letteratura francese* [Roma], vol. XXI, nuova serie, 1982, p. 243-282.

VIOLATO, Gabriella (1991), « Lecture de *La Chambre double* », dans *Dix études sur Baudelaire*, réunies par Martine Bercot et André Guyaux, Paris, Honoré Champion, coll. Bibliothèque de littérature moderne, 1993, p. 157-170. Publié auparavant, en italien, sous le titre « Lo *Spleen de Paris* di Baudelaire. Da una lettura della *Chambre double* », dans *Lo* Spleen *nella letteratura francese.* Le mot déguisé*, censura e interdizione linguistica nella storia del francese*, atti del XVI convegno della Società universitaria per gli studi di lingua e letteratura francese, Trento, 29 settembre-1 ottobre 1988, a cura di Maria Luisa De Gaspari Ronc, Luca Pietromarchi e Franco Piva, Fasano, Schena, t. I, 1991, p. 115-128.

VIOLATO, Gabriella (2005), « Le due Parigi di Baudelaire », dans *Itinerari urbani. L'immagine della città nella letteratura francese dal Cinquecento al Duemila*, a cura di Gianfranco Rubino e Gabriella Violato, Roma, Bulzoni, 2005, p. 125-145.

VIVIER, Robert (1965), *L'Originalité de Baudelaire*, Bruxelles, Académie royale de langue et de littérature françaises, 1965 ; rééd. 1989.

VOUGA, Daniel (1957), *Baudelaire et Joseph de Maistre*, Paris, José Corti, 1957.

WAGNER, Esther Buchen (1950), *Baudelaire. Poet in Prose*, Unpublished Doctoral Dissertation, Bryn Mawr College, Lower Merion Township [Pennsylvania], 1950.

WALD LASOWKI, Patrick et WALD LASOWKI, Roman (1990), « L'office des ténèbres », *Le Magazine littéraire* [Paris], n° 273, janvier 1990, p. 33-37.

WALKER, Hallam (1978), « Music and Meaning in Baudelaire. The *Thyrse* Image », dans *French Literature and the Arts* [University of South Carolina French Literature Series, Vol. V], Amsterdam-New York, Rodopi, 1978, p. 119-126.

WALL, Anthony J. (1986), « Parody without Markers. Baudelaire's *Le Mauvais Vitrier* », dans *Essays on Parody*, Edited by Clive Thomson, Toronto, Victoria University, coll. Monographs of the Toronto Semiotic Circle, 1986, p. 60-75.

WALL, Anthony J. (1989), « La parodie ne se signale pas. Le cas Baudelaire face à Pascal », *Kodikas/Code. Ars Semeiotica* [Berlin], Band XII, Heft 1-2, 1989, p. 125-140.

WALL, Anthony J. (1992), « Le plagiat de la mémoire. Autour de *La Fausse Monnaie* de Baudelaire », dans *Le Plagiat*, actes du colloque de l'Université d'Ottawa, 20-28 septembre 1991, sous la direction de Christian Vandendorpe, Ottawa, Presses de l'Université d'Ottawa, 1992, p. 69-90.

WALL, Walter R. (2002), *Visual Poetics and the French Prose Poem. From Aloysius Bertrand to Guillaume Apollinaire*, Unpublished Doctoral Dissertation, University of Colorado at Boulder, 2002.

WANG, Dingtian (1986), « Fusheng liang guoke. *Mosheng ren* yu *Guoke* bijiao shangxi » [« Deux passants de la vie passagère. Lecture critique de *L'Étranger* et du *Passant* »], *Mingzuo xinshang* [*À la découverte des chefs-d'œuvre de la littérature*, Taiyuan], n° 4, 29 août 1986, p. 27-36.

WANG, Fuming (1987), « Cong fuxiu he choue zhong xunzhao mei. Qianxi Bodelaier de sanwen shiji *Bali de youyu* » [« À la recherche du beau dans la pourriture et la laideur. Étude sur *Le Spleen de Paris* de Baudelaire »], *Waiguo wenxue yanjiu* [*Études sur les littératures étrangères*, Wuhan], n° 1, 1987, p. 114-115.

WANG, Guangming (1990), « Bodelaier sanwenshi shangxi » [« Lecture critique des poèmes en prose de Baudelaire »], *Mingzuo xinshang* [*À la découverte des chefs-d'œuvre de la littérature*; Taiyuan], n° 1, 2 mars 1990, p. 34-38.

WANG, Ke (2002), « Sanwenshi wenti weihe shouxian wenshiyu Faguo. Jianlun Bodelaier chengwei sanwenshi chuangshiren de yuanyin » [« Pourquoi le genre du poème en prose paraît d'abord en France. Les raisons pour lesquelles Baudelaire a été le fondateur du poème en prose »], *Dongjiang xuekan* [*Bulletin scientifique de Dongjiang*; Yanji], t. XIX, n° 4, 25 décembre 2002, p. 26-32.

WANNER, Adrian (1997a), « Cutting Baudelaire's Rope. Ivan Turgenev's Re-Writing of *La Corde* », *Comparative Literature Studies* [University Park, Pennsylvania], Vol. XXXIV, No. 1, March 1997, p. 31-40.

WANNER, Adrian (1997b), « From Subversion to Affirmation. The Prose Poem as a Russian Genre », *Slavic Review* [Urbana-Champaign, Illinois], Vol. LVI, No. 3, Fall 1997, p. 519-541.

WARNING, Rainer (1994), « Baudelaire und der Wahnsinn der Dichter. Zum Prosagedicht *Le Crépuscule du soir* », dans *Sprachlicher Alltag. Linguistik – Rhetorik – Literaturwissenschaft. Festschrift für Wolf-Dieter Stempel*, 7. Juli 1994, herausgegeben von Annette Sabban und Christian Schmitt, Tübingen, Niemeyer, 1994, p. 591-610.

WARNING, Rainer (2007), « Baudelaire's Prosagedichte : *Le Vieux Saltimbanque* », dans *Charles Baudelaire. Dichter und Kunstkritiker*, herausgegeben von Karin Westerwelle, Würzburg, Königshausen und Neumann, 2007, p. 175-188.

WARNING, Rainer (2008), « Verslyrik und Prosagedicht bei Baudelaire. *La Muse vénale* / *Le Vieux Saltimbanque* », dans *Sprachen der Lyrik. Von der Antike bis zur digitalen Poesie. Für Gerhard Regn anlässlich seines 60. Geburtstags*, herausgegeben bei Klaus W. Hempfer, Stuttgart, Steiner, 2008, p. 363-380.

WATTEYNE, Nathalie (2006), « Sujet lyrique et duplicité énonciative dans les *Petits poèmes en prose* de Baudelaire », dans *Lyrisme et énonciation lyrique*, sous la direction de Nathalie Watteyne, Québec, Nota bene et Bordeaux, Presses de l'Université de Bordeaux, 2006, p. 287-310.

WEBER, Julien (2014), « *Jeter sa langue aux chiens* : Collective Memory in Baudelaire's *Les Bons Chiens* », Translated by Nora Fiore, *Time for Baudelaire (Poetry, Theory, History)*, Edited by E. S. Burt, Elissa Marder, and Kevin Newmark, *Yale French Studies* [New Haven, Connecticut], No. 125-126, 2014, p. 121-133.

WEBER, Werner (1970), *Forderungen. Bemerkungen und Aufsätze zur Literatur*, Zürich-Stuttgart, Artemis, 1970 [en particulier p. 20-33].

WEINRICH, Harald (1971), *Le Temps. Le récit et le commentaire*, traduit de l'allemand par Michèle Lacoste, Limoges, Lambert-Lucas, 2012 (« Baudelaire : *Le Vieux Saltimbanque* », p. 122-126). Édition originale en allemand : *Tempus. Besprochene und erzählte Welt*, Stuttgart-Berlin-Köln-Mainz, Kohlhammer, 1971 (p. 100-104) ; première édition française : Paris, Éditions du Seuil, coll. Poétique, 1973 ; rééd. 1994.

WESTERWELLE, Karin (1993), « Zeit und Schock. Baudelaire's Confiteor *des Artisten* », *Merkur* [Stuttgart], Band XLVII, Nr. 533, Heft 8, August 1993, p. 667-682.

WESTERWELLE, Karin (2014a), « Nouveaux avatars du poète moderne », *Le Magazine littéraire* [Paris], n° 548, octobre 2014, p. 68-70.

WESTERWELLE, Karin (2014b), « Rapports et croisement. Repenser l'allégorie et la voix dans l'espace de la ville », dans *Lectures du Spleen de Paris*, sous la direction de Steve Murphy, Rennes, Presses universitaires de Rennes, coll. Didact français, 2014, p. 279-295.

WETHERILL, Peter Michael (1962), *Charles Baudelaire et la poésie d'Edgar Allan Poe*, Paris, Nizet, 1962 [en particulier p. 12-13].

WETTLAUFER, Alexandra Ker (1993), *Envisioning Visionaries. The Visual Impulse in Prose from Diderot to Ruskin*, Unpublished Doctoral Dissertation, Columbia University, New York, 1993.

WHITEHEAD, A. F. (1996), *Reflections on Modernity. A Study of the Prose Poetry of Charles Baudelaire*, Unpublished Doctoral Dissertation, University of Strathclyde, Glasgow, 1996.

WILHELM, Fabrice (1999), *Baudelaire : l'écriture du narcissisme*, Paris, L'Harmattan, coll. L'Œuvre et la psyché, 1999.

WILHELM, Fabrice (2003), « L'envie chez Baudelaire », dans *Les Fleurs du mal*, actes du colloque de la Sorbonne des 10 et 11 janvier 2003, édités par André Guyaux et Bertrand Marchal, Paris, PUPS, 2003, p. 295-308.

WILHELM, Fabrice (2014), « Destins du joujou », dans *Lire Le Spleen de Paris*, dirigé par André Guyaux et Henri Scepi, Paris, PUPS, 2014, p. 175-190.

WILD, Cornelia (2008), *Später Baudelaire. Praxis poetischer Zustände*, München, Wilhelm Fink, 2008.

WILNER, Joshua (1989), « The Stewed Muse of Prose », *Modern Language Notes* [Baltimore], Vol. CIV, No. 5, December 1989, p. 1085-1098.

WING, Nathaniel (1986), *The Limits of Narrative. Essays on Baudelaire, Flaubert, Rimbaud and Mallarmé*, Cambridge, Cambridge University Press, coll. Cambridge Studies in French, 1986.

WING, Nathaniel (1990), « Poets, Mimes and Counterfeit Coins. On Power and Discourse in Baudelaire's Prose Poetry », *Paragraph* [Oxford], Vol. XIII, No. 1, 1990, p. 1-18.

WOHLFARTH, Irving (1970), « *Perte d'auréole*. The Emergence of the Dandy », *Modern Language Notes* [Baltimore], Vol. LXXXV, No. 4, May 1970, p. 165-189.

WOJTYNEK, Krystyna (1979), « Analyse d'un poème en prose de Baudelaire », *Prace historycznoliterackie* [Krakow], n° 13, 1979, p. 78-91 [avec un résumé en polonais et en russe, p. 92].

WULF, Judith (2014), « "À travers l'espace" : ici ou là dans *Le Spleen de Paris* », dans *Lectures du Spleen de Paris*, sous la direction de Steve Murphy, Rennes, Presses universitaires de Rennes, coll. Didact français, 2014, p. 335-348.

XIA, Shouzhu (2009), « Yongheng aiqing de songge. Bodelaier *Shizhong* shangxi » [« Une ode à l'amour éternel. Lecture critique de *L'Horloge* »], *Yuedu yu jianshang* [*Lecture et admiration*, Shijiazhuang], n° 10, 1er octobre 2009, p. 4.

XU, Jianping (2013), « Yingxiang juewang de fankang : *Guoke* yu *Yixiang ren. Yecao* yu *Bali de youyu* guanyu shengming kangzheng de duihua » [« Lutter contre le désespoir : *Le Passant* et *L'Étranger*. Dialogue sur le combat de la vie dans *Les Herbes sauvages* (de Qingdao) et dans *Le Spleen de Paris* »], *Wenjiao ziliao* [*Documents sur la culture et l'enseignement*, Nanjing], n° 31, 5 novembre 2013, p. 20-22.

XU, Najing (2011), « Gudu de xunmei zhilü. Du Shaer Bodelaier *Bali de youyu* » [« Voyage solitaire à la recherche de la beauté. Une lecture du *Spleen de Paris* de Charles Baudelaire »], *Dangdai sanwenshi de fazhan ji « Women » wenku xueshu yantaohui lunwenji* [*Recueil des articles du colloque consacré au développement des poèmes en prose à l'époque contemporaine et à la collection littéraire « Nous »*, Beijing], 10 décembre 2011, p. 190-195.

XU, Xiaoming et JING, Kuanrong (2010), « Shanyao linglei xuanmu de guangcai. Shilun Bodelaier sanwenshi de tezheng » [« Une splendeur singulière. Sur les caractéristiques des poèmes en prose de Baudelaire »], *Zhenjiang gaozhuan xuebao* [*Bulletin de l'Institut de Zhenjiang*, Zhenjiang], t. XXIII, n° 2, 15 avril 2010, p. 21-23, 31.

XU, Zhimo (1929), « Botelai de sanwenshi » [« Les poèmes en prose de Baudelaire »], *Xinyue* [*Croissant*, Shanghai], t. II, n° 10, 10 décembre 1929, p. 1-4.

XU, Zhimo (1930), « Xu » [« Préface »], dans *Boduolaier sanwenshi* [*Les Poèmes en prose de Baudelaire*], trad. Xing Pengju, Shanghai, Zhonghua shuju, 1930, p. 1-5 ; 1933.

YAMADA, Kenji (1982), « Sambunshi *Nijû no heya*. Hyôdai *Bikô to kemuri* to *Pari no yûshû* no aida » [« *La Chambre double*. Entre *La Lueur et la fumée* et *Le Spleen de Paris* »], *Nenpô furansu kenkyû* [*Bulletin annuel des études françaises de l'Université Kansai Gakuin*, Nishinomiya], n° 16, 1982, p. 1-26.

YAMADA, Kenji (1983), « Bôdolêru ni okeru sambunshi no gainen. Bijutsu hihyô no kanten kara » [« La conception du poème en prose chez Baudelaire. Du point de vue de la critique d'art »], *Furansu go furansu bungaku kenkyû* [*Bulletin de la Société japonaise de langue et littérature françaises*, Tokyo], n° 43, octobre 1983, p. 23-32.

YAMADA, Kenji (1986), « Bôdolêru *Pari no yûshû* zenshi. Yûshû shihen to Pari jokei shihen » [« La préhistoire du *Spleen de Paris* de Baudelaire. Les poèmes du spleen et les poèmes du paysage parisien »], *Geijutsu ronshû* [*Études des arts*, Osaka], n° 2, 15 juin 1986, p. 161-201.

YAMADA, Kenji (1987), « Bôdolêru *Pari no yûushû* ron. (1) Ihôjin no shôzô » [« Essai sur *Le Spleen de Paris* de Baudelaire. (1) Le portrait de l'étranger »], *Shiron* [*Poétique*, Osaka], n° 11, 30 décembre 1987, p. 4-20.

YAMADA, Kenji (1988), « Bôdolêru no wagunerizumu. *Pari no yûshû* no hôhô josetsu » [« Le wagnérisme de Baudelaire. Le discours de la méthode du *Spleen de Paris* »], *Geijutsu ronshû* [*Études des arts*, Osaka], n° 3, 20 mai 1988, p. 39-55.

YAMADA, Kenji (1990), « Bôdolêru Pari no yûshû ron. (2) Kakusei no shigaku aruiha Edwuâru Mane » [« Essai sur *Le Spleen de Paris* de Baudelaire. (2) La poésie du désabusement ou Édouard Manet »], *Shiron* [*Poétique*, Osaka], n° 13, juin 1990, p. 4-19.

YAMADA, Kenji (1991a), *Bôdolêru Pari no yûshû ron* [*Essai sur Le Spleen de Paris de Baudelaire*], Tokyo, Sunagoya shobô, 1991.

YAMADA, Kenji (1991b), « Bôdolêru Pari no yûshû ron. (3) *Bakkasu no tsue* no zuzô » [« Essai sur *Le Spleen de Paris* de Baudelaire. (3) L'image du *Thyrse* »], *Shiron* [*Poétique*, Osaka], n° 14, août 1991, p. 4-46.

YAMADA, Kenji (2001), « *Pari no yûshû* no joseizô : Dorote, Bisutûri soshite hahatachi » [« Les figures féminines dans *Le Spleen de Paris* : Dorothée, Bistouri et les mères »], *Kônan ronshû* [*Bulletin des études des arts et des lettres de l'Université des arts d'Osaka*, Osaka], n° 6, mars 2001, p. 308-332.

YAMADA, Kenji (2005), *Bôdolêru no shigaku* [*La Poétique de Baudelaire*], Tokyo, Sunagoya shobô, 2005.

YANG, Yuping (2013), *« Des plaisirs plus aigus que la glace et le fer ». Baudelaire et la poésie chinoise souterraine au temps de la révolution culturelle*, Paris, Presses Sorbonne Nouvelle, coll. Page ouverte, 2013.

YIN, Hongni (2011), « *Bali de youyu* zhong de langdangzi xingxiang » [« L'image du dandy dans *Le Spleen de Paris* »], *Xinan minzu daxue xuebao* [*Bulletin de l'université Minzu du sud-ouest* (version en sciences humaines et sociales), Chengdu], n° 5, 10 mai 2011, p. 215-218.

YOKOHARI, Makoto (2008), « L'hérésie de la longueur », dans *Baudelaire et les formes poétiques*, textes réunis et présentés par Yoshikazu Nakaji, Rennes, Presses universitaires de Rennes, coll. La Licorne, 2008, p. 65-77.

YOKOHARI, Makoto (2011), « L'incognito, condition de la modernité », *L'Année Baudelaire* [Paris], n° 13-14, 2009-2010 [2011], p. 119-135.

YOSHIDA, Noriko (1980), « Bôdolêru no sambunshi ni okeru jôtôku no ryôgisei » [« L'ambivalence des clichés dans les poèmes en prose de Baudelaire »], *Furansu go furansu bungaku kenkyû* [*Bulletin de la Société japonaise de langue et littérature françaises*, Tokyo], n° 37, octobre 1980, p. 26-36.

YOSHIDA, Noriko (1981), « Bôdolêru no sambunshi *Hinja no gangu* ni tsuite » [« Sur *Le Joujou du pauvre* de Baudelaire »], *Otemae joshi daigaku ronshu* [*Bulletin de l'Université Otemae*, Itami], n° 15, 1981, p. 76-88.

YOSHIMURA, Kazuaki (2008a), « Hodokoshi no gyakusetsu : Bôdolêru *Bimbônin wo naguri taosô* wo megutte » [« Le paradoxe de l'aumône : autour d'*Assommons les pauvres !* de Baudelaire »], *Jôhô bunkaron* [*Bulletin de la culture informatique*, Tokyo], n° 8, décembre 2008, p. 42-51.

YOSHIMURA, Kazuaki (2008b), « *Œuvre sans nom.* Puissance et impuissance dans les *Petits poèmes en prose* », dans *Baudelaire et les formes poétiques*, textes réunis et présentés par Yoshikazu Nakaji, Rennes, Presses universitaires de Rennes, coll. La Licorne, 2008, p. 113-127.

YRIARTE, Charles (1867), « Charles Baudelaire », dans André Guyaux, *Baudelaire. Un demi-siècle de lectures des Fleurs du mal (1855-1905)*, Paris, PUPS, coll. Mémoire de la critique, 2007, p. 443-455. Publié auparavant dans la *Revue nationale et étrangère, politique, littéraire et scientifique* [Paris], 14 septembre 1867, p. 162-166.

ZANETTA, Julien (2014), « Dissimulation et reconnaissance : les inconnus du *Spleen* », *Méthode ! Revue de littérature* [Pau], [dirigé par] Caroline Fischer et Dominique Vaugeois, n° 24, automne 2014, p. 203-210.

ZAUBITZER, Hannelore (1966), « Clownmetaphern bei Baudelaire, Mallarmé und Michaux », *Die Neueren Sprachen* [Marburg], Band XV, Oktober 1966, p. 445-456.

ZHA, Peide (1990-1991), « Poetic Quality of Prose Poetry. Charles Baudelaire and Lu Xun », *Comparative Literature in Canada* [Edmonton, Canada], Vol. XXI-XXII, No. 2, 1990-1991, p. 77-83.

ZHENG, Wei (2013), « Chengshi li de shuqing shiren. Cong *Bali de youyu* kan Bodelaier de xiandaixing » [« Le poète lyrique dans la ville. La modernité de Baudelaire vue à travers *Le Spleen de Paris* »], *Jintian* [*Champ d'or*, Yulin], n° 304, 15 mai 2013, p. 64, 72.

ZHOU, Yi (2002), « Zhanshi de kumen yu pannizhe de youyu. *Yecao* yu *Bali de youyu* bijiao » [« La dépression d'un guerrier et le spleen d'un rebelle. Comparaison entre *Les Herbes sauvages* (de Qingdao) et *Le Spleen de Paris* »], *Lu Xun yanjiu yuekan* [*Le Mensuel d'études sur Lu Xun*, Beijing], n° 12, 30 décembre 2002, p. 67-73.

ZILLI, Luigia (1981), « *L'Invitation au voyage.* Verso e prosa », dans *Baudelaire. Poeta e critico*, [sous la direction d'Enea Balmas], atti del VII convegno della Società universitaria per gli studi di lingua e letteratura francese [Como, 6-7 ottobre 1978], Bologna, Pàtron, coll. Quaderni della Società universitaria per gli studi di lingua e letteratura francese, 1981, p. 127-136.

ZIMMERMAN, Melvin (1964), *A Critical Edition of Charles Baudelaire's Petits poèmes en prose*, Doctoral Dissertation, University of Wisconsin, Madison [Wisconsin], 1964.

ZIMMERMAN, Melvin (1966), « La genèse du symbole du thyrse chez Baudelaire », *Bulletin baudelairien* [Nashville, Tennessee], t. II, n° 1, 31 août 1966, p. 8-11.

ZIMMERMAN, Melvin (1967), « Baudelaire et Montaigne. Les thèmes *Carpe Diem* et *Vita Brevis* », *Romance Notes* [Chapel Hill, North Carolina], Vol. VIII, No. 2, 1967, p. 197-199.

ZIMMERMAN, Melvin (1980), « Quelques allusions dans *Assommons les pauvres* ou du nouveau sur Baudelaire et Nerval », *Bulletin baudelairien* [Nashville, Tennessee], t. XIV [supplément], 1980, p. 1-2.

ZIMMERMAN, Melvin (1981), « Trois études sur Baudelaire et Rousseau », dans *Visions du monde. Baudelaire et Cie,* Paris, Nizet, 1991, p. 119-136. Publié auparavant dans *Études baudelairiennes IX. Baudelaire, Rousseau et Hugo*, Neuchâtel, À la Baconnière, coll. Langages, 1981, p. 31-78 (« Autour du *Gâteau* », p. 31-51).

ZIMMERMAN, Melvin (1991), *Visions du monde. Baudelaire et Cie,* Paris, Nizet, 1991.

ZIMMERMANN, Melvin (2001), « Jeanne Duval et la belle Dorothée. Démythification et décolonisation dans les études baudelairiennes », dans *L'Océan Indien dans les littératures francophones. Pays réels, pays rêvés, pays révélés*, sous la direction de Kumari R. Issur et Vinesh Y. Hookoomsing, Paris, Karthala et Réduit, Presses de l'Université de Maurice, 2001, p. 445-454.

ZÖLLNER, Reto (2009), « Parallélismes de deux thyrses. Baudelaire et Barbey d'Aurevilly », dans *Parallelismen. Parallélismes. Paralelismos. Literatur- und kulturwissenschaftliche Beiträge zu Ehren von Peter Fröhlicher,* herausgegeben von Marie Burkhardt, Annatina Plattner, Alain Schorderet, Tübingen, Gunter Narr, 2009, p. 139-146.

TABLE ANALYTIQUE

1989, p. 31 ; Raitt 1989-1990, p. 151, 159-160 ; Haxell 1990, p. 160 ; Kaplan 1990, p. XI, 1, 9-12, 38, 72, 116, 128-129, 144, 159-160 ; Murphy S. 1990, p. 349, 385 ; Robb 1990, p. 15, 16, 19 ; Scott C. 1990, p. 114 ; Décaudin 1991, p. 277 ; Lecaye 1991, p. 79, 80, 102 ; Violato 1991, p. 157 n ; Avice 1992, p. 33 ; Burton 1992, p. 303, 311 ; Charnet 1992, p. 106 ; Compagnon 1992b, p. 78, 91, 93 ; Eigeldinger 1992, p. 115 ; Hannoosh 1992, p. 313, 316 ; Lloyd 1992a, p. 69 ; Prendergast 1992, p. 131-133, 142, 157, 159 ; Bonnefoy 1993, p. 17-18 ; Burton 1993a, p. 58-59, 63-64, 65, 67 ; Greiner 1993, p. 216-224 ; Stierle 1993, p. 884-885, 889-890 ; Thélot 1993, p. 49, 75, 89, 102, 105, 129, 130, 135, 184, 451, 453, 454, 456, 470 ; Berardinelli 1994, p. 63 ; Guyaux 1994b, p. 76 ; Murphy S. 1994, p. 619 ; Pleynet 1994, p. 71-72 ; Troyat 1994, p. 298 ; Avice 1995, p. 19, 20 ; Labarthe 1995, p. 48 ; Lallier 1995, p. 94 ; Franck 1996, p. 62 ; Laforgue 1996a, p. 218 n ; Stephens 1996, p. 42, 45-46, 47 n ; Vincent-Munnia 1996, p. 188, 264 ; Bauer F. 1997, p. 32 ; Vincent-Munnia 1997, p. 156-158 ; Galibert 1998, p. 76 ; Labarthe 1999a, p. 524-525 ; Lawler 1999, p. 327-333 ; Stephens 1999, p. 2, 7-8, 11-16, 20-22, 26, 35, 37, 44-45, 60-61, 68, 75-76, 80, 83, 85, 115 ; Hirt 2000, p. 96-107, 119, 126 n ; Labarthe 2000b, p. 23-24, 26, 125-127 ; Thélot 2000, p. 130-132 ; Jackson 2001b, p. 33, 144, 146-147 ; Leroy 2001, p. 152 ; Sandras 2001, p. 609 ; Illouz et Neefs 2002, p. 8 ; Krueger 2002b, p. 282, 297 ; Murat 2002, p. 255 ; Neefs 2002, p. 148 n ; Niderst 2002, p. 277-278 ; Pichois et Avice 2002, p. 445 ; Sandras 2002, p. 90 ; Blonde 2003, p. 129-130 ; Bonnefoy 2003, p. 280, 335 ; Brunel 2003a, p. 135, 231-233 ; Coblence 2003, p. 31 ; Compagnon 2003b, p. 115 ; Hazan 2003, p. 30 ; Liu 2003, p. 310, 537, 540, 698, 818 ; Murphy S. 2003, p. 11, 29, 35-66, 73, 78, 162-164, 175-176, 280, 302, 490, 674, 686, 697 ; Ortel 2003, p. 604 n, 605, 611-612 ; Vincent-Munnia, Bernard-Griffiths et Pickering 2003, p. 493, 499, 534 ; Bertrand 2004, p. 333-334 ; Gaudard 2004, p. 109-111 ; Guyaux 2004, p. 142-143 ; Kopp 2004, p. 95-96 ; Pichois et Avice 2004, p. 130-131 ; Pietromarchi 2004, p. 132-135 ; Salines 2004, p. 236 ; Leroy 2005, p. 251-266 ; Moore 2005, p. 114 ; Mortelette 2005, p. 394 ; Stephens 2005, p. 67-69, 72 ; Bercot 2006, p. 16-17 ; Landi 2006, p. 119 ; Scott C. 2006, p. 3-4 ; Viegnes 2006, p. 19 ; Brunel 2007, p. 155, 168 ; Krueger 2007, p. 11, 18, 29, 37-39, 52, 58, 59-61, 63, 71, 76, 108-109, 113 ; Murat 2007, p. 286 ; Vaillant 2007, p. 18, 252, 272 ; Warning 2007, p. 181, 187 ; Compagnon 2008, p. 43, 49 ; Guyaux 2008a, p. 218 ; Landi 2008, p. 127 ; Murat 2008, p. 69, 94 ; Scepi 2008, p. 18-19 ; Steinmetz 2008a, p. 111-113, 114-116 ; Sugimoto 2008, p. 135, 138 ; Wild 2008, p. 21-24, 42 ; Yoshimura 2008b, p. 115 n ; Abbott 2009, p. 58, 186 ; Boneu 2009, p. 52 ; Carpenter 2009, p. 141-142 ; Cornille 2009b, p. 189-190 ; Fröhlicher 2009, p. 43 ; Brix 2010, p. 203, 207-208 ; Cervoni 2010, p. 349-350 ; Combe 2010, p. 267, 271 ; Cornille 2010b, p. 20-28, 29, 30, 34, 131, 213-215, 239, 241 n, 243, 244 ; Lazard 2010,

140-141 ; Guyaux 2002, p. 244 ; Lloyd 2002, p. 159 ; Murat 2002, p. 293 ; Niderst 2002, p. 180, 186, 322, 325 ; Cacciavillani 2003, p. 81 ; Compagnon 2003b, p. 120 ; Liu 2003, p. 301, 826 ; Murphy S. 2003, p. 49, 105, 182-187, 498 n, 667, 674 ; Santilli 2003, p. 36, 92 ; Compagnon 2005, p. 32 ; Scott M. C. 2005a, p. 38-40, 44 ; Bercot 2006, p. 11-12 ; Guyaux 2007a, p. 989 ; Krueger 2007, p. 68, 138-139, 144 n ; Murat 2007, p. 283 ; Steinmetz 2007, p. 293 ; Brague 2008, p. 99, 100 ; Cornille 2010b, p. 232 n ; Runyon 2010, p. 204-206 ; Hirota 2011b, p. 198-199 ; Nakaji 2011, p. 151 ; Suzuki Ka. 2011, p. 217, 218, 220 ; Kaplan 2013, p. 21-22, 23 n ; Yang 2013, p. 233 ; Brunel 2014, p. 85-86 ; Combe 2014a, p. 146 ; Compagnon 2014, p. 11, 62-63, 77, 169-170, 226 ; Del Lungo 2014, p. 81 ; Gouvard 2014c, p. 306 ; Jackson 2014, p. 141 ; Kliebenstein 2014, p. 81, 86 ; Pietromarchi 2014, p. 134 ; Wulf 2014, p. 338.

Any where out of the world. N'importe où hors du monde : Bourget 1881, p. 12 ; Huysmans 1884, p. 89 ; Laforgue J. 1891, p. 769 ; Mauclair 1917, p. 131 ; Fumet 1926, p. 164 ; Ortega y Gasset 1926, p. 117 ; Daniel-Rops 1931, p. 553 ; Pommier 1934, p. 316-317 ; Jaloux 1942, p. 3 ; Jouve 1942, p. 11 ; Aragon 1944, p. 119 ; Pommier 1945, p. 183 ; Blin 1946, p. 157, 161 n ; Sartre 1946, p. 91 ; Crépet 1949, p. 599-607 ; Richard 1955, p. 176 ; Lebois 1958, p. 12 ; Bernard 1959, p. 114, 137 ; Ratner 1960, p. 456-463 ; Citron 1961, p. 361 ; Nies 1964a, p. 270, 275 ; Nies 1964b, p. 44, 106, 180 ; Mauron 1966, p. 68, 103, 105-106, 123 ; Antoine 1967, p. 400 ; Denux 1967, p. 117 ; Emmanuel 1967, p. 87, 92 ; Orlando 1967, p. 214 ; Galand 1969, p. 197, 200, 463, 521-522 ; Leakey 1969, p. 170 n, 241 n, 291-294, 300 n ; Cacciavillani 1971, p. 35, 36, 38 ; De George 1973, p. 152 ; Krutwig Caers 1973, p. 637 ; Lyons 1973, p. 140 ; Drost 1975, p. 47 ; Pachet 1976, p. 7 ; Stenzel 1976, p. 7 ; Cavaliere 1978, p. 1-7 ; Cassou-Yager 1979, p. 135 ; Poulet 1980, p. 56 ; Sahlberg 1980, p. 174 ; Delmay et Lori 1981, p. 53 ; Amiot 1982, p. 351 ; Antoine 1982, p. 198-199, 206 ; Violato 1982, p. 255 n ; Delmay et Lori 1983, p. 66 ; Hiddleston 1983-1984, p. 74 ; Rincé 1984, p. 99, 100 ; Adatte 1986, p. 42, 49 ; Heck 1986b, p. 261 ; Hiddleston 1987, p. 100 n ; Howells 1987, p. 99 ; Poggenburg 1987, p. 435 ; Simon 1987, p. 257 ; Engelking 1988, p. 82-83 ; Pellegrin 1988, p. 108, 147, 167, 169, 176, 320, 345 ; Robb 1988, p. 225 ; Bercot 1989a, p. 303 ; Hamon 1989, p. 187-188 ; Raitt 1989-1990, p. 150 ; Kaplan 1990, p. 117, 127, 133, 135, 152-154, 163 ; Robb 1990, p. 16 ; Verbruggen 1990, p. 107-132 ; Eigeldinger 1991, p. 104-105 ; Tucci 1991, p. 445-467 ; Kaplan 1992, p. 90, 91-92 ; Oehler 1992, p. 63 ; Burton 1993b, p. 65 n ; Compagnon 1993b, p. 15 ; Greiner 1993, p. 295 n ; Thélot 1993, p. 457 ; Schneider M. 1994, p. 102 ; Thum 1994, p. 74, 79 ; Bourg 1995, p. 629 ; Susini 1997a, p. 103-113 ; Susini 1997b, p. 53 n ; Hirt 1998, p. 158 ; Susini 1999, p. 64 ; Wilhelm 1999, p. 135 ; Jackson 2001b, p. 161, 166 ; Leroy 2001, p. 153 ; Krueger 2002b, p. 288 ; Lloyd 2002, p. 166-167 ; Bercot 2003, p. 23 ; Brunel

p. 173 ; Burt 1999, p. 228 ; Labarthe 1999a, p. 469 n ; Lawler 1999, p. 338 ; Stephens 1999, p. 96-98, 104, 140 ; Susini 1999, p. 73-74 ; Wilhelm 1999, p. 214, 338-340, 344 ; Labarthe 2000a, p. 100, 105-108, 110 ; Labarthe 2000b, p. 28, 34, 84, 92-97, 103, 144, 147, 163 ; Scott C. 2000, p. 60, 173-175, 259-260 ; Jackson 2001b, p. 167 ; Leroy 2001, p. 153 ; Engelking 2002, p. 161-162 ; Krueger 2002b, p. 283 ; Murat 2002, p. 258 ; Compagnon 2003a, p. 57 ; Compagnon 2003b, p. 193, 194 ; Liu 2003, p. 840 ; Murphy S. 2003, p. 27, 37, 224 n, 267, 274, 296, 306, 319, 393-432, 447, 487, 497 n, 653, 658, 680, 685, 687, 696, 702 ; Kopp 2004, p. 106 ; Vatan 2004-2005, p. 89-106 ; Compagnon 2005, p. 32-33 ; Jackson 2005, p. 160 n ; Oehler 2005, p. 29 ; Scott M. C. 2005a, p. 105-110 ; Ortiz Hill 2006, p. 24-26 ; Compagnon 2007, p. 109, 110 ; Krueger 2007, p. 39, 90, 110 ; Labarthe 2007, p. 161-175 ; Steinmetz 2008b, p. 103, 104, 105-107 ; Yoshimura 2008, p. 42-51 ; Cornille 2009b, p. 186 ; Brix 2010, p. 208 ; Cornille 2010b, p. 123-139, 222, 224, 232 n, 248 n, 249 ; Lazard 2010, p. 258 ; Runyon 2010, p. 252-261 ; Benveniste 2011, p. 350-351 ; Meltzer 2011, p. 11-74, 186, 189, 212 ; Murphy M. 2012, p. 213-214 ; Ahearn 2014, p. 12 ; Bertrand 2014, p. 355, 359 ; Brix 2014b, p. 25 ; Combe 2014b, p. 42 ; Compagnon 2014, p. 27, 31, 279 ; Élie 2014, p. 188, 189, 190, 192-193 ; Foglia 2014, p. 56 ; Glaudes 2014, p. 75-76 ; Gouvard 2014c, p. 297, 298, 300-303, 305 ; Kaplan 2014, p. 75 ; Kliebenstein 2014, p. 80 ; Kopp 2014c, p. 277 ; Kopp 2014d, p. 37 ; Kopp 2014e, p. 85 ; Laforgue P. 2014a, p. 80, 87 ; Marder 2014, p. 79 n ; Mortelette 2014, p. 104, 105 ; Murphy S. 2014a, p. 16, 19 ; Murphy S. 2014c, p. 88-91 ; Nakaji 2014, p. 117, 123, 124 ; Sanyal 2014, p. 257 n ; Scepi 2014c, p. 136, 140, 144 ; Schuerewegen 2014, p. 69, 75 ; St. Clair 2014a, p. 309, 314 ; Westerwelle 2014b, p. 281, 284 ; Wilhelm 2014, p. 187.

La Belle Dorothée : Gautier 1868, p. 518 ; Larousse 1874, p. 1229 ; Mauclair 1917, p. 131 ; Reynold 1920, p. 170 n ; Flottes 1922, p. 116 ; Daniel-Rops 1931, p. 538, 539, 553 ; Ferran 1933, p. 30, 394 ; Pommier 1936, p. 270 ; Pommier 1945, p. 345-348 ; Blin 1946, p. 161 n ; Peyre 1951, p. 140 ; Crépet J. 1952, p. 89 ; Pia 1952, p. 192 ; Richard 1955, p. 187 ; Lebois 1958, p. 17 ; Bernard 1959, p. 115, 133, 134, 136, 141 n ; Bonfantini 1962, p. 118 ; Mauron 1963, p. 131-147 ; Nies 1964a, p. 262 ; Nies 1964b, p. 43, 44, 159, 170 ; Mauron 1966, p. 81, 82, 123, 135 ; Denux 1967, p. 114 ; Mauron 1967, p. 56 ; Fairlie 1968b, p. 95 ; Galand 1969, p. 463, 496-497 ; Leakey 1969, p. 40 n, 106 n, 107 n, 303 n ; Bassim 1974, p. 217 ; Loncke 1975, p. 94, 155 ; Sabatier 1977, p. 152 ; Antoine 1982, p. 183 ; Violato 1982, p. 250, 254 ; Kopp 1983, p. 21 ; Rincé 1984, p. 98, 100, 107 ; Miller 1985, p. 115-125 ; Adatte 1986, p. 60, 157 ; Eigeldinger 1987, p. 201 ; Poggenburg 1987, p. 49, 335, 359, 374 ; Simon 1987, p. 257 ; Engelking 1988, p. 77-78 ; Leakey 1988b, p. 247 n ; Maclean 1988, p. 69 ; Pellegrin 1988, p. 21, 168, 239, 295, 306, 308, 373 ; Bercot 1989b, p. 49-50 ; Gutwirth 1989,

79, 89, 100, 155, 167, 186, 215, 222, 300 ; Haxell 1990, p. 163 ; Kaplan 1990, p. 117, 126-127, 161, 198 n ; Makino 1991, p. 234-244 ; Thélot 1993, p. 136 ; Maillard 1995, p. 35 ; Murphy S. 1995a, p. 571 n ; Guyaux 1998, p. 195 ; Labarthe 1999a, p. 390 n, 540 n ; Lawler 1999, p. 334-335 ; Stephens 1999, p. 99 ; Labarthe 2000b, p. 43, 56, 58, 131 ; Jackson 2001b, p. 165 ; Sandras 2001, p. 612 ; Sandras 2002, p. 99 ; Murphy S. 2003, p. 45, 497 n ; Ortel 2003, p. 621 ; Van Zuylen 2004, p. 123 n ; Mortelette 2005, p. 195 ; Brunel 2007, p. 163, 167 ; Guyaux 2007a, p. 993, 999, 1075 ; Krueger 2007, p. 99, 110 ; Llorca et Thévenon 2007, p. 22, 28 ; Steinmetz 2007, p. 305-306 ; Brague 2008, p. 17, 19, 114 ; Fan 2008, p. 129 ; Yoshimura 2008b, p. 122 n ; Cornille 2009b, p. 201-202, 203 n ; Fröhlicher 2009, p. 34 ; Cornille 2010b, p. 84, 220 ; Roger 2010, p. 242 ; Runyon 2010, p. 243-245 ; Benveniste 2011, p. 350-351 ; Hirota 2011b, p. 196, 201 ; Landi 2011, p. 397-398, 553 ; Yang 2013, p. 27, 273 ; Combe 2014a, p. 148 ; Compagnon 2014, p. 59 ; Élie 2014, p. 187 ; Gouvard 2014c, p. 298 ; Mortelette 2014, p. 99, 103, 104, 109 ; Murphy S. 2014a, p. 18 ; Scepi 2014, p. 139 ; Schellino 2014c, p. 151, 155, 156, 157 ; Steinmetz 2014a, p. 159.

Les Bons Chiens : Le Vavasseur 1866, p. 1351 ; Poulet-Malassis 1866, p. 166-168 ; Asselineau 1869b, p. 373-374 ; Verlaine 1886, p. 68 ; Reynold 1920, p. 151-152, 342 ; Daniel-Rops 1931, p. 541, 542, 552 ; Pommier 1932, p. 30, 182 n ; Pommier 1945, p. 352 n ; Blin 1946, p. 169, 175 ; Pia 1952, p. 193, 196 ; Lebois 1958, p. 12 ; Pichois 1958a, p. 87 ; Bernard 1959, p. 126 n, 136, 139 ; Citron 1961, p. 348, 357, 358 n ; Bonfantini 1962, p. 118-119 ; Nies 1964a, p. 270, 282 ; Nies 1964b, p. 53-54, 63-64, 72, 100, 119 n, 132, 137, 169, 250 ; Milner 1967, p. 205 ; Fairlie 1968b, p. 95 ; Galand 1969, p. 523-525 ; Wohlfarth 1970, p. 545 ; Chambers 1971, p. 312-324 ; Eigeldinger 1971, p. 95 ; Füglister 1971, p. 102, 105 ; Pia 1971, p. 247 ; Arnold 1972, p. 147, 161 ; De George 1973, p. 145 ; Eigeldinger 1973, p. 235 ; Krutwig Caers 1973, p. 637 ; Pichois 1974, p. 235 ; Loncke 1975, p. 216 ; Richer et Ruff 1976, p. 78 ; Sabatier 1977, p. 153 ; Johnson 1979, p. 28 n ; Lloyd 1979, p. 171 ; Bugliani 1980, p. 147-148, 167 ; Chesters 1980, p. 416-421 ; Pire 1980, p. 167-175 ; Delmay et Lori 1981, p. 53 ; Drost 1982, p. 39 ; Violato 1982, p. 254 ; Greer Cohn 1983, p. 146, 151, 156 ; Hiddleston 1983-1984, p. 83 ; Rincé 1984, p. 97, 114 ; Eigeldinger 1987, p. 202, 204 ; Hiddleston 1987, p. 4, 32, 50 ; Pichois et Ziegler 1987, p. 615, 667 ; Poggenburg 1987, p. 435, 433, 434, 435, 473, 477 ; Burton 1988, p. 157, 160 ; Evans M. A. 1988a, p. 165-176 ; Evans M. A. 1988b, p. 317 ; Pellegrin 1988, p. 39, 161, 171, 198 ; Thélot 1989, p. 61-66 ; Raitt 1989-1990, p. 150, 152, 163-164 n ; Kaplan 1990, p. 42, 81, 118, 129, 131, 135, 159-167, 194 n, 201 ; Robb 1990, p. 19 ; Kaplan 1992, p. 95-97 ; Oehler 1992, p. 66 ; Burton 1993b, p. 60, 72 ; Stierle 1993, p. 888, 901 ; Thélot 1993, p. 37, 228, 230 ; Berardinelli 1994, p. 59 ; Burton 1994, p. 466-486 ; Murphy S. 1994, p. 622 ; Schneider M. 1994, p. 110 ;

2001, p. 81 ; Krueger 2002b, p. 287, 298 n ; Lloyd 2002, p. 111 ; Niderst 2002, p. 322 ; Liu 2003, p. 907 ; Murphy S. 2003, p. 224 n, 539, 707 ; Ortel 2003, p. 602 n, 616 ; Spandonis 2003, p. 107 ; Bertrand 2004, p. 331 ; Guyaux 2004, p. 63 ; Stephens 2005, p. 75, 76 ; Krueger 2007, p. 44, 110 ; Prete 2007, p. 144 ; Steinmetz 2007, p. 291-292 ; Guyaux 2008b, p. 309 ; Carpenter 2009, p. 144 ; Cornille 2010b, p. 218, 250 n ; Élie 2014, p. 186, 191 ; Runyon 2010, p. 199-201 ; Meltzer 2011, p. 169 ; Compagnon 2014, p. 57 ; Foglia 2014, p. 57 ; Kliebenstein 2014, p. 81 ; Mortelette 2014, p. 99, 103, 109.

La Chambre double : Gautier 1868, p. 518 ; Larousse 1874, p. 1229 ; Desjardins 1887, p. 722 ; Dérieux 1917b, p. 36 ; Mauclair 1917, p. 131 ; Reynold 1920, p. 369 n ; Du Bos 1921, p. 186-188 ; Daniel-Rops 1931, p. 553 ; Pommier 1932, p. 164 n ; Ferran 1933, p. 10 ; Pommier 1934, p. 317 ; Blin 1939, p. 158, 168 n ; Prévost 1943, p. 109, 119 ; Porché 1944, p. 460 ; Pommier 1945, p. 149, 181 ; Blin 1946, p. 161 n, 173 ; Sartre 1946, p. 156-157 ; Blin 1947, p. 117 ; Blanchot 1949, p. 144 ; Peyre 1951, p. 138 ; Pia 1952, p. 125 ; Jouve 1954, p. 35, 37 ; Richard 1955, p. 128, 162 n, 174-175 ; Ruff 1955, p. 329, 343, 452 n ; Lebois 1958, p. 2-3, 8, 11, 21 ; Bernard 1959, p. 107, 108 n, 117, 130, 131, 136, 137-138 ; Nies 1964b, p. 44, 70, 105, 170, 180, 183, 207 ; Vivier 1965, p. 102 ; Blin 1965-1966, p. 213, 215 ; Mauron 1966, p. 32, 36, 40, 58, 67-69, 78, 82, 93, 123 ; Antoine 1967, p. 399, 400 ; Denux 1967, p. 114, 119 ; Emmanuel 1967, p. 87 ; Kies 1967, p. 13 ; Orlando 1967, p. 257 ; Brombert 1968, p. 52 ; Galand 1969, p. 211, 463, 469-472 ; Leakey 1969, p. 168-169, 186 n, 280 n ; Cacciavillani 1971, p. 38, 44 ; Bassim 1974, p. 15, 212-213 ; Benevelli 1974, p. 65-91 ; Drost 1975, p. 48 ; Sabatier 1977, p. 152 ; Johnson 1979, p. 28 n, 77 ; Lloyd 1979, p. 58, 64, 67, 68, 150, 156 ; Sahlberg 1980, p. 165-166 ; Antoine 1982, p. 205, 206 ; Violato 1982, p. 250, 251 n, 268 ; Yamada 1982, p. 1-26 ; Delmay et Lori 1983, p. 12, 36, 48, 74 ; Greer Cohn 1983, p. 148, 149, 151 ; Spadon 1983 ; Starobinski 1983, p. 421 ; Hiddleston 1983-1984, p. 74, 90, 92, 111 n ; Rincé 1984, p. 98, 100 ; Monroe 1985, p. 14, 228 ; Adatte 1986, p. 41, 52, 59, 121, 148, 149, 157 ; Heck 1986b, p. 262-264 ; Eigeldinger 1987, p. 204, 207, 209, 210 ; Hiddleston 1987, p. 30 ; Poggenburg 1987, p. 335, 356 ; Simon 1987, p. 265 n ; Burton 1988, p. 305 ; Evans M. A. 1988b, p. 317 ; Maclean 1988, p. 60, 142 ; Pellegrin 1988, p. 78, 93, 166, 172, 181, 197, 208, 220, 225, 244, 293, 304, 318, 323, 326, 343, 367, 394 ; Robb 1988, p. 101 ; Bercot 1989a, p. 302 ; Froidevaux 1989, p. 126-128 ; Jackson 1989, p. 150 ; Kaplan 1990, p. 19, 27-34, 38, 39, 43, 57, 60, 78, 81, 85-87, 99, 111, 119, 121, 126, 127, 131, 137, 141, 163, 188 n, 189 n, 197 n, 200 n, 201 n ; Robb 1990, p. 25 n ; Bonnefoy 1990-1991, p. 109 ; Lecaye 1991, p. 80, 81-82 ; Violato 1991, p. 157-170 ; Zimmerman 1991, p. 100 ; Bonnefoy 1992, p. 127-130 ; Compagnon 1992a, p. 141 ; Compagnon 1992b, p. 87, 88, 89, 94, 99 ; Kaplan 1992, p. 89 ; Prendergast 1992, p. 130 ; Bercot 1993, p. 121 ;

Pellegrin 1988, p. 145, 233 ; Kaplan 1990, p. 38, 41-42, 54, 121, 129, 138 ; Robb 1990, p. 19 ; Lloyd 1992a, p. 70 ; Oehler 1992, p. 66 ; Greiner 1993, p. 272-273 ; Thélot 1993, p. 19-38, 41, 45, 152, 196, 378, 405, 452 ; Murphy S. 1994, p. 616-620, 638 ; Leroy 1995, p. 66 ; Maulpoix 1995, p. 190 ; Murphy S. 1995a, p. 583 ; Murphy S. 1995b, p. 456-457 ; Lawler 1997, p. 178 ; Labarthe 1999a, p. 57 ; Stephens 1999, p. 21-22, 31, 44, 106, 108, 110, 112, 123 ; Susini 1999, p. 63 ; Labarthe 2000b, p. 34, 108-109, 151 ; Niderst 2002, p. 322, 325 ; Sandras 2002, p. 91 ; Cacciavillani 2003, p. 79 ; Murphy S. 2003, p. 9, 29, 67-87, 164, 232, 280 ; Bertrand 2004, p. 331, 335 ; Scott M. C. 2004, p. 107-119 ; Han 2005, p. 108-109 ; Oehler 2005, p. 27 ; Stephens 2005, p. 72-75, 76 ; Carpenter 2006, p. 129-130 ; Steinmetz 2007, p. 292-293 ; Vaillant 2007, p. 47 ; Berger 2009, p. 190 ; Boneu 2009, p. 57 ; Carpenter 2009, p. 142, 165 ; Cornille 2009a, p. 64 ; Liouville 2009, p. 458 ; Cornille 2010b, p. 31, 33 ; Runyon 2010, p. 201-204 ; Saminadayar-Perrin 2010, p. 132 ; Fournier 2011, p. 108-111 ; Hiddleston 2012, p. 63 ; Yang 2013, p. 27, 273 ; Bertrand 2014, p. 349 ; Carpenter 2014, p. 197, 198 ; Compagnon 2014, p. 57, 86-87, 105 ; Jackson 2014, p. 136 n ; Kopp 2014c, p. 274 ; Kopp 2014d, p. 37 ; Kopp 2014e, p. 85 ; Laforgue P. 2014b, p. 330-331 ; Murphy S. 2014b, p. 124 ; Schuerewegen 2014, p. 67-69, 75, 76.

Le Confiteor *de l'artiste* : Brancour 1892, p. 120 ; Mauclair 1917, p. 130-131 ; Du Bos 1921, p. 186 ; Fumet 1926, p. 55 ; Soupault 1931, p. 31-32 ; Blin 1939, p. 158 ; Porché 1944, p. 253 ; Pommier 1946, p. 148-149 ; Blin 1947, p. 167, 169 n, 173 ; Jouve 1954, p. 35 ; Benjamin 1955, p. 160 ; Richard 1955, p. 169 ; Ruff 1955, p. 269, 341, 456 n ; Lebois 1958, p. 17 ; Bernard 1959, p. 103-104, 117, 136, 145 ; Muller 1963, p. 591-592 ; Nies 1964b, p. 136-137, 153, 170 ; Garelli 1966, p. 100-112 ; Mauron 1966, p. 46, 71, 92, 93, 95 ; Antoine 1967, p. 392 ; Denux 1967, p. 119 ; Emmanuel 1967, p. 118 ; Galand 1969, p. 188, 210, 466-469 ; Leakey 1969, p. 184-185, 186 n, 245 n, 254, 279-282, 317 n, 319 n, 320 ; Cacciavillani 1971, p. 38 ; Bassim 1974, p. 16 ; Loncke 1975, p. 101, 180-181, 198-199, 209, 248 ; Pachet 1976, p. 120 ; Bersani 1977b, p. 17 ; Sabatier 1977, p. 154 ; Cassou-Yager 1979, p. 94, 113, 132 ; Johnson 1979, p. 76-77 ; Lloyd 1979, p. 88, 89, 135 ; Kaplan 1980, p. 236, 243-244 ; Sahlberg 1980, p. 166 ; Amiot 1982, p. 199 ; Antoine 1982, p. 149-150 ; Pichois 1982b, p. 100 ; Violato 1982, p. 250, 251 n, 268 ; Delmay et Lori 1983, p. 23 ; Greer Cohn 1983, p. 149-150, 152 ; Shattuck 1983, p. 26-27, 32-33 ; Hiddleston 1983-1984, p. 74, 92 ; Heck 1984, p. 23-30 ; Rincé 1984, p. 98, 100 ; Adatte 1986, p. 24, 53, 112 ; Heck 1986b, p. 264 ; Hiddleston 1987, p. 8, 26, 27, 30, 103 n ; Poggenburg 1987, p. 335, 356 ; Simon 1987, p. 233-240, 244, 266 n ; Evans M. A. 1988b, p. 317 ; Howells 1988, p. 72 ; Pellegrin 1988, p. 107, 216, 339, 357, 395, 399 ; Robb 1988, p. 213 ; Bohrer 1989, p. 74-76 ; Friedman 1989, p. 150 ; Meitinger 1989, p. 121-122 ; Kaplan 1990, p. 19, 20-24, 31, 39, 41-42, 43, 48, 55, 57, 59, 62-63,

253 ; Evans M. A. 1988b, p. 317 ; Maclean 1988, p. 58-59 ; Pellegrin 1988, p. 50-51, 114, 155, 173, 281, 294, 324 ; Bercot 1989a, p. 303 ; Gutwirth 1989, p. 85 ; Kaplan 1990, p. 103, 107-109, 110, 154-155, 159, 162, 163 ; Murphy S. 1990, p. 332, 338 n, 339, 365, 372, 374 n ; Robb 1990, p. 17 ; Wald Lasowki P. et Wald Lasowki R. 1990, p. 33-37 ; Lecaye 1991, p. 119 ; Hiddleston 1992, p. 573 ; Prendergast 1992, p. 36, 150, 152-159, 181 ; Bercot 1993, p. 121 ; Boltanski 1993, p. 226-227 ; Burton 1993b, p. 61-62 ; Greiner 1993, p. 283-287, 295 n ; Holland 1993, p. 207-208, 213, 221 ; Stierle 1993, p. 896 ; Guyaux 1994b, p. 77 ; Murphy S. 1994, p. 616, 632 ; Troyat 1994, p. 300 ; Murphy S. 1995a, p. 551-614 ; Murphy S. 1995b, p. 452, 470 n, 475 ; Murphy S. 1996, p. 113 n, 151 n, 157 ; Vincent-Munnia 1997, p. 158 ; Wanner 1997a, p. 31-40 ; Hiddleston 1999, p. 246-249 ; Labarthe 1999a, p. 92, 340-342, 522 n ; Stephens 1999, p. 89, 147 ; Susini 1999, p. 70 ; Labarthe 2000a, p. 110 ; Labarthe 2000b, p. 33, 34, 58-63, 99, 127-129, 136, 155 ; Laforgue P. 2000, p. 193-202 ; Jackson 2001b, p. 163 ; Leroy 2001, p. 153 ; Miner 2001, p. 161-162, 167, 169 ; Sanyal 2001, p. 132-149 ; Krueger 2002b, p. 288 ; Lloyd 2002, p. 47-51 ; Locke 2002, p. 89-102 ; Niderst 2002, p. 322, 323 ; Cacciavillani 2003, p. 81 ; Murphy S. 2003, p. 9, 11, 30, 37, 39, 45, 60, 73, 91, 162, 183, 200, 207 n, 216 n, 263, 271 n, 272 n, 276 n, 280, 290, 442, 444 n, 497 n, 500 n, 506, 663, 674, 679, 690, 695 ; Bertrand 2004, p. 332 ; Gaudard 2004, p. 112 ; Kopp 2004, p. 102 ; Han 2005, p. 98 ; Scott M. C. 2005a, p. 181-189, 201 ; Scott M. C. 2005b, p. 58 ; Landi 2006, p. 274 ; Sanyal 2006, p. 83-94, 97, 231 n, 232 n ; Fischer-Loock 2007, p. 215 ; Guyaux 2007a, p. 61 n, 368 n, 917, 953 ; Krueger 2007, p. 45, 80, 90-92, 96-104, 141 n, 142 n, 143 n, 144 n ; Stark 2007, p. 499-506 ; Steinmetz 2007, p. 302-303 ; Warning 2007, p. 184 ; Brague 2008, p. 48, 87 ; Iwakiri 2008, p. 61 ; Yoshimura 2008b, p. 122 ; Cornille 2009b, p. 185 ; Philippot 2009, p. 142 ; Zöllner 2009, p. 139 ; Cornille 2010b, p. 29, 219, 230, 241, 247, 248, 250 n ; Lazard 2010, p. 259 ; Runyon 2010, p. 233-237 ; Saminadayar-Perrin 2010, p. 125, 131, 134 ; Hirota 2011b, p. 196, 202 ; Landi 2011, p. 274, 276, 302, 421, 557 ; Meltzer 2011, p. 182, 190 ; Cagnat-Debœuf 2012, p. 101-115 ; Hiddleston 2012, p. 67 ; Bertrand 2014, p. 357 ; Carpenter 2014, p. 205 ; Chambers 2014, p. 58-59 ; Compagnon 2014, p. 14, 31, 71, 72, 80, 189, 190-191, 242, 315-319 ; Drost 2014, p. 94 ; Élie 2014, p. 191 ; Gouvard 2014c, p. 297 ; Guégan 2014, p. 81 ; Hiddleston 2014, p. 68 ; Jackson 2014, p. 139 ; Kliebenstein 2014, p. 79 ; Kopp 2014c, p. 277 ; Kopp 2014d, p. 33 ; Kopp 2014e, p. 84 ; Laforgue P. 2014a, p. 80 ; Laforgue P. 2014b, p. 321 ; Marder 2014, p. 79 n ; Mortelette 2014, p. 99, 103, 104, 105 ; Murphy S. 2014a, p. 13, 16, 18-19 ; Murphy S. 2014b, p. 123 n ; Nakaji 2014, p. 124 ; Olmsted 2014, p. 212 ; Sangsue 2014, p. 230-231, 232, 234 ; Scepi 2014c, p. 139 ; Scott M. C. 2014,

p. 45-46 ; Guyaux 2007a, p. 61 n, 368 n, 894, 917 ; Krueger 2007, p. 41, 137 n ; Llorca et Thévenon 2007, p. 21, 23-25, 30 n ; Steinmetz 2007, p. 298-299 ; Warning 2007, p. 175, 184 ; Brague 2008, p. 72 ; Scepi 2008, p. 19 ; Sugimoto 2008, p. 136-137 ; Yoshimura 2008b, p. 114-116 ; Cornille 2009b, p. 201 n ; Gasarian 2009, p. 83-85 ; Hirota 2009, p. 41, 47, 48-49 ; Cornille 2010b, p. 11, 23, 218, 219 n, 236 ; Lazard 2010, p. 257 ; Runyon 2010, p. 221-224 ; Thibaudet 2010, p. 236 n ; Hirota 2011b, p. 196 ; Meltzer 2011, p. 214 ; Suzuki Ka. 2011, p. 213 ; Yokohari 2011, p. 125 ; Shimizu 2013, p. 289-313 ; Brunel 2014, p. 86 ; Combe 2014a, p. 146, 151 ; Combe 2014b, p. 36, 45 ; Compagnon 2014, p. 13, 68, 69, 159, 189, 204, 207-209, 213, 214, 215, 235 ; Glaudes 2014, p. 76 ; Gouvard 2014c, p. 305 ; Kopp 2014d, p. 34 ; Mortelette 2014, p. 104, 106, 108, 110 ; Murphy S. 2014b, p. 109, 115 ; Nakaji 2014, p. 113, 114 ; Olmsted 2014, p. 213 ; Scepi 2014c, p. 140 ; Westerwelle 2014b, p. 283 ; Wulf 2014, p. 336, 338.

Déjà ! : Daniel-Rops 1931, p. 553 ; Blin 1946, p. 167, 169 n ; Lebois 1958, p. 17 ; Bernard 1959, p. 136, 139 ; Gély 1962, p. 592 ; Nies 1964b, p. 44, 232, 252 ; Vivier 1965, p. 191-192 ; Mauron 1966, p. 46, 97, 102 ; Galand 1969, p. 463, 508-509, 514 ; Leakey 1969, p. 258-261, 284 ; Eigeldinger 1971, p. 93 ; Loncke 1975, p. 149, 188, 200, 250 ; Sabatier 1977, p. 155 ; Hiddleston 1983-1984, p. 93 ; Rincé 1984, p. 98, 100 ; Adatte 1986, p. 50, 83 ; Hiddleston 1987, p. 26, 100 n ; Poggenburg 1987, p. 387 ; Simon 1987, p. 255 ; Chesters 1988, p. 119 ; Pellegrin 1988, p. 107, 171, 174, 188 ; Raitt 1989-1990, p. 160 ; Kaplan 1990, p. 116, 118, 120-122, 127, 149, 152 ; Eigeldinger 1991, p. 90 ; Compagnon 1992b, p. 89 ; Compagnon 1994, p. 113 ; Labarthe 2000b, p. 141 ; Bonnefoy 2001, p. 195-197 ; Leroy 2001, p. 147 ; Lloyd 2002, p. 218-219 ; Niderst 2002, p. 322 ; Liu 2003, p. 181, 780 ; Murphy S. 2003, p. 683 n ; Maurouard 2005, p. 37 ; Krueger 2007, p. 32, 82-86, 120 ; Steinmetz 2007, p. 304 ; Brague 2008, p. 52 ; Liouville 2009, p. 322 ; Machado 2009, p. 94 ; Cornille 2010b, p. 220, 224 n ; Runyon 2010, p. 239-242 ; Benveniste 2011, p. 350-351 ; Fournier 2011, p. 102-106 ; Yang 2013, p. 272 ; Del Lungo 2014, p. 84 ; Mortelette 2014, p. 103, 109 ; Steinmetz 2014a, p. 159.

Le Désespoir de la vieille : Athys 1897, p. 589 ; Mauclair 1917, p. 129 ; Reynold 1920, p. 151 ; Daniel-Rops 1931, p. 552 ; Blin 1946, p. 163 n, 166, 174 ; Ruff 1955, p. 361 ; Citron 1961, p. 373 n ; Nies 1964a, p. 262 ; Nies 1964b, p. 72, 100, 257 ; Galand 1969, p. 466 ; Loncke 1975, p. 214-215 ; Sabatier 1977, p. 151 ; Johnson 1979, p. 28 n ; Bugliani 1980, p. 149 ; Starobinski 1981, p. 37, 44-50 ; Violato 1982, p. 250, 251 n, 268 ; Greer Cohn 1983, p. 146 ; Kopp 1983, p. 18 ; Hiddleston 1983-1984, p. 35, 104 n ; Rincé 1984, p. 100 ; Adatte 1986, p. 43 ; Hiddleston 1987, p. 81-82, 88, 111 n ; Poggenburg 1987, p. 335, 356 ; Simon 1987, p. 209, 224, 225-228, 243, 250 ; Lang 1988, p. 218 n ; Pellegrin 1988, p. 295, 324 ; Raitt 1989-1990, p. 163 n ; Kaplan

2010, p. 196-197 ; Deguy 2012, p. 25 ; Xu 2013, p. 20-22 ; Yang 2013, p. 27, 273 ; Bertrand 2014, p. 350, 355 ; Bonnefoy 2014c, p. 68 ; Compagnon 2014, p. 49 n, 55-56, 57, 58, 158 ; Foglia 2014, p. 56 ; Gouvard 2014c, p. 297 ; Guégan 2014, p. 80-81 ; Kaplan 2014, p. 71 ; Kopp 2014d, p. 29 ; Mortelette 2014, p. 108 ; Murphy S. 2014a, p. 112, 114-115, 125 ; Nakaji 2014, p. 124 ; Scepi 2014b, p. 153-167 ; Schlossman 2014, p. 159-166 ; Thélot 2014a, p. 167-173 ; Westerwelle 2014b, p. 290, 294 ; Wilhelm 2014, p. 183.

La Fausse Monnaie : Larousse 1874, p. 1228 ; Mauclair 1917, p. 129 ; Fumet 1926, p. 110 ; Daniel-Rops 1931, p. 552 ; Blin 1939, p. 65 ; Pommier 1945, p. 193 ; Blin 1948, p. 56, 60 n ; Pia 1952, p. 193 ; Ruff 1955, p. 229 ; Lebois 1958, p. 18, 23-24 ; Bernard 1959, p. 123 n, 126 n, 127 n, 128 n, 147 ; Citron 1961, p. 374 n ; Nies 1964a, p. 71, 94, 99, 131, 141, 147, 159, 160, 251 n ; Nies 1964b, p. 261 ; Mauron 1966, p. 46 ; Milner 1967, p. 204 ; Fairlie 1968b, p. 90 ; Galand 1969, p. 499-500 ; Guiette 1969, p. 170 ; Leakey 1969, p. 143 n ; Loncke 1975, p. 187 ; Sabatier 1977, p. 152 ; Bugliani 1980, p. 145 ; Delmay et Lori 1981, p. 52 ; Starobinski 1982, p. 139 ; Violato 1982, p. 254, 267 ; Kopp 1983, p. 19 ; Riffaterre H. 1983, p. 100 ; Rincé 1984, p. 103 ; Hiddleston 1987, p. 40, 51-53 ; Poggenburg 1987, p. 412, 415, 468 ; Burton 1988, p. 251-252 ; Engelking 1988, p. 79-80 ; Lang 1988, p. 122-124, 129 ; Maclean 1988, p. 55, 60, 60-68 ; Pellegrin 1988, p. 55, 105, 262, 282 ; Kaplan 1990, p. 3, 103, 104-105, 109, 154, 162, 163 ; Murphy S. 1990, p. 330, 343-344, 372 ; Robb 1990, p. 17 ; Wing 1990, p. 1-18 ; Burton 1991, p. 351 ; Derrida, 1991, p. 48-217 ; Burton 1992, p. 314 ; Lloyd 1992a, p. 70 ; Prendergast 1992, p. 150 ; Wall A. 1992, p. 69-90 ; Boltanski 1993, p. 237 ; Burton 1993b, p. 65-66 ; Greiner 1993, p. 230-231, 256-259, 294, 296 n ; Schuerewegen 1993, p. 371-378 ; Stierle 1993, p. 888 ; Murphy S. 1994, p. 640 n ; Starobinski 1994a, p. 128, 133 ; Murphy S. 1995a, p. 563 n ; Murphy S. 1995b, p. 452, 464 ; Ramet 1995, p. 163 ; Murphy S. 1996, p. 113 n ; Stephens 1996, p. 44 ; Lawler 1997, p. 209 ; Hirt 1998, p. 173 ; Labarthe 1999a, p. 469 n ; Stephens 1999, p. 23-26, 67, 76, 89 ; Labarthe 2000a, p. 100, 110-113 ; Labarthe 2000b, p. 33, 34, 52, 84, 99-102, 103, 136 ; Jackson 2001b, p. 161 ; Krueger 2002b, p. 288 ; Laforgue P. 2002, p. 122, 124 ; Lloyd 2002, p. 63 ; Murat 2002, p. 251 ; Niderst 2002, p. 323 ; Bercot 2003, p. 23 ; Cacciavillani 2003, p. 81 ; Liu 2003, p. 538, 830 ; Murphy S. 2003, p. 9, 11, 37, 73, 220-221, 267, 268 n, 281, 431, 435-449, 656, 687 ; Ortel 2003, p. 606-607, 619, 622 ; Lloyd 2005, p. 90-91, 93 ; Oehler 2005, p. 25, 26 ; Scott M. C. 2005a, p. 23, 110-117, 148 ; Scott M. C. 2005b, p. 63 ; Krueger 2007, p. 12, 32, 45, 144 n ; Steinmetz 2007, p. 301-302 ; Iwakiri 2008, p. 61 ; Steinmetz 2008b, p. 104-105 ; Apert 2009, p. 138-139 ; Carpenter 2009, p. 2, 17, 138-145, 151, 171 ; Cornille 2009b, p. 185 ; Brix 2010, p. 208 ; Cornille 2010b, p. 25-26, 32, 219, 230, 236, 237, 240-243, 244, 247-248,

p. 194 n ; Blin 1939, p. 25 ; Ruff 1955, p. 361 ; Lebois 1958, p. 22 ; Bernard 1959, p. 147 ; Citron 1961, p. 373 n ; Gély 1962, p. 592-595 ; Nies 1964b, p. 113, 137, 252 ; Vivier 1965, p. 99, 216 ; Mauron 1966, p. 46, 49, 50, 66, 70 ; Antoine 1967, p. 399, 400 ; Milner 1967, p. 204 ; Galand 1969, p. 509-510 ; Loncke 1975, p. 191 ; Garampon 1976, p. 178-186 ; Bersani 1977b, p. 113 n, 134 ; Sabatier 1977, p. 155 ; Serrano 1977, p. 152 ; Johnson 1979, p. 68-70, 81 ; Levine 1979, p. 98-103 ; Lloyd 1979, p. 91, 209 ; Poulet 1980, p. 57 ; Hamm 1981, p. 142-192 ; Starobinski 1981, p. 47 ; Antoine 1982, p. 206 ; Godfrey 1982, p. 83-100 ; Greer Cohn 1983, p. 139-140, 145 ; Hiddleston 1983-1984, p. 81 ; Rincé 1984, p. 98 ; Starobinski 1984, p. 75-77 ; Adatte 1986, p. 7, 165 ; Heck 1986b, p. 263 ; Wing 1986, p. 20, 35-36, 38 ; Eigeldinger 1987, p. 200 ; Hiddleston 1987, p. 27, 28-29, 106 n ; Pellegrin 1987, p. 81-84 ; Poggenburg 1987, p. 356, 387 ; Evans M. A. 1988b, p. 316 ; Maclean 1988, p. 52-53 ; Pellegrin 1988, p. 146, 192, 201 ; Robb 1988, p. 347 ; Jackson 1989, p. 150-151 ; Niderst 1989, p. 20 ; Raitt 1989-1990, p. 160 ; Culler 1990, p. 67 ; Kaplan 1990, p. 67, 116, 118, 120, 122-125, 129, 131, 153, 163, 165 ; Eigeldinger 1991, p. 81-82 ; Laude 1991, p. 354-368 ; Prendergast 1991, p. 179-195 ; Zimmerman 1991, p. 109 ; Avice 1992, p. 39 ; Kaplan 1992, p. 90-91 ; Lloyd 1992a, p. 69, 77 n ; Prendergast 1992, p. 36-37 ; Greiner 1993, p. 295 n ; Holland 1993, p. 212, 291 n ; Thélot 1993, p. 64, 75 ; Murphy S. 1994, p. 641 n, 645 ; Schneider M. 1994, p. 60, 65, 92, 115, 152 ; Ramet 1995, p. 162 ; Blood 1997, p. 70, 72, 187 n ; Labarthe 1999a, p. 210 n ; Susini 1999, p. 62 n, 67 ; Labarthe 2000b, p. 162-163 ; Jackson 2001b, p. 161 ; Stephens 2001, p. 143 ; Engelking 2002, p. 159-160 ; Krueger 2002b, p. 294 ; Niderst 2002, p. 322 ; Coblence 2003, p. 29 n, 36 ; Liu 2003, p. 329, 331, 559 ; Murphy S. 2003, p. 195-216, 231, 442 n, 483 n, 653, 674, 689 ; Ortel 2003, p. 621 ; Santilli 2003, p. 191-192 ; Compagnon 2004, p. 682 ; Gaudard 2004, p. 120 ; Vanborre 2004, p. 123-131 ; Lloyd 2005a, p. 90-95 ; Scott M. C. 2005a, p. 166-168, 201 ; Stephens 2005, p. 77, 79 ; Gaudard 2006, p. 348-349 ; Prete 2006, p. 106 ; Sanyal 2006, p. 186 ; Krueger 2007, p. 63, 65-66, 122 ; Steinmetz 2007, p. 304-305 ; Brague 2008, p. 130 ; Iwakiri 2008, p. 60-61 ; Scepi 2008, p. 21, 23 n ; Hiddleston 2009, p. 91, 94, 101, 103 ; Philippot 2009, p. 139-143 ; Combe 2010, p. 275 ; Cornille 2010b, p. 31, 220, 246 ; Lazard 2010, p. 258 ; Runyon 2010, p. 240-242 ; Hirota 2011b, p. 196, 198, 205-210 ; Kennedy Smith 2011, p. 217 ; Nakaji 2011, p. 146-147, 149 ; Yokohari 2011, p. 135 ; Hiddleston 2012, p. 63 ; Scepi 2012, p. 74-75, 77 n ; Kaplan 2013, p. 24 n ; Yang 2013, p. 27, 273 ; Carpenter 2014, p. 205-208 ; Combe 2014b, p. 37 ; Compagnon 2014, p. 158-159 ; Del Lungo 2014, p. 81-94, 133 ; Foglia 2014, p. 56 ; Hiddleston 2014, p. 67, 68 ; Mortelette 2014, p. 105, 109 ; Murphy S. 2014a, p. 11, 13, 16 ; Murphy S. 2014b, p. 112 ; Nakaji 2014, p. 121, 122, 123 ; Olmsted 2014, p. 214 ; Rancière 2014, p. 40 ; Samuels 2014, p. 172 ; Steinmetz 2014a, p. 159-166 ; Wilhelm 2014, p. 185, 186.

Bassim 1974, p. 17 ; Pachet 1976, p. 7, 24, 41 n, 100 ; Bersani 1977b, p. 17 ; Sabatier 1977, p. 151, 152 ; Serrano 1977, p. 89-91, 93-94, 115, 151 ; Johnson 1979, p. 67 ; Lloyd 1979, p. 209 ; Kaplan 1980, p. 233-246 ; Poulet 1980, p. 71 ; Sahlberg 1980, p. 156-165, 168, 170, 182-188, 189 ; Cacciavillani 1981, p. 146 ; Amiot 1982, p. 246 ; Godfrey 1982, p. 88 n ; Jackson 1982, p. 137 ; Violato 1982, p. 249, 266 ; Greer Cohn 1983, p. 145-146, 150 ; Rincé 1984, p. 98, 112-113, 114 ; Adatte 1986, p. 74, 165 ; Wing 1986, p. 20, 35, 38-40 ; Hiddleston 1987, p. 4, 21-24, 29, 49 ; Poggenburg 1987, p. 329, 356 ; Simon 1987, p. 219, 225 ; Burton 1988, p. 102 ; Lang 1988, p. 115 ; Maclean 1988, p. 52, 56-57 ; Pellegrin 1988, p. 188, 214, 217, 269, 365, 375 ; Robb 1988, p. 23, 27, 334 ; Niderst 1989, p. 21 ; Raitt 1989-1990, p. 160 ; Culler 1990, p. 66-67 ; Kaplan 1990, p. 60-63, 66, 70, 73, 77, 86, 87, 93, 95, 119, 122, 145-146, 153, 163, 195 n ; Zimmerman 1991, p. 11-12 ; Avice 1992, p. 38 ; Hannoosh 1992, p. 71, 180, 289, 290, 292, 293, 294-295 ; Lloyd 1992a, p. 69 ; Prendergast 1992, p. 139-141, 145, 148, 163 ; Greiner 1993, p. 267-270, 272, 295 n ; Sacchi 1993, p. 178 ; Stierle 1993, p. 885-887 ; Thélot 1993, p. 52, 74, 123, 139, 486, 489 ; Compagnon 1994, p. 111 ; McGinnis 1994, p. 22-23, 29-31, 64 ; Murphy S. 1994, p. 631 ; Schneider M. 1994, p. 53 ; Leroy 1995, p. 64, 69 ; Viart 1995, p. 252 ; Gasarian 1996, p. 56, 76-78, 94, 114, 235 ; Blood 1997, p. 61-62 ; Labarthe 1999a, p. 110, 390 n, 433 ; Lawler 1999, p. 333-334 ; Stephens 1999, p. 45-48, 54-60, 63 ; Susini 1999, p. 68 ; Labarthe 2000a, p. 117 ; Labarthe 2000b, p. 33, 34, 70-73, 155, 162 ; Scott C. 2000, p. 101 ; Jackson 2001b, p. 152, 160, 161 ; Stephens 2001, p. 139, 141 ; Laforgue P. 2002, p. 90, 95 ; Lloyd 2002, p. 65, 78, 109, 157-158 ; Niderst 2002, p. 322, 324 ; Bercot 2003, p. 23 ; Blonde 2003, p. 103-105, 130 ; Bonnefoy 2003, p. 279, 282, 307, 319 ; Cabanès J.-L. 2003, p. 132 n ; Cacciavillani 2003, p. 80 ; Coblence 2003, p. 29 n ; Compagnon 2003b, p. 117, 124, 129 ; Labarthe 2003, p. 141 ; Liu 2003, p. 321, 331, 536 ; Murphy S. 2003, p. 223, 310, 372-373, 528 ; Ortel 2003, p. 621, 624 ; Santilli 2003, p. 200 ; Gaudard 2004, p. 116-117 ; Kopp 2004, p. 106-107 ; Pichois et Avice 2004, p. 132 ; Salines 2004, p. 193, 243-245 ; Guyaux 2005, p. 166 ; Scott M. C. 2005a, p. 169-178, 201 ; Bercot 2006, p. 17 ; Carpenter 2006, p. 139 ; Sanyal 2006, p. 84, 102-104, 108, 236 n ; Guyaux 2007a, p. 101 ; Krueger 2007, p. 63, 66 ; Prete 2007, p. 129-130 ; Steinmetz 2007, p. 294 ; Vaillant 2007, p. 104 ; Brague 2008, p. 96, 132 ; Compagnon 2008, p. 44 ; Scepi 2008, p. 21 ; Steinmetz 2008b, p. 97-99, 110-111 ; Sugimoto 2008, p. 136, 138-139 ; Apert 2009, p. 135-136 ; Cornille 2009b, p. 186 ; Hiddleston 2009, p. 101, 102-103 ; Cornille 2010b, p. 35, 224 ; Runyon 2010, p. 206-209 ; Fournier 2011, p. 89 n, 259-261 ; Nakaji 2011, p. 142, 146 ; Suzuki Ka. 2011, p. 217, 218 ; Yokohari 2011, p. 129 ; Hiddleston 2012, p. 63 ; Murphy M. 2012, p. 11, 187, 197, 202, 204-205 ; Scepi 2012, p. 74, 83-84 ; Ahearn 2014, p. 11, 12 ; Bertrand 2014, p. 349 ; Carpenter 2014, p. 203-204, 207 ; Combe

1980, p. 170-171, 172, 173, 185 ; Cacciavillani 1981, p. 146 ; Delmay et Lori 1981, p. 49 ; Starobinski 1981, p. 37-50 ; Zimmerman 1981, p. 119-136 ; Chesters 1982, p. 175 n ; Starobinski 1982, p. 128-141 ; Violato 1982, p. 251 n, 267 ; Greer Cohn 1983, p. 151 ; Johnson 1983, p. 79-85 ; Hiddleston 1983-1984, p. 75-76, 83, 111 n ; Rincé 1984, p. 103 ; Adatte 1986, p. 56, 57 ; Hiddleston 1987, p. 104 n ; Poggenburg 1987, p. 359 ; Simon 1987, p. 240-243 ; Burton 1988, p. 44, 361 n ; Evans M. A. 1988b, p. 320 ; Lang 1988, p. 116 ; Maclean 1988, p. 53-54 ; Oehler 1988, p. 309, 311, 314, 320-334 ; Pellegrin 1988, p. 185, 244, 256, 300, 322, 356, 387, 391 ; Gutwirth 1989, p. 75-88 ; Lloyd 1989, p. 81-88 ; Raitt 1989-1990, p. 160 ; Kaplan 1990, p. 77-80, 96, 98, 127, 132, 156, 161, 163, 198 n ; Gaudard 1991, p. 67-83 ; Lloyd 1992a, p. 71 ; Oehler 1992, p. 66 ; Boltanski 1993, p. 237-238 ; Burton 1993b, p. 62-63, 64, 65 ; Formentelli 1993, p. 154 ; Holland 1993, p. 252-255 ; Thélot 1993, p. 43, 47, 57, 102, 108, 113, 175, 190, 261, 283, 409, 417 ; Murphy S. 1994, p. 615 ; Starobinski 1994a, p. 123-132, 136, 140 ; Laroche 1995, p. 108-109 ; Leroy 1995, p. 63-64 ; Murphy S. 1995a, p. 571 n, 612 ; Murphy S. 1995b, p. 454 ; Murphy S. 1996, p. 153 n ; Hiddleston 1999, p. 246 ; Labarthe 1999a, p. 56, 245-251, 389 n, 553 ; Labarthe 1999b, p. 1034-1036 ; Lawler 1999, p. 338 ; Stephens 1999, p. 99-104 ; Labarthe 2000a, p. 100-104 ; Labarthe 2000b, p. 28, 31, 33, 79, 84, 86-91, 141, 156 ; Jackson 2001b, p. 167 ; Leroy 2001, p. 147, 150, 153 ; Lloyd 2002, p. 55-56 ; Murat 2002, p. 251 ; Neefs 2002, p. 145 ; Niderst 2002, p. 322 ; Cacciavillani 2003, p. 81 ; Liu 2003, p. 805 ; Murphy S. 2003, p. 9, 30-31, 38, 49, 220-221, 256, 271, 274, 283, 285, 292, 295, 303, 305-324, 397, 398 n, 413, 431, 655, 674-675, 689 ; Thélot 2003, p. 289 ; Compagnon 2004, p. 680-681 ; Compagnon 2005, p. 57-58 ; Oehler 2005, p. 28 ; Scott M. C. 2005a, p. 86-89, 181 ; Gaudard 2006, p. 351-354 ; Sanyal 2006, p. 90, 92, 227 n, 230 n, 232 n ; Guyaux 2007a, p. 990 ; Krueger 2007, p. 76, 90, 110, 144 n ; Labarthe 2007, p. 163 ; Steinmetz 2007, p. 295 ; Steinmetz 2008b, p. 103 ; Yoshimura 2008b, p. 120 ; Noiray 2009, p. 19-22 ; Brix 2010, p. 208 ; Cornille 2010b, p. 30, 37, 218, 240 ; Runyon 2010, p. 210-213 ; Cabanès J.-L. 2011, p. 77 ; Fournier 2011, p. 176, 246-250 ; Landi 2011, p. 236, 298 ; Meltzer 2011, p. 24-25, 27, 63-64, 66, 80 ; Murphy M. 2012, p. 205, 213 ; Yang 2013, p. 272 ; Combe 2014a, p. 146 ; Combe 2014b, p. 40, 41, 46 ; Compagnon 2014, p. 31, 63, 84-85, 217 ; Élie 2014, p. 188, 189, 190 ; Gouvard 2014c, p. 298, 299 ; Kaplan 2014, p. 74 ; Kopp 2014b, p. 63 ; Laforgue P. 2014a, p. 79-95 ; Laforgue P. 2014b, p. 331 n ; Mortelette 2014, p. 107 ; Murphy S. 2014a, p. 16 ; Nakaji 2014, p. 123 ; Sanyal 2014, p. 254 n ; Westerwelle 2014b, p. 281, 284 ; Wilhelm 2014, p. 188.

L'Horloge : Habans 1857, p. 3 ; Crépet E. 1887, p. 129 ; Reynold 1920, p. 369 n ; Van Roosbroeck 1929, p. 356-359 ; Daniel-Rops 1931, p. 546 ; Porché 1944, p. 359, 437 n, 458 ; Aragon 1946, p. 174 ; Blin 1946, p. 161, 166,

p. 201, 463, 487-488, 521 ; Leakey 1969, p. 133 n, 139, 176 n, 240-245, 293, 300 n ; Cacciavillani 1971, p. 33, 36-37 ; Eigeldinger 1971, p. 87 ; Poulet 1971, p. 47 ; Cournot 1973, p. 58 ; De George 1973, p. 148 ; King 1973, p. 22-32 ; Lyons 1973, p. 142 ; Patty 1973, p. 147-157 ; Bassim 1974, p. 147, 215-217 ; Drost 1975, p. 40-52 ; Loncke 1975, p. 171-172, 187-189, 203, 207-208 ; Macchia 1975, p. 49 ; Sabatier 1977, p. 151, 154-155 ; Aguettant 1978, p. 90 ; Lloyd 1979, p. 122, 149, 150, 151, 155 ; Maruse 1979, p. 207-239 ; Johnson 1980, p. 23-51 ; Zilli 1981, p. 127-136 ; Amiot 1982, p. 305, 351 ; Chesters 1982, p. 175 n ; Pichois 1982b, p. 100 ; Violato 1982, p. 248, 249, 266 ; Greer Cohn 1983, p. 140, 149, 151-152 ; Kopp 1983, p. 18, 20-21 ; Kristeva 1983, p. 409, 410 ; Hiddleston 1983-1984, p. 67, 68, 69-70, 71, 80, 84, 88, 97 ; Giusto 1984, p. 102-104 ; Rincé 1984, p. 98, 100, 102 ; Kutsukake 1985, p. 203-219 ; Adatte 1986, p. 17, 84, 98, 99, 136 ; Eigeldinger 1987, p. 209 ; Hiddleston 1987, p. 40-41, 43 ; Pellegrin 1987, p. 81 ; Poggenburg 1987, p. 329, 359 ; Chesters 1988, p. 158 ; Maclean 1988, p. 60 ; Pellegrin 1988, p. 13, 98, 138, 146, 165-170, 207, 238, 239, 249, 263, 268, 299, 304, 343, 345, 388 ; Bercot 1989a, p. 285-303 ; Bercot 1989b, p. 46-48, 50 ; Maruse 1989, p. 19-28 ; Meitinger 1989, p. 146 ; Haxell 1990, p. 163 ; Kaplan 1990, p. 76, 80, 81, 84-85, 94, 112, 127, 132-133, 153, 163, 188 n ; Murphy S. 1990, p. 371 ; Robb 1990, p. 16 ; Scott C. 1990, p. 111 ; Lecaye 1991, p. 80, 82-83 ; Zimmerman 1991, p. 100 ; Bonnefoy 1992, p. 129 ; Compagnon 1992b, p. 78 ; Kaplan 1992, p. 90 ; Bercot 1993, p. 114 ; Compagnon 1993a, p. 74 ; Greiner 1993, p. 273-278, 295 n, 296 n ; Holland 1993, p. 246 ; Sacchi 1993, p. 178-184 ; Guyaux 1994b, p. 76 ; Bourg 1995, p. 628 ; Kaddour 1995, p. 20, 22 ; Leroy 1995, p. 68 n ; Murphy S. 1995a, p. 571 n ; Gasarian 1996, p. 66, 149, 209 ; Lawler 1997, p. 179-180 ; Prete 1997, p. 161 ; Vincent-Munnia 1997, p. 164 ; Aschenberg 1999, p. 259-274 ; Labarthe 1999a, p. 56, 390 n, 519-520 ; Lawler 1999, p. 335, 338 ; Labarthe 2000b, p. 33, 37, 38, 42-43, 56, 132, 144, 146, 149 ; Jackson 2001b, p. 144, 163, 164 ; Sandras 2001, p. 611, 612 ; Krueger 2002b, p. 284 ; Lloyd 2002, p. 73, 187 ; Murat 2002, p. 252 ; Neefs 2002, p. 145 ; Niderst 2002, p. 322, 324 ; Sandras 2002, p. 96 ; Bercot 2003, p. 22 ; Brunel 2003a, p. 79-83 ; Cabanès J.-L. 2003, p. 132-133 ; Compagnon 2003b, p. 166 ; Jackson 2003, p. 108 ; Liu 2003, p. 535-536, 785 ; Murphy S. 2003, p. 11, 51, 400-401, 667, 674 ; Ortel 2003, p. 612-613, 622 ; Skagen Vibe 2003, p. 254 ; Gaudard 2004, p. 117, 120 ; Kopp 2004, p. 97 ; Salines 2004, p. 238-239 ; Scott M. C. 2005a, p. 8 ; Sanyal 2006, p. 65, 145, 251 n ; Brunel 2007, p. 91 ; Krueger 2007, p. 41, 118, 120, 137 n ; Llorca et Thévenon 2007, p. 21, 25-33 ; Prete 2007, p. 141 ; Steinmetz 2007, p. 296-297 ; Vaillant 2007, p. 207 ; Brague 2008, p. 49, 111, 114 ; Sugimoto 2008, p. 138 ; Yokohari 2008, p. 71-72 ; Yoshimura 2008b, p. 118-120, 123-126 ; Abbott 2009, p. 214-215 ; Cornille 2009b, p. 201 n ; Gasarian 2009, p. 83 ; Hirota 2009, p. 41 ; Brix 2010,

p. 25 ; Cornille 2010b, p. 43 n, 219, 247 ; Lazard 2010, p. 260 ; Runyon 2010, p. 232-234 ; Benveniste 2011, p. 348-349 ; Fournier 2011, p. 80-81 ; Brix 2012, p. 22 ; Combe 2014b, p. 45 ; Compagnon 2014, p. 49 n, 268 ; Élie 2014, p. 187-188 ; Foglia 2014, p. 50 ; Mortelette 2014, p. 99, 105, 106 ; Murphy S. 2014a, p. 19 ; Murphy S. 2014b, p. 123 n ; Scepi 2014, p. 142 ; Schuerewegen 2014, p. 75.

Le Joujou du pauvre : Mauclair 1917, p. 129 ; Reynold 1920, p. 150 ; Fumet 1926, p. 111 ; Daniel-Rops 1931, p. 535, 550, 552 ; Jouve 1942, p. 46 ; Porché 1944, p. 441 ; Blin 1946, p. 160, 169 n, 174 ; Fondane 1947, p. 105-107 ; Ruff 1955, p. 361 ; Lebois 1958, p. 3 ; Bernard 1959, p. 116, 128 ; Bonfantini 1962, p. 118 ; Nies 1964a, p. 267 n ; Nies 1964b, p. 63, 71, 75, 131, 170 ; Mauron 1966, p. 72, 121 ; Milner 1967, p. 204 ; Pichois 1967, p. 135 ; Cellier 1968, p. 69 ; Galand 1969, p. 488-489 ; Pizzorusso 1970, p. 243-260 ; Galand 1971, p. 78, 81, 82-84 ; Galand 1972, p. 66-67 ; Loncke 1975, p. 215-216 ; Pachet 1976, p. 101 ; Sabatier 1977, p. 152 ; Bugliani 1980, p. 142, 145, 153, 159-160, 168 ; Sahlberg 1980, p. 171-172, 185 ; Chase 1981, p. 42-51 ; Delmay et Lori 1981, p. 49 ; Yoshida 1981, p. 76-88 ; Amiot 1982, p. 248 ; Starobinski 1982, p. 136, 139 ; Violato 1982, p. 251, 267 ; Borella 1983 ; Riffaterre H. 1983, p. 100 ; Rincé 1984, p. 98 ; Monroe 1985, p. 29, 93-124 ; Adatte 1986, p. 64, 97, 151 ; Hiddleston 1987, p. 4, 38, 104 n ; Poggenburg 1987, p. 359 ; Simon 1987, p. 244 ; Chesters 1988, p. 119 ; Evans M. A. 1988b, p. 316 ; Maclean 1988, p. 49, 122-123 ; Pellegrin 1988, p. 186, 363 ; Viers 1988, p. 344-350 ; Gutwirth 1989, p. 82-84, 86 ; Niderst 1989, p. 18 ; Kaplan 1990, p. 84, 96-98, 99, 101, 102, 104, 130, 132, 161, 163 ; Murphy S. 1990, p. 331, 344 ; Robb 1990, p. 17 ; Avice 1992, p. 40 ; Oehler 1992, p. 66 ; Prendergast 1992, p. 39, 150-151 ; Boltanski 1993, p. 227, 237-238 ; Burton 1993a, p. 80 ; Holland 1993, p. 229, 243 ; Stierle 1993, p. 888, 896-897 ; Thélot 1993, p. 47, 101, 113, 120, 261 ; Guyaux 1994b, p. 77 ; Murphy S. 1994, p. 622 ; Starobinski 1994a, p. 138 ; Leroy 1995, p. 65 ; Murphy S. 1995a, p. 580, 588 ; Murphy S. 1996, p. 153 n ; Bauer F. 1997, p. 17-37 ; Vincent-Munnia 1997, p. 158 ; Bauer 1998, p. 325-335 ; Hirt 1998, p. 173 ; Le Boulay 1998, p. 25-30 ; Labarthe 1999a, p. 55 n, 341 n, 551-555 ; Lawler 1999, p. 335 ; Stephens 1999, p. 63, 89, 92, 99-100, 102-105 ; Susini 1999, p. 74 ; Hirt 2000, p. 94 ; Labarthe 2000a, p. 100 ; Labarthe 2000b, p. 23, 34, 80-84 ; Jackson 2001b, p. 161 ; Leroy 2001, p. 150, 153 ; Lloyd 2002, p. 46-47 ; Murat 2002, p. 251 ; Neefs 2002, p. 145, 146 ; Niderst 2002, p. 265, 322 ; Blonde 2003, p. 154 ; Compagnon 2003b, p. 194 ; Murphy S. 2003, p. 31, 49, 60, 224 n, 265 n, 267, 274, 277-303, 306-307, 310, 315, 319, 323, 397, 653, 661, 683-684, 701 ; Gaudard 2004, p. 113 ; Salines 2004, p. 240-243, 271-273 ; Compagnon 2005, p. 33 ; Scott M. C. 2005a, p. 101-105, 181 ; Gaudard 2006, p. 346 ; Compagnon 2007, p. 109 ; Krueger 2007, p. 90, 144 n ; Llorca et Thévenon 2007, p. 22, 29 n ;

Daniel-Rops 1931, p. 554 ; Pommier 1937, p. 289 ; Blin 1939, p. 193 ; Jouve 1942, p. 49 ; Prévost 1943, p. 118, 125 ; Porché 1944, p. 289, 440 ; Pommier 1945, p. 13, 116 ; Blin 1946, p. 166, 167, 171 ; Sartre 1946, p. 107 ; Blin 1948, 26-27, 72 n ; Peyre 1951, p. 140 ; Jouve 1954, p. 35, 38-39 ; Ruff 1955, p. 361, 362 ; Lebois 1958, p. 3, 16 ; Milner 1960, p. 859 ; Citron 1961, p. 358 n, 375 ; Bonfantini 1962, p. 118 ; Nies 1964a, p. 263, 270 ; Nies 1964b, p. 101, 102, 113, 145, 149, 180, 183 ; Mauron 1966, p. 47, 79 ; Emmanuel 1967, p. 145-146 ; Milner 1967, p. 203 ; Galand 1969, p. 520-521 ; De George 1973, p. 152 ; Bersani 1977b, p. 128 ; Sabatier 1977, p. 156 ; Johnson 1979, p. 154 ; Lloyd 1979, p. 99 ; Sahlberg 1980, p. 174, 175 ; Delmay et Lori 1981, p. 46 n, 53 ; Aynesworth 1982, p. 209-221 ; Violato 1982, p. 255 n ; Beaujour 1983, p. 58 n ; Delmay et Lori 1983, p. 71 ; Hiddleston 1983-1984, p. 72, 77-78, 83, 87, 88 ; Rincé 1984, p. 99, 107, 112 ; Bellemin-Noël 1986, p. 201-212 ; Hiddleston 1987, p. 44, 49, 58-61 ; Poggenburg 1987, p. 435 ; Simon 1987, p. 253 ; Brinsmead 1988, p. 452-465 ; Burton 1988, p. 44, 52, 56, 128, 259, 326 ; Evans M. A. 1988b, p. 316, 317 ; Maclean 1988, p. 54, 69, 145-160 ; Pellegrin 1988, p. 18, 46, 76, 102, 147-148, 231, 406 ; Mourot 1989, p. 197 ; Steinmetz 1989, p. 171 ; Kaplan 1990, p. 53, 117, 134-135, 145-151, 152, 154, 163, 165, 200 n ; Murphy S. 1990, p. 339 n, 341 n, 365, 369 n ; Bonnefoy 1990-1991, p. 113 ; Kaplan 1992, p. 95, 97 ; Lloyd 1992a, p. 73, 74 ; Oehler 1992, p. 66 ; Prendergast 1992, p. 152, 157-159, 161 ; Compagnon 1993b, p. 37 ; Greiner 1993, p. 227-228 ; Stierle 1993, p. 888 ; Thélot 1993, p. 75, 286 ; Murphy S. 1994, p. 635 ; Schneider M. 1994, p. 51, 110, 118, 119 ; Troyat 1994, p. 300 ; Babuts 1995, p. 179-189 ; Maulpoix 1995, p. 190 ; Murphy S. 1995a, p. 551 ; Murphy S. 1995b, p. 452, 475 ; Thélot 1995, p. 60 ; Mondon 1996, p. 31-45 ; Murphy S. 1996, p. 158 ; Sheringham 1997, p. 85-93 ; Vincent-Munnia 1997, p. 158, 159, 165 ; Labarthe 1999a, p. 512 ; Stephens 1999, p. 134, 143-147, 150 ; Susini 1999, p. 69-70 ; Wilhelm 1999, p. 237-241 ; Hirt 2000, p. 107 ; Labarthe 2000a, p. 116-118 ; Labarthe 2000b, p. 27, 30, 32, 121-124, 135, 165, 166-168 ; Thélot 2000, p. 124-126, 127 ; Jackson 2001b, p. 158, 159, 160 ; Leroy 2001, p. 153 ; Scott M. C. 2001a, p. 228-240 ; Lloyd 2002, p. 95, 112 ; Bonnefoy 2003, p. 310-311 ; Cacciavillani 2003, p. 14 ; Coblence 2003, p. 28 ; Compagnon 2003b, p. 120, 126 ; Liu 2003, p. 480, 829 ; Murphy S. 2003, p. 9, 31, 37, 45, 59-60, 73, 162, 170, 318, 403 n, 404, 477-550, 616, 675, 679, 683, 699 ; Ortel 2003, p. 618 ; Santilli 2003, p. 188 ; Gaudard 2004, p. 112, 118 ; Van Zuylen 2004, p. 115-130 ; Scott M.C. 2005a, p. 53, 55-72 ; Bercot 2006, p. 3, 12-13, 17-18 ; Viegnes 2006, p. 203-204, 207 ; Guyaux 2007a, p. 64 ; Krueger 2007, p. 18, 58, 61, 65-75, 80, 89-90, 92-93, 110, 113, 117, 136 n, 137-139 n, 144 n ; Labarthe 2007, p. 163 ; Murat 2007, p. 285 ; Warning 2007, p. 175, 184 ; Iwakiri 2008, p. 61-62 ; Steinmetz 2008a, p. 113 ; Cornille 2009b, p. 186 ; Brix 2010, p. 208 ; Cornille 2010a,

Compagnon 1992b, p. 85 ; Kaplan 1992, p. 89-90 ; Oehler 1992, p. 66 ; Prendergast 1992, p. 148-149 ; Burton 1993b, p. 64, 68, 72 ; Compagnon 1993a, p. 73 ; Compagnon 1993b, p. 14 ; Formentelli 1993, p. 139 ; Greiner 1993, p. 279-283, 283, 295 n ; Holland 1993, p. 201-208, 210, 215, 218, 244, 291 n ; Stierle 1993, p. 888, 890, 898 ; Thélot 1993, p. 62, 74, 75, 97, 100-111, 113, 129, 133, 140, 189, 227, 248, 249, 279, 282, 283, 368, 409 ; Guyaux 1994b, p. 76, 77 ; Murphy S. 1994, p. 615, 635 ; Starobinski 1994a, p. 140 ; Thum 1994, p. 50-53 ; Babuts 1995, p. 179-189 ; Maulpoix 1995, p. 190 ; Murphy S. 1995b, p. 452, 460 n, 475 ; Carpenter 1996, p. 130-140 ; Franck 1996, p. 28 ; Gasarian 1996, p. 15, 164 ; Stephens 1996, p. 42-43 ; Lawler 1997, p. 178 ; Susini 1997a, p. 107-108 ; Burt 1999, p. 27-29, 228, 266 ; Labarthe 1999a, p. 377 ; Stephens 1999, p. 9-10, 64-70, 72, 75-77, 86, 97, 120, 140 ; Susini 1999, p. 63-64 ; Wilhelm 1999, p. 122, 252 n, 338-339 ; Labarthe 2000a, p. 108-110 ; Labarthe 2000b, p. 30, 33, 34, 48, 95, 97-99, 139, 144, 156 ; Scott C. 2000, p. 59-60 ; Jackson 2001b, p. 153 ; Leroy 2001, p. 148, 153 ; Krueger 2002b, p. 283, 284, 285-294, 296, 297 ; Lloyd 2002, p. 3, 56, 66-67, 138, 157 ; Niderst 2002, p. 117, 181, 189, 278, 322, 324, 325, 330 ; Bercot 2003, p. 23 ; Bonnefoy 2003, p. 283 ; Cacciavillani 2003, p. 81 ; Guyaux 2003, p. 166 ; Labarthe 2003, p. 135 ; Liu 2003, p. 301, 537 ; Murphy S. 2003, p. 31, 38, 62, 64-66, 207 n, 254, 280, 310, 318, 397, 401, 403, 410, 412, 483, 496 n, 506, 534, 653, 667, 685-686, 690-691, 695, 697, 702 ; Ortel 2003, p. 621 ; Santilli 2003, p. 92, 188 ; Bertrand 2004, p. 331 ; Pichois et Avice 2004, p. 130 ; Oehler 2005, p. 28 ; Carpenter 2006, p. 130-140, 148 ; Charpentreau 2006, p. 738 ; Gaudard 2006, p. 349 ; Landi 2006, p. 370-371 ; Ortiz Hill 2006, p. 55-56 ; Bosi 2007, p. 102-117 ; Guyaux 2007a, p. 61 ; Krueger 2007, p. 15, 18, 33, 39, 41-53, 56-58, 90, 106, 110, 134-136 n, 144 n ; Bauer F. 2008, p. 147-162 ; Landi 2008, p. 129, 243, 257, 295 ; Steinmetz 2008b, p. 100-101 ; Yoshimura 2008b, p. 126 ; Apert 2009, p. 21 ; Carpenter 2009, p. 143-146 ; Cornille 2009b, p. 186, 204-205 ; Noiray 2009, p. 17 ; Cornille 2010b, p. 21 n, 22 n, 139 n, 246 ; Lazard 2010, p. 259 ; Runyon 2010, p. 201-205 ; Saminadayar-Perrin 2010, p. 125 ; Hirota 2011b, p. 196, 202-205 ; Landi 2011, p. 192 ; Meltzer 2011, p. 63-64 ; Ahearn 2014, p. 12 ; Brix 2014a, p. 18 ; Carpenter 2014, p. 197, 198, 208 n ; Chambers 2014, p. 55 n, 56, 58 ; Combe 2014a, p. 146-147, 150, 151 ; Combe 2014b, p. 37, 45 ; Compagnon 2014, p. 31, 57, 71, 72, 73-76, 202-204, 230 ; Del Lungo 2014, p. 81, 145-152, 440, 441 ; Élie 2014, p. 185 ; Foglia 2014, p. 56 ; Glaudes 2014, p. 76 ; Kaplan 2014, p. 71, 73, 74, 77 ; Kliebenstein 2014, p. 91 ; Kopp 2014c, p. 270, 278 ; Marder 2014, p. 77-84 ; Mortelette 2014, p. 101, 104 ; Murphy S. 2014a, p. 19-20 ; Murphy S. 2014b, p. 106 ; Nakaji 2014, p. 117, 124 ; Newmark 2014, p. 208-209 ; Olmsted 2014, p. 213 ; Scepi 2014c, p. 136, 144, 146 ; Schellino 2014c, p. 151 ; Schuerewegen 2014, p. 72, 76 ; Thébault 2014, p. 18.

Murphy S. 2003, p. 37, 49, 162, 188-194, 498 n, 674, 692, 702 ; Santilli 2003, p. 183-184 ; Vincent-Munnia, Bernard-Griffiths et Pickering 2003, p. 492 ; Kopp 2004, p. 96 ; Krueger 2007, p. 68, 80, 137 n ; Murat 2007, p. 287 ; Prete 2007, p. 34 ; Brague 2008, p. 28 ; Landi 2008, p. 389 ; Meiner 2008, p. 159-164 ; Wild 2008, p. 9 ; Carpenter 2009, p. 146 ; Machado 2009, p. 188 ; Cornille 2010a, p. 119 ; Cornille 2010b, p. 222, 223, 232 n ; Runyon 2010, p. 249-251 ; Cabanès J.-L. 2011, p. 78 ; Iwakiri 2011, p. 191-193 ; Landi 2011, p. 21, 27, 36-37, 460, 542 ; Meltzer 2011, p. 222 n ; Hiddleston 2012, p. 68 ; Scepi 2012, p. 29, 82-83 ; Bertrand 2014, p. 349 ; Brix 2014b, p. 66 ; Chambers 2014, p. 56, 57-58, 62-64 ; Compagnon 2014, p. 183-184, 185, 289-290 ; Foglia 2014, p. 53, 54 ; Gouvard 2014c, p. 297 ; Kopp 2014c, p. 278 ; Kopp 2014d, p. 37 ; Kopp 2014e, p. 85 ; Marder 2014, p. 79 n ; Mortelette 2014, p. 99, 105 ; Murphy S. 2014a, p. 17, 20 ; Nakaji 2014, p. 124 ; Sanyal 2014, p. 259 ; Scepi 2014b, p. 153 ; Schlossman 2014, p. 161 ; Westerwelle 2014a, p. 70.

Le Port : Reynold 1920, p. 368-369 ; Daniel-Rops 1931, p. 546, 553 ; Blin 1946, p. 169 n ; Pia 1952, p. 193 ; Jouve 1954, p. 35 ; Lebois 1958, p. 14 ; Bernard 1959, p. 132 ; Nies 1964b, p. 71, 232 ; Mauron 1966, p. 46, 97 ; Galand 1969, p. 514-515 ; Leakey 1969, p. 255 n, 305 n ; Cacciavillani 1971, p. 36 ; Meyer 1972, p. 21-23 ; De George 1973, p. 148 ; Abe 1976 ; Pachet 1976, p. 96 ; Sabatier 1977, p. 151 ; Amiot 1982, p. 352 ; Violato 1982, p. 254 ; Kopp 1983, p. 21 ; Hiddleston 1987, p. 7, 100 n ; Poggenburg 1987, p. 415 ; Simon 1987, p. 244, 257 ; Lang 1988, p. 218 n ; Pellegrin 1988, p. 163, 171, 178 ; Kaplan 1990, p. 127, 131, 132-133, 163 ; Kang 1992, 86-89 ; Lloyd 1992a, p. 75 ; Bercot 1993, p. 133 ; Greiner 1993, p. 295 n ; Guyaux 1994b, p. 77 ; Murphy S. 1995a, p. 609 n ; Bevilacqua 1998, p. 103 ; Stephens 1999, p. 31 ; Labarthe 2000b, p. 65-66, 141, 155 ; Jackson 2001b, p. 161, 166 ; Sandras 2001, p. 612 ; Murat 2002, p. 255, 304 ; Niderst 2002, p. 94, 323 ; Ortel 2003, p. 621, 624 ; Santilli 2003, p. 110 ; Charpentreau 2006, p. 735 ; Gaudard 2006, p. 355-356 ; Brague 2008, p. 116 ; Gasarian 2009, p. 78 ; Cornille 2010b, p. 221, 222 ; Lazard 2010, p. 258 ; Runyon 2010, p. 246-247 ; Yang 2013, p. 27, 273 ; Chambers 2014, p. 57 ; Chen 2014, p. 154 ; Combe 2014a, p. 148 ; Compagnon 2014, p. 222 ; Mortelette 2014, p. 109 ; Murphy S. 2014b, p. 124.

Portraits de maîtresses : Gautier 1868, p. 518 ; Larousse 1874, p. 1229 ; Kahn 1917, p. 71 ; Daniel-Rops 1931, p. 554 ; Porché 1944, p. 289 ; Blin 1946, p. 171 ; Sartre 1946, p. 106 ; Blin 1948, p. 43 ; Peyre 1951, p. 140 ; Lebois 1958, p. 26 ; Bernard 1959, p. 124 ; Bonfantini 1962, p. 118 ; Nies 1964a, p. 263 ; Nies 1964b, p. 91, 93, 99, 104, 105, 113, 131, 137, 144, 188 ; Mauron 1966, p. 47, 77, 124-125, 152 ; Fairlie 1968b, p. 90, 93 ; Galand 1969, p. 515-517 ; Leakey 1969, p. 306 n ; Galand 1971, p. 83 ; Bassim 1974, p. 221-222 ; Bersani 1977b, p. 129, 134 ; Sabatier 1977, p. 156 ; Sahlberg

Thélot 1993, p. 120 ; Leroy 1995, p. 68 n ; Murphy S. 1995a, p. 571 n, 590-591 ; Thélot 1995, p. 37 ; Hiddleston 1999, p. 246 ; Lawler 1999, p. 337 ; Labarthe 2000b, p. 33, 37, 57-58, 137, 155 ; Jackson 2001b, p. 150 ; Krueger 2002b, p. 284 ; Lloyd 2002, p. 79, 154, 171 ; Niderst 2002, p. 23-24, 91, 322, 323 ; Bercot 2003, p. 23 ; Cabanès J.-L. 2003, p. 132 n, 133-134 ; Liu 2003, p. 535-536 ; Murphy S. 2003, p. 11, 51 ; Ortel 2003, p. 618, 622 ; Skagen Vibe 2003, p. 257-258, 260 ; Maurouard 2005, p. 16-17 ; Krueger 2007, p. 41, 137 n ; Steinmetz 2007, p. 299 ; Sugimoto 2008, p. 137 ; Abbott 2009, p. 149 n ; Cornille 2009a, p. 53, 60, 61, 63, 65-67 ; Cornille 2009b, p. 201 n ; Hirota 2009, p. 41, 47, 49-50 ; Cornille 2010b, p. 221, 236 ; Runyon 2010, p. 224-226 ; Hirota 2011b, p. 196 ; Iwakiri 2011, p. 181, 182, 184-189 ; Meltzer 2011, p. 142 n ; Hiddleston 2012, p. 67 ; Murphy M. 2012, p. 212 ; Bertrand 2014, p. 355 ; Brunel 2014, p. 86, 87 ; Combe 2014b, p. 35, 36, 37 ; Compagnon 2014, p. 13 ; Foglia 2014, p. 56 ; Guégan 2014, p. 78 ; Hiddleston 2014, p. 68 ; Marder 2014, p. 79 n ; Mortelette 2014, p. 106, 108 ; Murphy S. 2014b, p. 109 ; Nakaji 2014, p. 115 ; Scepi 2014b, p. 143 ; Schuerewegen 2014, p. 71, 74, 75, 76 ; Steinmetz 2014a, p. 159 ; Wulf 2014, p. 338, 339.

La Solitude : Crépet E. 1887, p. 129 ; Mauclair 1917, p. 129 ; Daniel-Rops 1931, p. 535 ; Crépet J. 1939, p. 136-139 ; Porché 1944, p. 359, 368 ; Pommier 1945, p. 117, 146, 169, 171, 173, 175 ; Blin 1946, p. 167 ; Ruff 1955, p. 441 n, 445 n ; Lebois 1958, p. 3 ; Bernard 1959, p. 114, 125 n ; Nies 1964b, p. 72, 183, 220-221 ; Vivier 1965, p. 221 ; Mauron 1966, p. 115-116 ; Denux 1967, p. 116 ; Milner 1967, p. 204 ; Brombert 1968, p. 53-54 ; Leakey 1968, p. 196, 206, 210, 212, 213, 290 n, 294 n ; Galand 1969, p. 492, 494-495 ; Guiette 1969, p. 166 ; Leakey 1969, p. 120 n, 161-162, 252, 268 n, 304-305 n ; Cacciavillani 1971, p. 36 ; Drost 1975, p. 43 ; Pachet 1976, p. 132 ; Sabatier 1977, p. 151 ; Cassou-Yager 1979, p. 76-77 ; Johnson 1979, p. 71 ; Bugliani 1980, p. 158 ; Sahlberg 1980, p. 163 ; Eigeldinger 1981, p. 26 ; Violato 1981, p. 120 ; Chesters 1982, p. 162, 175 n ; Violato 1982, p. 248, 254 ; Kitamura 1983a, p. 119-128 ; Kopp 1983, p. 18 ; Hiddleston 1983-1984, p. 71, 81 ; Rincé 1984, p. 97 ; Adatte 1986, p. 50, 75, 77, 116 ; Hiddleston 1987, p. 4, 18, 24-25, 26, 50 ; Pichois et Ziegler 1987, p. 565 ; Poggenburg 1987, p. 329, 359, 415 ; Chesters 1988, p. 156, 160 ; Pellegrin 1988, p. 249, 269, 344 ; Bercot 1989a, p. 286 ; Mourot 1989, p. 198 ; Niderst 1989, p. 20 ; Sellier 1989, p. 6, 10, 15 n ; Raitt 1989-1990, p. 163 n ; Kaplan 1990, p. XII, 76-77, 85, 91-93, 99, 106, 126, 153, 161, 162, 163, 194 n, 201 n ; Murphy S. 1990, p. 371 ; Robb 1990, p. 16, 25 ; Zimmerman 1991, p. 11-12, 17, 19-30, 113, 145 ; Burton 1993a, p. 80 ; Formentelli 1993, p. 142 ; Greiner 1993, p. 267, 268, 270-272, 295 n ; Thélot 1993, p. 60, 138, 139, 140, 267, 347 ; Berardinelli 1994, p. 54 ; Leroy 1995, p. 65-66, 68 n, 69 ; Vincent-Munnia 1996, p. 421 n ; Vincent-Munnia

Prete 2006, p. 109 ; Brunel 2007, p. 91 ; Krueger 2007, p. 34, 50-51, 54, 78, 85, 90, 110, 136 n, 144 n ; Labarthe 2007, p. 163 ; Vaillant 2007, p. 157 ; Brague 2008, p. 116 ; Iwakiri 2008, p. 62-64 ; Yoshimura 2008b, p. 121-122 ; Abbott 2009, p. 64 n, 73-75 ; Gasarian 2009, p. 78 ; Cornille 2010b, p. 31, 84-85, 87 n, 136, 222, 232 n ; Runyon 2010, p. 248-249 ; Hirota 2011b, p. 197, 201 ; Meltzer 2011, p. 68-69, 82, 194 ; Bertrand 2014, p. 349, 357 ; Bonnefoy 2014c, p. 68-69 ; Brix 2014b, p. 48 ; Combe 2014a, p. 150 ; Combe 2014b, p. 45 ; Compagnon 2014, p. 56, 157, 158, 161 ; Élie 2014, p. 190 ; Laforgue P. 2014b, p. 326 n ; Mortelette 2014, p. 103, 104, 109 ; Murphy S. 2014b, p. 124, 125 ; Nakaji 2014, p. 124 ; Scepi 2014b, p. 159 ; Schlossman 2014, p. 163, 164 ; Westerwelle 2014b, p. 290-295.

Les Tentations ou Éros, Plutus et la Gloire : Pommier 1932, p. 123, 126 ; Blin 1939, p. 30 ; Porché 1944, p. 283, 289 ; Pommier 1945, p. 219 ; Blin 1946, p. 161 n, 170-171 ; Fondane 1947, p. 205-206 ; Blin 1948, p. 23-24, 60 ; Crépet J. 1952, p. 89. Pia 1952, p. 192 ; Jouve 1954, p. 35 ; Ruff 1955, p. 361 ; Lebois 1958, p. 5, 8-9, 11, 12-13, 17 ; Milner 1960, p. 853, 858 ; Bonfantini 1962, p. 116-117 ; Nies 1964b, p. 63, 137, 250 ; Mauron 1966, p. 46, 62-66, 76, 78, 82, 117, 123 ; Emmanuel 1967, p. 61, 79, 85 ; Fairlie 1968b, p. 93-94 ; Galand 1969, p. 491-492 ; Poulet 1971, p. 29 ; Loncke 1975, p. 158, 166 ; Sabatier 1977, p. 156 ; Lloyd 1979, p. 75 ; Jenson 1982, p. 39 ; Violato 1982, p. 250, 254 ; Kopp 1983, p. 18 ; Hiddleston 1983-1984, p. 78, 88, 113 n ; Adatte 1986, p. 32, 67, 78 ; Eigeldinger 1987, p. 201, 203 ; Hiddleston 1987, p. 22, 44, 49, 56 ; Poggenburg 1987, p. 335, 359, 374 ; Chesters 1988, p. 118 ; Leakey 1988b, p. 247 n ; Pellegrin 1988, p. 7, 77, 104, 183, 199, 203, 209, 262-264, 270, 302, 320, 367, 398 ; Robb 1988, p. 310 ; Bercot 1989b, p. 49 ; Niderst 1989, p. 18 ; Raitt 1989-1990, p. 163 n ; Kaplan 1990, p. 77, 85-88, 96, 99, 105, 110, 126, 152, 162, 163, 192 n, 201 n ; Murphy S. 1990, p. 371 ; Robb 1990, p. 20 ; Zimmerman 1991, p. 107 ; Kaplan 1992, p. 97 ; Lloyd 1992a, p. 71 ; Prendergast 1992, p. 142, 147 ; Bercot 1993, p. 121 ; Burton 1993b, p. 61, 63, 66 n ; Greiner 1993, p. 229-230 ; Holland 1993, p. 205 ; Thélot 1993, p. 105, 140, 149, 266 ; Lallier 1995, p. 95 ; Murphy S. 1995a, p. 591 ; Thélot 1995, p. 59-60 ; Gasarian 1996, p. 80-92 ; Labarthe 1999a, p. 55 n, 57, 203, 336 n, 522 ; Lawler 1999, p. 336, 337 ; Stephens 1999, p. 28 n, 132-140, 148 ; Labarthe 2000b, p. 31, 38, 56, 58, 116, 132, 158-159 ; Jackson 2001b, p. 157 ; Leroy 2001, p. 147, 153, 156 ; Engelking 2002, p. 156 ; Murat 2002, p. 256 ; Niderst 2002, p. 26 ; Blonde 2003, p. 96 ; Cacciavillani 2003, p. 80 ; Murphy S. 2003, p. 56, 59, 483 n, 529 n ; Ortel 2003, p. 602 n, 622 ; Wilhelm 2003, p. 302 ; Kopp 2004, p. 97 ; Scott M. C. 2005a, p. 174 ; Ortiz Hill 2006, p. 65 ; Krueger 2007, p. 18, 58, 61-65, 66, 70, 71, 74-75, 90, 110, 113-114, 116-118, 120-122, 136 n, 144 n ; Steinmetz 2007, p. 297-298 ; Iwakiri 2008, p. 63 ; Landi 2008, p. 49, 75, 81, 85-86, 92, 109, 279,

2007, p. 217-218, 262, 264 ; Brague 2008, p. 113 ; Landi 2008, p. 434, 440-441 ; Zöllner 2009, p. 139-146 ; Cornille 2010b, p. 10, 25, 29, 220, 249 ; Metzidakis et Clemente 2010, p. 741-760 ; Runyon 2010, p. 237-239 ; Benveniste 2011, p. 350-351 ; Bohac 2011, p. 87-99 ; Landi 2011, p. 55, 199, 333, 374, 413, 472-478, 534-535, 566 ; Bertrand 2014, p. 353 ; Combe 2014a, p. 145-146 ; Compagnon 2014, p. 205 ; Del Lungo 2014, p. 84 ; Mortelette 2014, p. 110 ; Murphy S. 2014a, p. 18 ; Murphy S. 2014b, p. 121-123 ; Steinmetz 2014a, p. 159 ; Thébault 2014, p. 15-16.

Le Tir et le cimetière : Pommier 1945, p. 12, 187, 208 ; Richard 1955, p. 167 ; Bernard 1959, p. 107, 135, 139 ; Nies 1964a, p. 262 ; Nies 1964b, p. 44, 169, 205 ; Mauron 1966, p. 47, 124 ; Zimmerman 1967, p. 197-199 ; Galand 1969, p. 518-519 ; Leakey 1969, p. 107 n, 252 n, 265-267, 291 ; Cacciavillani 1971, p. 38 ; Loncke 1975, p. 180 ; Sabatier 1977, p. 156 ; Delmay et Lori 1981, p. 53 ; Jackson 1982, p. 36 ; Violato 1982, p. 255 n ; Hiddleston 1983-1984, p. 91 ; Rincé 1984, p. 99 ; Adatte 1986, p. 168 ; Hiddleston 1987, p. 41 ; Poggenburg 1987, p. 435 ; Engelking 1988, p. 82 ; Pellegrin 1988, p. 191, 247, 321, 409 ; Murphy S. 1990, p. 338 n, 451-476 ; Eigeldinger 1991, p. 79, 93 ; Burton 1993b, p. 65 ; Stierle 1993, p. 888 ; Thélot 1993, p. 139, 140 ; Murphy S. 1994, p. 619, 629 n ; Murphy S. 1995a, p. 571 n ; Skagen Vibe 1996, p. 75-106 ; Labarthe 1999a, p. 211-219 ; Stephens 1999, p. 31 ; Susini 1999, p. 70-71 ; Labarthe 2000b, p. 28, 45-46, 58, 114, 115, 150, 155 ; Jackson 2001b, p. 160, 161 ; Cacciavillani 2003, p. 81 ; Compagnon 2003b, p. 166 ; Mathieu 2003, p. 174, 177 ; Murphy S. 2003, p. 11, 534, 674, 695, 701 ; Scott M. C. 2005a, p. 148-153 ; Krueger 2007, p. 86-87, 89 ; Warning 2007, p. 175 ; Iwakiri 2008, p. 61 ; Landi 2008, p. 284 ; Abbott 2009, p. 73-74 ; Fröhlicher 2009, p. 35 n ; Cornille 2010b, p. 34, 136, 219 n, 222, 223, 224, 249 ; Runyon 2010, p. 248-250 ; Landi 2011, p. 40, 128, 407-409, 419, 555 ; Bertrand 2014, p. 349 ; Compagnon 2014, p. 206 ; Foglia 2014, p. 57 ; Kliebenstein 2014, p. 80 ; Mortelette 2014, p. 99 ; Sangsue 2014, p. 230, 232-234 ; Schuerewegen 2014, p. 70, 74.

Un cheval de race : Gautier 1868, p. 518 ; Larousse 1874, p. 1229 ; Régnier 1887, p. 69 ; Blin 1948, p. 35 n ; Peyre 1951, p. 140 ; Lebois 1958, p. 22 ; Bernard 1959, p. 136 ; Nies 1964b, p. 202 n, 219, 239 ; Galand 1969, p. 463, 513-514 ; Bassim 1974, p. 219-221 ; Sabatier 1977, p. 156 ; Chesters 1982, p. 175 ; Violato 1982, p. 254 ; Delmay et Lori 1983, p. 61 ; Hiddleston 1983-1984, p. 80, 81, 84 ; Descaunes 1984, p. 57 ; Adatte 1986, p. 145 ; Eigeldinger 1987, p. 201 ; Chesters 1988, p. 118-124 ; Pellegrin 1988, p. 145, 272, 401 ; Kaplan 1990, p. 117, 123, 126, 127, 129-131, 165, 194 n ; Kaplan 1992, p. 95, 97 ; Stierle 1993, p. 888 ; Susini 1997, p. 55 n ; Labarthe 1999a, p. 390 n, 547-549 ; Stephens 1999, p. 89, 147 ; Susini 1999, p. 67 ; Labarthe 2000b, p. 120-121, 138 ; Niderst 2002, p. 322-323 ; Cacciavillani 2003, p. 81 ; Compagnon 2003b, p. 126 ;

2003b, p. 124 ; Murphy S. 2003, p. 11, 51, 56, 162 ; Ortel 2003, p. 612 ; Skagen Vibe 2003, p. 252 n, 257-259, 264 ; Gaudard 2004, p. 117 ; Salines 2004, p. 237-238 ; Gaudard 2006, p. 350 ; Brunel 2007, p. 66, 91 ; Guyaux 2007a, p. 60, 984 ; Krueger 2007, p. 33 ; Llorca et Thévenon 2007, p. 19, 21, 30-31 ; Steinmetz 2007, p. 296 ; Steinmetz 2008a, p. 118 ; Sugimoto 2008, p. 138 ; Abbott 2009, p. 101-105, 107 ; Cornille 2009b, p. 201 n ; Hirota 2009, p. 41 ; Combe 2010, p. 275 ; Cornille 2010b, p. 11, 19, 218, 219, 250 n ; Lazard 2010, p. 258 ; Runyon 2010, p. 213-216 ; Saminadayar-Perrin 2010, p. 132 ; Benveniste 2011, p. 156-157 ; Kennedy Smith 2011, p. 148 ; Landi 2011, p. 327, 540 ; Murphy M. 2012, p. 200 ; Thébault 2013, p. 52 ; Yang 2013, p. 27, 273 ; Brunel 2014, p. 86 ; Chambers 2014, p. 57 ; Combe 2014a, p. 146, 151 ; Compagnon 2014, p. 13, 68 ; Kopp 2014b, p. 60 ; Kopp 2014d, p. 34 ; Mortelette 2014, p. 110 ; Nakaji 2014, p. 115 ; Pietromarchi 2014, p. 125 ; Schuerewegen 2014, p. 73, 74, 75 ; Steinmetz 2014b, p. 97, 103 ; Thébault 2014, p. 18.

Un plaisant : Mauclair 1917, p. 129 ; Daniel-Rops 1931, p. 552 ; Blin 1946, p. 172, 175 ; Lebois 1958, p. 17 ; Bernard 1959, p. 125, 136 ; Citron 1961, p. 374 ; Nies 1964b, p. 132, 252 ; Mauron 1966, p. 46 ; Galand 1969, p. 469 ; Sabatier 1977, p. 152 ; Lloyd 1979, p. 70 ; Bugliani 1980, p. 167 ; Pichois 1982b, p. 100 ; Violato 1982, p. 251 n ; Greer Cohn 1983, p. 147, 150-152 ; Kopp 1983, p. 19 ; Hiddleston 1983-1984, p. 81, 82, 89, 91 ; Raphael 1984, p. 453-468 ; Monroe 1985, p. 215-216, 286 ; Hiddleston 1987, p. 34 ; Poggenburg 1987, p. 356 ; Chesters 1988, p. 119 ; Pellegrin 1988, p. 110, 230, 263 ; Jackson 1989, p. 151 ; Kaplan 1990, p. 3, 19, 25-27, 33, 38, 41-42, 63, 81, 99, 101, 104, 121, 122, 131, 138, 141, 144, 161-162 ; Lloyd 1992a, p. 69 ; Oehler 1992, p. 66 ; Burton 1993b, p. 65 n ; Formentelli 1993, p. 137-155 ; Greiner 1993, p. 225, 239-240, 294, 296 n ; Thélot 1993, p. 43, 49, 50, 51, 54, 61, 74, 101, 113, 176 ; Murphy S. 1994, p. 615-651 ; Thum 1994, p. 46-47 ; Leroy 1995, p. 64 ; Murphy S. 1995b, p. 470 n ; Labarthe 1999a, p. 57, 529-534 ; Lawler 1999, p. 338 ; Stephens 1999, p. 108, 110, 112, 121 ; Susini 1999, p. 68-69 ; Labarthe 2000a, p. 114-116 ; Labarthe 2000b, p. 21, 27, 33, 36, 37, 105-108, 151, 155 ; Jackson 2001b, p. 163 ; Lloyd 2002, p. 138 ; Murat 2002, p. 251, 257, 325 ; Niderst 2002, p. 322 ; Blonde 2003, p. 108 ; Murphy S. 2003, p. 9, 31, 216 n, 278, 674, 679, 689, 695 ; Ortel 2003, p. 624 ; Bertrand 2004, p. 331 ; Lloyd 2005, p. 90-91 ; Krueger 2007, p. 31, 89 ; Murat 2007, p. 283 ; Steinmetz 2007, p. 290-291 ; Guyaux 2008b, p. 311 ; Cornille 2010b, p. 30 n, 217 ; Runyon 2010, p. 198-199 ; Saminadayar-Perrin 2010, p. 134 ; Combe 2014b, p. 44 ; Compagnon 2014, p. 57, 173-174, 176, 204 ; Foglia 2014, p. 57 ; Gouvard 2014c, p. 297 ; Hiddleston 2014, p. 67 ; Jackson 2014, p. 136-137 ; Kaplan 2014, p. 73 ; Kliebenstein 2014, p. 79-96 ; Kopp 2014c, p. 271, 278 ; Mortelette 2014, p. 105, 106 ; Nakaji 2014, p. 124 ; Scepi 2014c, p. 135 ; ; Schuerewegen 2014, p. 67-68, 72, 75, 76 ; St. Clair 2014a, p. 309, 312.

99, 131, 133, 152, 156, 163 ; Nicolay 2000, p. 322-347 ; Jackson 2001b, p. 154, 155, 156 ; Leroy 2001, p. 149, 153 ; Engelking 2002, p. 156-158 ; Krueger 2002b, p. 283 ; Lloyd 2002, p. 214 ; Murat 2002, p. 256, 268 ; Neefs 2002, p. 145 ; Cacciavillani 2003, p. 82 ; Compagnon 2003b, p. 195 ; Guyaux 2003, p. 166 ; Liu 2003, p. 801, 899 ; Murphy S. 2003, p. 11, 29, 60, 189, 191, 227, 237, 240, 298, 318, 442, 448, 483 n, 513, 534, 695, 698, 700 ; Skagen Vibe 2003, p. 248 ; Wilhelm 2003, p. 307 ; Compagnon 2004, p. 674-675 ; Jackson 2005, p. 58-59 ; Lloyd 2005, p. 90-91 ; Lozano Sampedro 2005, p. 229-247 ; Scott M. C. 2005a, p. 141-148 ; Carpenter 2006, p. 141-148 ; Ortiz Hill 2006, p. 60 ; Sanyal 2006, p. 65-79, 227 n, 228 n, 229 n, 231 n ; Guyaux 2007a, p. 60 ; Krueger 2007, p. 39 ; Labarthe 2007, p. 175 n ; Murat 2007, p. 283 ; Steinmetz 2007, p. 300-301 ; Vaillant 2007, p. 162 ; Brague 2008, p. 131 ; Carpenter 2009, p. 143-146 ; Cornille 2009b, p. 186 ; Machado 2009, p. 89, 126 ; Pachet 2009, p. 221-222 ; Cornille 2010b, p. 31, 229, 230, 231, 233-234, 235, 236-237, 241, 243, 247, 248 ; Lazard 2010, p. 260 ; Runyon 2010, p. 228-232 ; Fournier 2011, p. 116-119, 163, 261 ; Meltzer 2011, p. 206 ; Hiddleston 2012, p. 65 ; Carpenter 2014, p. 197-198 ; Combe 2014a, p. 151 ; Combe 2014b, p. 35, 45, 46 ; Compagnon 2014, p. 14, 31, 71, 72, 181, 204-205, 238, 243-244, 284-285 ; Gouvard 2014c, p. 298, 299 ; Hiddleston 2014, p. 68 ; Jackson 2014, p. 139-141 ; Kopp 2014c, p. 274 ; Laforgue P. 2014b, p. 321 ; Mortelette 2014, p. 101, 103, 109, 110 ; Olmsted 2014, p. 212, 213 ; Scott M. C. 2014, p. 249 ; St. Clair 2014a, p. 309 ; Wilhelm 2014, p. 185, 188 ; Wulf 2014, p. 347.

Les Veuves : Sainte-Beuve 1862, p. 347 ; Sainte-Beuve 1865, p. 88 ; Gautier 1868, p. 518 ; Larousse 1874, p. 1229 ; Brancour 1892, p. 120-121 ; Dérieux 1917b, p. 36 ; Mauclair 1917, p. 129 ; Reynold 1920, p. 150, 151, 369 n ; Thibaudet 1921, p. 67 ; Flottes 1922, p. 206 ; Daniel-Rops 1931, p. 552 ; Pommier 1932, p. 194 n ; Porché 1944, p. 441 ; Blin 1946, p. 161 n, 174 ; Blin 1948, p. 60 n ; Ratermanis 1949, p. 442-447 ; Ruff 1955, p. 361 ; Lebois 1958, p. 3, 4, 12, 17 ; Bernard 1959, p. 107, 115, 117, 125, 126 n, 128 n ; Citron 1961, p. 373 n, 374 ; Kamber 1963, p. 257 ; Nies 1964a, p. 267 n ; Nies 1964b, p. 70, 137, 144, 188, 250, 256, 257 ; Mauron 1966, p. 49-55, 100, 115, 119 ; Denux 1967, p. 113, 116 ; Milner 1967, p. 204 ; Orlando 1967, p. 243 ; Fairlie 1968b, p. 90 n ; Galand 1969, p. 463, 481-483 ; Leakey 1969, p. 270 n ; Cacciavillani 1971, p. 36 ; Pia 1971, p. 249 ; Loncke 1975, p. 25, 79, 229-230 ; Macchia 1975, p. 48 ; Pachet 1976, p. 13 ; Sabatier 1977, p. 151, 154 ; Cassou-Yager 1979, p. 27 ; Bugliani 1980, p. 142, 144, 162, 163 ; Chesters 1980, p. 419 ; Kaplan 1980, p. 233-246 ; Sahlberg 1980, p. 168 ; Amiot 1982, p. 248 ; Pichois 1982b, p. 100 ; Violato 1982, p. 249, 266 ; Greer Cohn 1983, p. 145-146, 151-152 ; Hiddleston 1983-1984, p. 83, 93 ; Rincé 1984, p. 98, 100, 111-112 ; Adatte 1986, p. 65, 165 ; Eigeldinger 1987, p. 199 ; Hiddleston 1987, p. 23, 29, 33-34, 50, 102 n ;

p. 111-112 ; Blin 1939, p. 21 ; Porché 1944, p. 441 ; Pommier 1945, p. 73 ; Blin 1948, p. 60 n ; Peyre 1951, p. 139 ; Jouve 1954, p. 35 ; Richard 1955, p. 192 ; Ruff 1955, p. 361 ; Lebois 1958, p. 17 ; Bernard 1959, p. 107, 115, 117-118, 125, 126, 127, 128, 136 ; Citron 1961, p. 343, 371-372 ; Bonfantini 1962, p. 118 ; Nies 1964b, p. 43, 100, 159, 180, 207, 218, 221 n, 252, 256 ; Vivier 1965, p. 218 ; Mauron 1966, p. 54, 57, 65, 70, 78, 82, 131 ; Starobinski 1966, p. 270-275 ; Denux 1967, p. 114 ; Milner 1967, p. 204 ; Starobinski 1967, p. 402-421 ; Fairlie 1968b, p. 96-97 ; Michaelson 1968, p. 293 ; Galand 1969, p. 463, 483-485, 522 ; Starobinski 1970, p. 70-79 ; Cacciavillani 1971, p. 36 ; Chambers 1971, p. 312 ; Füglister 1971, p. 99 n, 100, 101-102, 140, 143 ; Weinrich 1971, p. 122-126 ; De George 1973, p. 148 ; Macchia 1975, p. 48 ; Leyreloup 1976, p. 33-41 ; Bersani 1977b, p. 134, 146, 150 ; Chambers 1977, p. 347-363 ; Sabatier 1977, p. 151, 152 ; Serrano 1977, p. 153, 159-164 ; Cassou-Yager 1979, p. 138 ; Bugliani 1980, p. 144, 149, 155 ; Kaplan 1980, p. 233-246 ; Sahlberg 1980, p. 167, 168, 172 ; Ritter 1981, p. 7-20 ; Rosenfeld 1981, p. 169 ; Franklin 1982, p. 335-350 ; Swain 1982, p. 452-462 ; Violato 1982, p. 249, 266 ; Greer Cohn 1983, p. 147 ; Hiddleston 1983-1984, p. 82, 89, 91 ; Jones 1984, p. 21 ; Rincé 1984, p. 98, 100, 107 ; Rubin 1985-1986, p. 51-60 ; Adatte 1986, p. 57 ; Wing 1986, p. 20, 25, 27-28 ; Eigeldinger 1987, p. 203 ; Hiddleston 1987, p. 82, 89, 91, 111 n ; Pichois et Ziegler 1987, p. 570-571 ; Poggenburg 1987, p. 329, 356 ; Simon 1987, p. 217 ; Burton 1988, p. 44, 114, 157, 161, 331 ; Chesters 1988, p. 10 ; Evans M. A. 1988a, p. 173, 174 ; Lang 1988, p. 218 n ;Maclean 1988, p. 58, 67 ; Pellegrin 1988, p. 16, 157, 218, 247, 264, 299, 324, 327, 345, 357 ; Gutwirth 1989, p. 84 ; Raitt 1989-1990, p. 160 ; Kaplan 1990, p. 39, 60-61, 63-66, 72, 73, 77, 79, 113, 122, 129, 131, 156, 161, 162, 163 ; Robb 1990, p. 17 ; Burton 1991, p. 331 ; Avice 1992, p. 40 ; Burton 1992, p. 305-306, 312 ; Hannoosh 1992, p. 183, 185-186, 301 ; Kaplan 1992, p. 94 ; Lloyd 1992a, p. 69-70, 76-77 n ; Oehler 1992, p. 66 ; Ohno 1992, p. 24-36 ; Bercot 1993, p. 133 ; Burton 1993b, p. 65, 66 n ; Greiner 1993, p. 228-229, 260-262, 296 n ; Holland 1993, p. 204, 212, 215, 218, 229, 291 n ; Stierle 1993, p. 888 ; Thélot 1993, p. 41, 43-69, 72, 73, 74, 76, 82, 84, 89, 92, 100, 101, 105, 113, 122, 126, 133, 143, 149, 179, 194, 227, 278, 432, 453, 454 ; Murphy S. 1994, p. 617, 629 n ; Schneider M. 1994, p. 157 ; Thum 1994, p. 85-87 ; Troyat 1994, p. 313 ; Murphy S. 1995a, p. 571 n, 591 ; Thélot 1995, p. 62 ; Gasarian 1996, p. 86-88, 89, 95 ; Blood 1997, p. 194 n ; Labarthe 1999a, p. 58, 390 n, 411 n ; Lawler 1999, p. 334 ; Stephens 1999, p. 51-54, 89 ; Wilhelm 1999, p. 154, 331 ; Labarthe 2000b, p. 33, 34, 44, 48, 73, 152, 156 ; Godfrey 2001, p. 51 ; Jackson 2001b, p. 160, 163 ; Leroy 2001, p. 153 ; Stephens 2001, p. 140 ; Lloyd 2002, p. 3, 110, 155-156, 211, 225 ; Murat 2002, p. 251 ; Niderst 2002, p. 322, 324 ; Cabanès J.-L. 2003, p. 132 n ; Cacciavillani 2003, p. 13, 78-79 ; Labarthe 2003, p. 135 ; Liu 2003, p. 536 ; Murphy S. 2003,

2007a, p. 61 n, 368 n, 917 ; Krueger 2007, p. 80 ; Murat 2007, p. 292 ; Steinmetz 2007, p. 303 ; Landi 2008, p. 195 ; Steinmetz 2008b, p. 102 ; Yokohari 2008, p. 73 ; Abbott 2009, p. 199-202, 215 ; Gasarian 2009, p. 76-77 ; Machado 2009, p. 122 ; Cornille 2010b, p. 220 ; Runyon 2010, p. 235-238 ; Benveniste 2011, p. 350-351 ; Bohac 2011, p. 87-99 ; Landi 2011, p. 170, 288 ; Foglia 2014, p. 56 ; Gouvard 2014c, p. 299 ; Kopp 2014c, p. 277 ; Mortelette 2014, p. 104, 106 ; Scepi 2014b, p. 165 ; Steinmetz 2014a, p. 159 ; Wulf 2014, p. 346.

Les Yeux des pauvres : Sainte-Beuve 1865, p. 88 ; Desjardins 1887, p. 719 ; Athys 1897, p. 589 ; Nadar 1911, p. 61 ; Mauclair 1917, p. 130 ; Reynold 1920, p. 150 ; Flottes 1922, p. 56 n ; Daniel-Rops 1931, p. 552 ; Jouve 1942, p. 46 ; Blin 1948, p. 60 n ; Pia 1952, p. 193 ; Richard 1955, p. 190-191 ; Lebois 1958, p. 17, 18, 32 n ; Bernard 1959, p. 126, 131, 134 ; Bonfantini 1962, p. 118 ; Nies 1964a, p. 262 ; Nies 1964b, p. 72, 91, 137, 152, 170, 218 ; Mauron 1966, p. 56, 57, 65, 72, 119, 120, 133 ; Milner 1967, p. 204 ; Orlando 1967, p. 243 ; Cellier 1968, p. 69 ; Galand 1969, p. 497-498 ; Poulet 1971, p. 30 ; Avice 1972, p. 31 ; Bassim 1974, p. 222 ; Loncke 1975, p. 145 ; Macchia 1975, p. 48 ; Delcroix 1977, p. 47-65 ; Lloyd 1979, p. 70 ; Bugliani 1980, p. 142-143, 144 ; Poulet 1980, p. 66 ; Sahlberg 1980, p. 166-167, 172 ; Amiot 1982, p. 248 ; Chesters 1982, p. 175 n ; Pichois 1982b, p. 100 ; Violato 1982, p. 254, 267 ; Delmay et Lori 1983, p. 39, 60 ; Hiddleston 1983-1984, p. 82, 110 n ; Monroe 1985, p. 25, 29, 30, 109-112, 223-224 ; Adatte 1986, p. 56 ; Wing 1986, p. 28, 30-33 ; Eigeldinger 1987, p. 199, 203 ; Hiddleston 1987, p. 4, 23, 29, 36-37, 104 n ; Poggenburg 1987, p. 359, 415 ; Burton 1988, p. 3 ; Chesters 1988, p. 119 ; Engelking 1988, p. 78-79 ; Maclean 1988, p. 113-124, 165 ; Oehler 1988, p. 316-317 ; Pellegrin 1988, p. 196, 242, 290, 325 ; Friedman 1989, p. 139-160 ; Gutwirth 1989, p. 85 ; Lloyd 1989, p. 81-88 ; Raitt 1989-1990, p. 163 n ; Kaplan 1990, p. 96, 99, 101-103, 104, 137, 156, 159, 162, 163 ; Murphy S. 1990, p. 344 ; Burton 1991, p. 331 ; Avice 1992, p. 40 ; Kang 1992, p. 86-89 ; Lloyd 1992a, p. 71, 72 ; Oehler 1992, p. 63, 66 ; Prendergast 1992, p. 37-40 ; Boltanski 1993, p. 237-238 ; Burton 1993b, p. 63, 65 n, 66 n, 67 ; Greiner 1993, p. 254-256, 272, 294, 296 n ; Holland 1993, p. 229, 243-244, 275, 291 n ; Stierle 1993, p. 888 ; Thélot 1993, p. 139, 140, 176 ; Guyaux 1994b, p. 76 ; Murphy S. 1994, p. 633 ; Schneider M. 1994, p. 60, 132 ; Thum 1994, p. 50-53 ; Laroche 1995, p. 108 ; Murphy S. 1995b, p. 454, 471 ; Montreuil 1996, p. 167-185 ; Bougault 1996-1997, p. 65-66 ; Labarthe 1999a, p. 326-327, 563 n ; Stephens 1999, p. 92-96, 100-101, 104 ; Wilhelm 1999, p. 331 ; Bai 2000, p. 167-173 ; Labarthe 2000b, p. 34, 44, 102-104, 140, 143, 155 ; Jackson 2001b, p. 162 ; Leroy 2001, p. 153 ; Miner 2001, p. 168-171 ; Krueger 2002b, p. 283, 294 ; Neefs 2002, p. 145-146 ; Niderst 2002, p. 323 ; Tilby 2002, p. 60-71 ; Cacciavillani 2003, p. 81 ; Compagnon 2003b, p. 193 ; Murphy S. 2003, p. 9, 31, 162, 183, 243-276, 278, 306, 397, 406,

TABLE DES MATIÈRES

ÉDITIONS ET TRADUCTIONS DU *SPLEEN DE PARIS*

BIBLIOGRAPHIE CRITIQUE